Léon Gautier

PORTRAITS
du
XIX Siècle

apologistes

SANARD
et
DERANGEON

PORTRAITS DU XIXᵉ SIÈCLE

IMPRIMATUR.

F. Sukur, Vic. Gen.

Atrebati, die 28ª Januarii 1891.

CHATEAUBRIAND

LÉON GAUTIER

MEMBRE DE L'INSTITUT

PORTRAITS

DU

XIXe SIÈCLE

III

APOLOGISTES

PARIS

SANARD ET DERANGEON, LIBRAIRES-ÉDITEURS

174, rue Saint-Jacques, 174

A MON FILS PIERRE

CHATEAUBRIAND.

I

Il semble qu'il y ait quelque chose de fondé dans le reproche qu'on nous fait de trop oublier Châteaubriand. Les catholiques sont, de tous les hommes, ceux qui doivent avoir l'horreur la plus obstinée pour tout ce qui pourrait ressembler à de l'ingratitude. L'Église n'est pas seulement une école de respect, mais elle est aussi une école de reconnaissance, et nous devons créer dans nos cœurs une sorte d'immortalité à ces rares esprits qui ont fait ici-bas avancer le royaume de Dieu. Malgré cent défauts, Châteaubriand est un de ces entendements privilégiés. Il appartient à cette grande race.

Il ne faudrait pas dire avec certaines voix légères : « Châteaubriand a sauvé l'Église, » ce qui serait absurde ; mais il convient d'avouer que le *Génie du Christianisme* est une œuvre dont Dieu a bien voulu se servir pour ramener les âmes à l'éternelle Lumière. Et c'est par milliers en effet que ce livre étonnant a poussé les âmes dans le sein d'un Dieu inconnu ou méprisé. Ce livre a été l'arc-en-ciel après le grand déluge.

Ah ! je sais bien qu'elle a vieilli, cette œuvre jadis étincelante de tant de jeunesse ; je n'ignore pas qu'elle a plus d'éclat que de profondeur ; j'avoue que le génie n'y a point mis sa marque impérissable, et je n'y vois point cette griffe du lion que l'on sent si âprement dans la moindre ligne d'un Joseph de Maistre. Il est très facile aujourd'hui de prendre le *Génie du Christianisme* entre ses doigts méprisants ; de jeter sur ces pages trop brillantes un mauvais sourire plein d'ingratitude, ce sourire qui n'est qu'une grimace ; de couvrir ce livre de son dédain et d'aller jusqu'à s'écrier : « C'est une œuvre médiocre. » Oui, rien n'est plus aisé, et le livre lui-même paraît trop souvent donner raison à ces petits insulteurs, à ces critiques sans largeur.

Le *Génie du Christianisme*, sans doute, n'est point l'œuvre d'un théologien instruit ni d'un vaste penseur. Toute l'argumentation s'y réduit à peu près à cet étrange argument : « On a eu tort de renverser le christianisme : il était si pittoresque ! » Combien de chapitres n'ont réellement pas de conclusion plus forte ! « Pourquoi a-t-on détruit tant d'églises ? Leurs ruines étaient si *poétiques* à minuit, par un beau clair de lune. Et les capucins, pourquoi les avoir chassés ? Ils avaient de si longues barbes qui inspiraient si bien les peintres. Pourquoi faire la guerre à une doctrine qui fournit tant de charmants sujets de tableaux ? etc., etc. » Certes, il n'est rien de plus puéril que tous ces prétendus raisonnements, et je suis intimement persuadé que l'auteur des *Soirées de Saint-Pétersbourg* devait ressentir de véritables mouvements de colère en lisant certaines pages du *Génie du Christianisme*. Et réellement, le génie peut légitimement exercer ici son droit à l'indignation.

Le chapitre que Châteaubriand a consacré à la foi nous peut donner une idée des profondeurs de sa théologie. Vous pensez peut-être que l'auteur du *Génie du Chris-*

tianisme va nous fournir ici quelque noble définition de cette vertu théologale, de ce libre acquiescement de notre intelligence aux vérités révélées. Point. Chateaubriand joue sur les mots, et parle de la foi... des anciens chevaliers. Il explique ce que signifie cette expression : *Bailler sa foi*, et n'oublie point de parler de Roncevaux. Puis, par une étymologie des plus malheureuses, il nous montre que *foyer* vient de *foi*. Hélas ! — Et le tout se termine par cette apostrophe plus que *précieuse :* « Foi céleste, foi consolatrice, tu fais plus que de transporter des montagnes ; tu soulèves les poids accablants qui pèsent sur le corps de l'homme !!! »

Un plan diffus, et qui n'a rien de philosophique ; un style souvent prétentieux ; l'abus des antithèses et des contrastes prolongés ; des phrases pompeuses et sonores ; des périodes à la Jean-Jacques et une imitation aussi visible qu'involontaire de cet « ami de la nature ; » une ignorance presque scandaleuse (telle, par exemple, qu'en énumérant les vierges que l'Église a placées sur ses autels, Châteaubriand cite en première ligne « sainte Geneviève de Brabant, » qui n'est pas sainte, qui n'est pas vierge, et qui probablement n'a jamais existé); beaucoup de prétentions, avec un air guindé qui ne laisse pas souvent de place au sourire ; la confusion perpétuelle du merveilleux avec le surnaturel ; un certain pittoresque vieillot et des périphrases que Delille n'eût pas reniées, comme celle-ci pour exprimer le baptême : « Le solitaire du rocher versa l'eau lustrale sur ma tête ; » une admiration excessive pour les mièvreries de Bernardin de Saint-Pierre, pour les pauvretés tragiques de Voltaire, et même un peu pour la *Henriade ;* des lacunes, des erreurs, des sophismes, et beaucoup, beaucoup de creux... Oui, voilà bien, je pense, tous les reproches qu'on est en droit de faire à l'auteur du *Génie du Christianisme*. Nous les admettons tous, et les jugeons légitimes.

Et cependant nous persistons à croire que c'est là une œuvre magistrale, une œuvre immense, une œuvre dont le mérite est grand, mais dont l'influence a été cent fois plus grande encore. Car on peut résumer en ces quelques mots tout un jugement sur Châteaubriand : « Il a eu plus d'influence que de génie. »

Nous allons plus loin : le *Génie du Christianisme* est une de ces œuvres qui contiennent en germe tout un siècle. Ce livre, qui a tant de défauts, mais aussi tant de qualités de premier ordre, ce livre a enfanté et mis au monde le dix-neuvième siècle.

II

Quelle est donc la vertu principale de cette œuvre étrange? A quels éléments doit-elle cette puissance incontestable, cette fécondité magnifique?

C'est une œuvre d'initiative. N'exprimât-il que les efforts d'une belle intelligence pour entrer dans vingt voies nouvelles, en art, en littérature, en histoire, le *Génie du Christianisme* mériterait d'être immortel, et il ne peut point ne pas l'être.

Tout défectueux qu'il est, le seul plan de ce livre atteste sa nouveauté profonde, et c'est la seule profondeur qu'on y doive peut-être constater. Les deux tiers en sont consacrés à la *Poétique* du christianisme ; oui, les deux tiers, et Châteaubriand par là a révélé sa grandeur originale. A la fin du siècle dernier, au commencement du nôtre, un grand problème se dressait dans le monde et réclamait sa solution : Il fallait à tout prix prouver que le christianisme était poétique, en d'autres termes, qu'il était beau. Il fallait énergiquement réconcilier la Beauté et la Vérité, qui *semblaient* désunies aux yeux des hommes. Le dix-septième siècle s'était humblement prosterné à genoux devant la vérité du christianisme vainqueur ; mais il n'en avait pas vu le rayonnement, la beauté. Depuis deux cents ans, on en était aux fameux vers de Boileau : *De la foi des chrétiens les mystères terribles — D'ornements égayés ne sont pas susceptibles.* Il fallait à toute force battre en brèche ces affreux vers-là, et leur donner un démenti définitif. Il fallait prouver que la lumière du christianisme doit pénétrer partout, et notamment dans l'épopée, dans le drame, dans l'ode, comme aussi dans la musique, dans la peinture et dans l'éloquence. Il fallait prouver qu'on n'a pas le droit de n'être chrétien qu'aux heures de la prière et de la messe ; mais qu'au contraire, toujours et partout, il faut tout pénétrer de sa foi. Il fallait jeter à la porte la vieille mythologie honnie et faire entrer à sa place la Vérité enveloppée de rayons. Châteaubriand ne recula point devant cette tâche ; mais il faut avouer que la résistance fut des plus vives. « Quoi ! nous serons réduits à dire « Dieu », et non point Jupiter ! quoi ! il nous en faudra venir à prononcer dans nos vers le nom de Jésus-Christ et celui de l'Église ! quoi ! la théologie aura ses droits d'entrée dans la poésie ! » Oui, certes, et qu'on nous permette de le dire avec un cri de joie : la chose est faite, c'est fini. Dieu et l'âme sont maintenant les maîtres presque absolus des cordes de la lyre ; ceux qui sont chrétiens dans leur vie le sont aussi dans leurs livres, et même dans leurs vers ; nous n'avons

plus besoin du *Dictionnaire de la Fable* pour comprendre
nos poètes ; nous possédons les *Méditations* de Lamartine
et les *Feuilles d'automne* de Victor Hugo, œuvres vivantes
et pleines de réalités idéales ; on ne sépare plus niaise-
ment le Beau et le Vrai ; on se dit que l'Église, ayant la
vérité, doit avoir et a nécessairement la beauté ; on admire artistiquement la Bible, la Liturgie, les Pères ; on
sent, on sait qu'il y a une musique catholique, une peinture catholique, une architecture catholique. *Actum est,*
c'est fait.

C'est fort bien ; mais à qui devons-nous cette invrai-
semblable révolution ? Remontez le cours du temps. Au
delà de 1802, rien n'arrêtera vivement vos yeux, et 1802,
c'est la date du *Génie du Christianisme*. Feuilletez, feuilletez maintenant ce livre tout à l'heure si dédaigné, et
placez-vous à ce point de vue que nous venons d'indiquer.
Il frappa les contemporains de Châteaubriand, et les
principales critiques qu'eut à subir sa première œuvre se
rapportent précisément à cette préoccupation uniquement
artistique : « On ne doit pas parler de la religion sous
les rapports purement humains ni considérer ses beautés littéraires et poétiques[1]. » Critique de professeur de
rhétorique et de pédant, ou plutôt critique où se résume
très exactement tout l'esprit des trois derniers siècles.
Châteaubriand marcha dessus, et fit bien. C'est grâce à
lui que dans le monde nouveau on poussa enfin ce cri
libérateur : « Le christianisme est beau ! » Et tous ceux
qui le jetèrent en vinrent bientôt à s'écrier : « Le christianisme est vrai ! » C'est ainsi que s'ouvrit le dix-neuvième siècle.

<hr/>

[1] Défense du *Génie du Christianisme*, édit. Didot, II, 284.

Mais Châteaubriand était appelé à produire, par ce même livre, beaucoup d'autres révolutions considérables. On se rappelle quelle était, au dix-huitième siècle, la physionomie de la critique littéraire : un nom la résume, celui de Laharpe. Cette critique était fine, mais étroite; pénétrante, mais sans élévation. On s'y préoccupait de la grammaire et de l'art d'écrire, plus que du vrai style qui est l'expression de l'âme humaine, plus que de l'âme elle-même. Sous les vers du tragique, on n'allait pas chercher la forme de son intelligence, le fruit de son éducation, le résultat de son milieu ; mais on épiloguait sur les mots, mais on disait : « Tel mot est noble, tel autre est bas, telle tournure est distinguée, et telle autre est triviale. » On discutait l'épithète, on analysait la périphrase ; « d'un mot mis en sa place » on sondait les beautés cachées. Quelquefois, mais plus rarement, on comparait notre art avec celui de l'antiquité, Racine avec Euripide, Corneille avec Eschyle ; mais c'était encore au point de vue de la grammaire et de la rhétorique. On peut dire, sans exagération, que Châteaubriand a changé tout cela. Il a créé la critique moderne ; il a ouvert cette noble voie. Chez lui, on ne se heurte jamais à une réflexion grammaticale : il ne s'occupe pas des mots, mais des pensées. Il donne au cœur humain la place usurpée par la syntaxe. « Le père, la mère, l'ami, le vieillard, l'épouse, le fils, » il étudie tour à tour ces grands types, et nous montre comment ils ont été compris par tels et tels écrivains qu'il interroge et compare. Cette seule méthode était un trait de génie, et, quelques sacrifices que Châteaubriand ait faits à la rhétorique, on peut dire que par là il en a été l'heureux vainqueur. Car on peut faire bien des reproches à notre siècle ; mais,

grâce à Dieu, ce n'est pas le siècle de la rhétorique. Il
dit ce qu'il pense, sans périphrase et sans apprêt. Chez
Chateaubriand il reste bien encore quelques défauts de
l'ancien régime littéraire ; mais ne vous y trompez point :
si, par quelques détails de son style, l'auteur du *Génie du
Christianisme* appartient encore à l'école de Jean-Jacques
Rousseau et de Bernardin de Saint-Pierre, il en est très
éloigné par le coup d'œil. Quel est l'écrivain du dix-
huitième siècle qui aurait osé prendre *pour base* d'une
nouvelle critique les passions, les caractères, les diffé-
rents « états » de l'âme humaine ?

Il faut ajouter que Chateaubriand est, en outre, le
puissant créateur d'une nouvelle science qui n'a pas fait,
depuis le *Génie du Christianisme*, assez de progrès dans
le monde. Je veux parler de « l'Art comparé ». Il viendra
un temps, soyez-en certain, où, sur l'expression de chacun
de nos sentiments, on interrogera tour à tour tous les
arts, l'un après l'autre. Il viendra un temps où le professeur de rhétorique (s'il y a encore une classe à porter
cet affreux nom) dira à ses élèves qui l'écouteront, ravis :
« Nous allons étudier l'amour d'une mère dans l'histoire
d'abord : voici la mère des Machabées ; puis, dans la
peinture, voici une vierge de Raphaël ; puis, dans la
sculpture, voici une *Pietà* de Michel-Ange ; puis, dans
la musique, voici une mélodie de Gounod. » Quel charme
de pouvoir suivre ainsi la même pensée, le même sentiment, à travers tant d'interprétations qui sont à la fois
si diverses et si ressemblantes ! Quelle élévation dans
cette méthode ! Quelle heureuse vivacité dans l'enseignement de la littérature et de l'art ainsi compris ! C'est
Chateaubriand qui a encore frayé cette belle route
sans en atteindre le terme, que ses petits-neveux connaî-

tront. Dans ses chapitres sur les Passions et les Caractères, il n'a cessé de comparer toutes les littératures de
l'antiquité avec toutes celles des temps modernes. C'était
déjà très hardi, et nous devons pardonner à cet esprit
aventureux et prime-sautier s'il n'a pas encore osé aborder
la comparaison des différentes branches de l'art avec
l'éloquence, l'histoire et la poésie. Mais il a et il aura des
imitateurs. L'élan est donné, et dans quelque vingt années on citera, dans un morceau de critique ou du haut
d'une chaire, on citera, dis-je, une phrase de Beethoven,
un dessin de Raphaël, une réduction de Michel-Ange ou de
Puget, avec cette même aisance que l'on met aujourd'hui
à citer des vers de Lamartine ou une page de Joseph de
Maistre.

Chateaubriand d'ailleurs n'a pas moins bien préparé la
voie à la « science comparée ». Il montre sans cesse, et
presque sans le vouloir, l'enchaînement rigoureux de
toutes les sciences en les appelant toutes à la défense de
la vraie foi. De là aussi cette noble attitude de l'apologétique moderne, bien supérieure, suivant nous, à celle du
dernier siècle. L'apologétique chrétienne est devenue
scientifique. Dans tout plaidoyer sérieux en faveur de
nos dogmes, vous trouvez, vous êtes forcé de trouver
un chapitre sur la géologie à côté d'un autre qui est
tout philologique. L'astronomie, la paléontologie, l'histoire naturelle, la chimie, la géographie, l'histoire, la
philosophie, la linguistique, sont interrogées toutes à la
fois, et il n'est plus permis à un écrivain catholique de
ne pas invoquer leur témoignage. Mais où est le type de
tous ces livres apologétiques? Dans le *Génie du Christianisme*. Sans doute, le modèle a été depuis longtemps dépassé : le dernier de nos savants est plus instruit et plus

profond que M. de Châteaubriand. La science a marché
enfin, et marché à pas démesurés ; les étymologies et
les explications scientifiques de 1802 nous font rire. Oui,
mais, encore un coup, cet homme étonnant est venu le
premier ; le premier il a imprimé ce caractère à notre
apologétique agrandie, et il est resté supérieur à ceux
mêmes qui l'ont dépassé.

Un tel homme ne pouvait point passer devant l'histoire
sans la transformer : il l'a transformée en effet. Avez-vous
lu les livres historiques des derniers siècles, j'entends
les meilleurs ? Il arrive souvent qu'ils sont pleins de
science et d'exactitude ; mais quelle froideur, quelle sécheresse ! Les faits sont racontés partout avec le même
ton, et peints avec la même couleur, qui est le gris. Une
scène des temps mérovingiens, une scène de Versailles,
c'est tout un, et Clodion ressemble à Louis XIV. Quant à
la philosophie de l'histoire, elle est trop souvent absente :
l'enthousiasme pour le bien, l'indignation contre le mal,
n'osent guère se montrer et se cachent si bien qu'on ne
songe plus à les chercher. On voulait souvent, de fort bonne
foi, remonter aux sources, et l'on y remontait ; mais le
lecteur ne sentait pas assez vivement la force d'un procédé
historique qui n'était pas assez constamment employé.
Châteaubriand écrit ses *Études historiques*, — œuvre beaucoup trop délaissée,—et voilà que tout aussitôt la méthode
qui consiste à remonter toujours aux sources est mise
dans la plus belle, dans la plus éclatante lumière. Voilà que
la philosophie circule à l'aise dans les pages de l'histoire
transfigurée. Voilà enfin que la couleur locale donne pour
toujours du relief et de la vie à toutes les époques, à tous
les théâtres de l'histoire. Qui a mieux compris que Châteaubriand les derniers Romains et les Barbares vengeurs ?

CHATEAUBRIANT

Qui a mieux saisi et rendu ce formidable contraste entre ces deux races, dont l'une était dangereuse pour avoir trop vécu, et l'autre pour n'avoir pas encore vécu assez; dont l'une était aussi éloignée de la civilisation par sa corruption que l'autre par sa grossièreté? Relisez les *Études historiques* : elles n'ont pas autant vieilli que le *Génie du Christianisme*, et le mérite, ici, est aussi grand que l'influence a été considérable.

De l'histoire, la couleur locale, victorieuse, passa dans l'art, où nous espérons qu'elle restera toujours. Vous vous les rappelez, ces pages timides et gauches de Châteaubriand sur les églises gothiques? Relisez-les bien et bénissez-les : car toute notre archéologie nationale est sortie de là. Est-ce que l'archéologie du Moyen-Age existait avant le coup de baguette de ce magicien? est-ce qu'elle remonte plus haut que 1802? Vous savez ce que deux siècles ignorants avaient fait de nos vieilles églises. Tout d'abord ils leur avaient prodigué les dédains sans les compter, et Fénelon lui-même s'était chargé de résumer les idées de tout son temps, en décorant nos cathédrales du nom de barbares. On avait fait mieux. On les avait badigeonnées, meurtries, déshonorées. On avait collé contre leurs augustes portails des portiques doriques, ioniques et corinthiens, comme celui de Saint-Eustache; on avait plaqué contre leurs murs des vingtaines d'autels à petit fronton triangulaire supporté par deux colonnes prétendues grecques; on avait emmailloté dans le marbre les anciennes arcades, qu'on avait condamnées au plein cintre à perpétuité, comme à Notre-Dame de Paris; on avait remplacé les vieux vitraux par de belles vitres toutes blanches et toutes neuves, qui permettaient aux fidèles de mieux lire leurs Eucologes; on avait démoli les trumeaux des portails parce qu'ils empêchaient le passage de ces dais de procession carrés, immenses et lourds ; on avait... Et que n'avait-on pas fait ? Les trois pages de Châteaubriand arrêtèrent ce beau mouvement, et l'archéologie naquit. Certes, aujourd'hui, quand on relit ce fragment du *Génie du Christianisme,* on sourit malgré soi des erreurs qu'il contient : « On pense, dit Châteaubriand, que le gothique nous vient des Arabes ; nous aimerions mieux en rapporter l'origine à la nature. » C'est presque ridicule ; mais qu'importent ces erreurs ? Ce qui frémit dans ces pages, c'est le respect, c'est l'amour. Et ces deux choses-là, en vérité, font des prodiges. C'est grâce à Châteaubriand que nos archéologues ont retrouvé aujourd'hui tous les secrets de cet art remis si légitimement en honneur ; c'est grâce à Châteaubriand que Viollet-le-Duc a pu écrire son *Dictionnaire de l'Architecture,* et Jules Quicherat professer son incomparable cours à l'École des chartes ; c'est grâce à Châteaubriand que Notre-Dame et la Sainte-Chapelle sont belles et radieuses.

III

Il voulut toucher, il toucha à tout. N'étant pas satisfait d'avoir trouvé la théorie s'il ne fournissait point en même temps le modèle vivant, il écrivit les *Martyrs* pour réaliser sa doctrine sur le caractère poétique du christianisme et sur les épopées chrétiennes. L'entreprise était hardie, et plus que hardie. Il s'agissait de faire l'antithèse de *Télémaque,* de cette œuvre étrange qui, presque à elle seule, représente le génie français chez toutes les nations étran-

gères ; il s'agissait de ruiner une popularité fortement
établie, de battre en brèche cent préjugés tout-puissants
et de prouver à des chrétiens qu'ils pouvaient prétendre
à posséder une poésie chrétienne. Dès que les *Martyrs*
parurent, ce fut un cri d'indignation parmi ces catholiques eux-mêmes dont Châteaubriand voulait servir la
cause et démontrer la gloire. Tous les vieux tenants de la
vieille rhétorique, toutes les têtes blanchies, toutes les
voix tremblantes qui ne voulaient citer qu'Horace ou
Virgile, les anciens professeurs des ci-devant collèges et
leurs élèves, des prêtres honorables, des chrétiens ver-
tueux s'écrièrent d'un commun accord que « la religion
n'était plus respectée, qu'on la profanait en la mêlant aux
fictions profanes, qu'elle n'était pas faite pour devenir un
élément poétique, etc., etc. » Ce qui revenait à dire :
« La vérité n'est pas faite pour être belle. » Les *Martyrs*
n'en réussirent pas moins, et les rhétoriciens de *collège*
furent eux-mêmes obligés de convenir que M. de Châteaubriand s'entendait assez bien à traduire les *bons* auteurs, c'est-à-dire les auteurs profanes. Quant aux vrais
défauts de l'œuvre nouvelle, tous les critiques ne les virent
pas clairement. On ne mit pas le doigt sur la plaie ; on ne
vit pas que les *Martyrs* ne sont que l'expression d'un contraste entre le christianisme naissant et le paganisme
expirant, et que le poète, pour rendre le paganisme plus
aimable et plus radieux, l'avait rajeuni de plus de dix
siècles. Cet anachronisme peut faire honneur à la bonne
foi de Châteaubriand, qui voulait accorder à ses adversaires plus qu'ils ne pouvaient lui demander ; mais il fait
moins honneur à son jugement et à la pureté de son sens
historique. Un autre défaut, beaucoup plus grave, fut
constaté par le chœur nombreux des mécontents. Il est

certain que le *merveilleux* des *Martyrs* est insupportable,
et qu'il est impossible de lire jusqu'à la fin ces scènes
prétendues théologiques qui se passent au Paradis. Mais
les critiques se sont mépris sur la cause du profond ennui
qu'exhalent ces pages mortelles et des traits ridicules
qu'il est trop aisé d'y signaler. Châteaubriand, ici, a
manqué de simplicité. Il n'a pas voulu se contenter du
surnaturel catholique, et s'est cruellement battu les flancs
pour inventer un nouveau merveilleux. De là « l'ange des
saintes amours, l'ange de l'amitié, » et tant d'autres sé-
raphins qui sont niais parce qu'ils ne sont pas réels. Ce
qui a perdu l'auteur des *Martyrs*, c'est la lecture des
poètes italiens, et en particulier du Tasse. Pour faire un
poème chrétien, sincèrement chrétien, il n'est pas nécessaire de transporter ses lecteurs dans un ciel que l'œil de
l'homme n'a point vu et qu'il lui est interdit de décrire.
Il n'a qu'à faire mouvoir tout simplement ses héros sur la
terre, qui est peuplée en effet d'anges et de saints. Quoi
de plus dramatique que la réalité chrétienne ! un combat
perpétuel du Bien contre le Mal, un combat aux innombrables péripéties, auquel prennent part les damnés et
les élus, et dont le catéchisme nous indique l'inévitable
dénoûment. Mais, d'ailleurs, on a recommencé les *Martyrs*
sur ce plan si naturellement surnaturel, sur ce plan que
nous signalons, et il en est résulté une œuvre de tout point
admirable et charmante. *Fabiola* n'est en quelque sorte
qu'une seconde édition des *Martyrs*, revue et considéra-
blement... corrigée.

L'activité de son esprit poussait Châteaubriand dans
toutes les directions à la fois. On avait fait avant lui des
romans, voire des romans chrétiens ; mais *Atala* n'en a
pas moins été une révélation féconde. Il y avait tout un

avenir nouveau dans le seul fait de transporter sous les
forêts vierges de l'Amérique le théâtre de ce drame, qui
est à la fois naïf et malsain. Nous ne sommes point de
ceux qui condamnent le roman en lui-même et tous les
romans. Nous pensons, au contraire, qu'il faut que les
catholiques s'emparent énergiquement de ce genre puissant, et le transforment. Le roman n'est que la peinture dramatique de l'âme humaine, de ses passions et de
ses combats : eh bien ! donnons la victoire au Bien, et
faisons des romans. Mais soyons prudents et n'y lais-
sons pas autant de place que dans *Atala* aux ardeurs
contagieuses de la passion des passions, qui est l'amour.
Surtout, n'affadissons point les âmes, comme dans *René*.
« Je n'ai voulu peindre qu'une maladie de l'âme ; car la
tristesse n'est qu'une maladie : » ainsi s'est exprimé
Chateaubriand lui-même dans son *Essai sur la littérature
anglaise*. Mais son siècle, hélas ! s'y est mépris, et rien
n'a été plus dangereux. De *René* date l'ère des poitri-
naires. De *René* sont sorties tant de méditations hâves et
blêmes, tant de *spleens* incurables, tant de tristesses mor-
bides. Combien de gens en belle santé, gras et fleuris,
se sont plaints, depuis *René*, de suivre un sentier rude, de
traîner le poids de la vie et surtout d'être incompris ! Dès
qu'une génération se dit incomprise, elle est perdue : elle
perd toute activité, et l'inaction, c'est la mort. A tous
ceux qui aiment *René*, j'indiquerai certain manuscrit du
dixième siècle, que j'ai souvent feuilleté et où la tristesse
est appelée « le huitième péché capital ».

Je ne parlerai pas des *Natchez*, que j'ai eu le courage
de lire plusieurs fois et qui ne sont, à tout prendre, qu'une
sorte d'*Atala* manquée. OEuvre d'un ennui transcen-
dant, pleine de méchantes périphrases et de longueurs

plus méchantes encore ; œuvre dont l'influence et le mérite sont nuls. Jamais Châteaubriand n'a été plus prétentieux. Jamais en revanche il n'a été plus simple que dans son *Itinéraire*, qui est celui de tous ses livres dont il faut conseiller le plus volontiers la lecture. On n'y pourrait peut-être pas signaler une seule périphrase : tout est dit sans apprêt et bien dit. Un très noble enthousiasme s'y allie facilement à des descriptions savantes et naturelles. C'est une suite de beaux paysages et de dissertations érudites qui ne se font mutuellement aucun tort. Modèle qu'il faut placer sous les yeux des jeunes gens; livre que Châteaubriand écrivit en se jouant et dont il voulait faire seulement une introduction à ses *Martyrs*; cahier de notes qui est devenu un chef-d'œuvre.

Il semble, d'ailleurs, que cet homme étrange ne pouvait choisir que des sujets à la fois originaux et féconds. Son *Essai sur la littérature anglaise* et sa traduction du *Paradis perdu* sont, si vous le voulez, pleins d'imperfections regrettables ; mais ils ont contribué à ramener parmi nous ce goût pour cette littérature anglaise que le dix-huitième siècle avait outragée si grossièrement. Shakespeare, chassé de France par la main de Voltaire, y est rentré tout rayonnant, conduit par la main de Châteaubriand. Il est vrai que l'auteur des *Martyrs* croyait avoir rendu à la littérature anglaise plus encore qu'elle ne lui avait donné : « Lord Byron, disait-il, est le fils de mon *René*. » Espérons, pour son honneur, que Châteaubriand se trompait. Mais, vous le voyez, il laissait partout l'empreinte forte de son activité et de son esprit.

IV

Nous n'avons point parlé, à dessein, de l'homme politique, que nous nous réservons de juger un jour d'après quelques brochures trop célèbres, et surtout d'après les *Mémoires d'Outre-Tombe*. Chateaubriand vécut longtemps entre le dernier de ses ouvrages et la mort. Il eut peut-être la coquetterie de la gloire, et ne voulut pas montrer les rides de son intelligence. Il cacha une réputation qu'il ne se sentait pas le courage de voir vieillir. On se disait à Paris, on se disait dans toute l'Europe : « C'est ici qu'il habite. On l'a vu ce matin. » Quelques indiscrétions mettaient le public au courant des habitudes austères de ce vieillard, dont la dignité ressemblait quelquefois à de l'orgueil. On répétait partout à voix basse : « Il écrit ses *Mémoires d'Outre-Tombe;* il en a lu un livre à ses amis, et c'est, dit-on, d'un intérêt puissant. » Puis, on ne disait plus rien, et tout rentrait dans le silence autour de cette maison, devenue historique. Cependant, il assistait, vivant, à sa gloire. Les éditions, les traductions de ses livres se multipliaient; Victor Hugo et Lamartine semblaient ses élèves ; tout ce qu'il y avait de grand dans son siècle paraissait se tourner vers lui et lui crier : « Nous te devons la vie ! » Il vieillissait, néanmoins, ce glorieux. Il vieillissait, tristement paisible, travaillant à ces *Mémoires* où il devait exagérer toutes ses qualités littéraires et les transformer en défauts. Dieu permit qu'il ne quittât point la terre avant d'avoir vu les excès d'une révolution nouvelle, et il s'endormit du dernier sommeil au milieu d'une des crises les plus épouvantables qu'ait traversées cette France, dont il avait si bien esquissé la grande histoire. Il eût fallu à cette mort plus de silence pour être plus vivement sentie, et les funérailles de ce grand homme ne firent pas battre les cœurs de ceux qui croyaient en ce moment avoir à conduire les funérailles de la patrie...

Finirons-nous sur ce dernier tableau ? Non ; il vaut mieux nous transporter une dernière fois au moment où parut ce livre si jeune, le *Génie du Christianisme*. La France sortait du gouffre et jetait de joyeux cris vers la lumière enfin entrevue. On ne s'était pas aimé depuis si longtemps, et on était tellement en retard avec Dieu ! La nature semblait renaître ; on n'avait pas eu le temps de la regarder depuis de si longues années ! On sentait partout la réaction de la foi, de l'amour, de l'espérance. On jetait aux églises ruinées et aux prêtres proscrits un regard ému qui voulait dire : « Revenez. » On désirait faire des ovations à Dieu et à l'Église. Mais il fallait, il fallait un homme qui résumât dans une œuvre vivante toutes ces aspirations un peu vagues, tous ces désirs un peu inavoués ; qui donnât un corps à cette réaction insaisissable et invisible : qui opérât enfin la grande réconciliation. Châteaubriand parut, son *Génie du Christianisme* à la main.

Dans ce livre étaient contenus, comme nous venons de le voir, une nouvelle histoire, une nouvelle critique, une littérature et un art nouveaux, et, pour tout dire, un siècle nouveau. Oui, un siècle tout entier, et un grand siècle : le nôtre. Nous sommes tous, par certains côtés, les fils spirituels de Châteaubriand, et notre reconnaissance à son égard doit revêtir un caractère filial.

Seulement, celui qui avait introduit ses contemporains

dans la vérité reconquise, laissa quelques-uns d'entre eux y pénétrer plus profondément que lui. Châteaubriand ne connut guère que les beautés extérieures de ce grand édifice qui s'appelle l'Église, et c'est à lui que s'applique ce mot d'un de nos plus vigoureux critiques : « Sur le recueil des œuvres qu'il consacra à la défense de la Vérité et de l'Église, on pourrait écrire : « *Vues du dehors.* » Il fit entrer dans le sanctuaire certaines intelligences très hautes, et n'y entra pas lui-même.

C'est, parmi tous les hommes d'une vaste intelligence, celui qui s'est peut-être le plus approché du génie... sans l'atteindre.

MONTALEMBERT

CHARLES DE MONTALEMBERT.

Le dimanche, 13 mars 1870, M. le comte de Montalembert est mort à Paris, dans sa soixantième année,
après de longues et horribles souffrances, héroïquement
supportées. Cette nouvelle, qui a fait rapidement le tour
de la France et de l'Europe, y a profondément attristé
tous les catholiques. Nous venons aujourd'hui prendre
part à ce deuil si légitimement universel.

Sur la tombe de celui qu'on a pu si longtemps appeler
« le chef du parti catholique, » il convient d'oublier
tout ce qui nous séparait de lui. Il convient surtout de
rappeler tout ce qui nous unissait à cette noble et grande
intelligence ;

« Tout ce qui nous unissait, » c'est-à-dire Dieu, Jésus-
Christ, l'Église.

I

Pour bien juger un homme public, il est nécessaire de
constater exactement dans quelle situation, à son entrée
dans le monde, il avait trouvé les hommes et les choses ;
dans quelle situation il les a laissés. Ce n'est pas seulement à leur mérite qu'il faut juger les grands esprits :

c'est à leur influence. Or, si grand qu'ait été le mérite de
M. de Montalembert, son influence a été mille et mille
fois plus considérable.

Si l'on veut porter un jugement sain et équitable sur la
nature et la portée de cette influence, il faut, d'une façon vivante, se transporter en 1830 ; il faut se demander
ce qui manquait alors aux catholiques de France ; il faut
constater les conquêtes que nous avons faites depuis lors
et rendre hommage, sans arrière-pensée, sans passion,
à tous ceux auxquels nous les devons.

En 1830, il n'y avait pas en France un « parti catholique » régulièrement constitué (j'ai horreur de ce mot
parti, mais je suis forcé de m'en servir). Donc, il n'y avait
alors ni un parti, ni une politique absolument et uniquement catholiques.

En 1830, l'Église n'était pas libre. Elle n'avait ni la
liberté de réunion, ni la liberté d'enseignement, ni la liberté d'association. Elle était enchaînée.

En 1830, il n'y avait pas un Art catholique.

En 1830, il n'y avait pas une Histoire catholique.

Eh bien ! je dis que la mission du comte de Montalembert a consisté en ces quatre nobles entreprises, qu'il a
menées à si bonne fin. Il a contribué plus que tout autre
à créer parmi nous un parti sincèrement catholique ; il a
plus que tout autre défendu la liberté de l'Église, et surtout cette très précieuse liberté d'enseignement qu'il n'a
pas eu la consolation de voir complètement proclamer
avant sa mort ; par sa *Vie de sainte Élisabeth*, par ses
Moines d'Occident, il a jeté dans l'histoire une vie nouvelle, une vie chaudement catholique ; par son *Vandalisme dans l'art*, il a préparé cette réhabilitation de l'art
roman et gothique à laquelle nous assistons encore. Et

certes, si l'on décernait à cet illustre mort les honneurs
d'un service public sous les voûtes de Notre-Dame, ce serait doublement justice. Car il a singulièrement contribué
à ces magnificences si correctes, à cette restauration si
scientifique. Les Viollet-le-Duc ne viennent qu'après les
Montalembert.

II

Pour créer le Parti catholique, il fallait, quoi qu'on en
ait dit, rompre avec une ancienne école à laquelle on est
bien forcé de laisser ici son nom : le Gallicanisme. C'est
l'honneur de M. de Montalembert d'avoir été (sans peut-
être s'en rendre compte autant que nous le désirerions)
le grand ennemi du gallicanisme. On ne lui ravira pas
cette gloire. Il fallait couper ces liens pour marcher, et
M. de Montalembert les a coupés vigoureusement. Qu'il
ait été trop loin, nous le savons ; mais il a déblayé un
terrain qui devait être absolument déblayé. Après cette
besogne nécessaire, il lui a encore fallu se mêler intimement à vingt autres questions et leur trouver des solutions
catholiques. S'agit-il de politique internationale ? M. de
Montalembert a passé sa vie à plaider pour les petites
nationalités, pour les peuples opprimés. On n'oubliera
pas, on ne pourra jamais oublier avec quelle éloquence
admirable il a plaidé la cause de l'Irlande, celle de la
Pologne, celle du pouvoir temporel des Souverains Pon-
tifes. Il a eu le mérite singulier d'attaquer l'Angleterre
que, cependant, il aimait tant, et, nous pouvons le dire
sans injure, qu'il aimait trop. Il a eu la gloire plus vive
de défendre Pie IX contre lord Palmerston. S'il eût été

ministre des Affaires étrangères, il eût fait triompher ces
grands principes. L'Irlande eût été émancipée plus tôt ;
la Russie n'eût pas étouffé la Pologne dans les glaces de
la Sibérie ; Castelfidardo n'eût pas précédé Mentana. Il
est vrai que sa politique intérieure n'a pas été toujours
la nôtre, et nous n'avons aucune peine à l'avouer ; mais
enfin, si ce grand esprit a eu de la liberté une notion par
fois trop utopiste, il faut se rappeler que la liberté de
l'Église est, de toutes les libertés, celle qu'il a le plus
aimée. Il n'oubliait pas les petits et, tout autant qu'un
autre, s'est occupé de la question ouvrière. On a longtemps gardé le souvenir de ses admirables discours sur
le travail des manufactures, sur la situation qu'on a faite
aux femmes et aux enfants dans les usines. Et aujourd'hui,
si cette situation s'est notablement améliorée, si les ouvriers sont mieux logés, mieux payés et surtout plus
honorés, si les usines sont mieux aérées et plus saines,
si le sort des enfants et des femmes est l'objet de soins
plus affectueux, il en faut rapporter quelque honneur à
cette voix désormais éteinte.

III

« Patronage donné aux nations catholiques ; développement de toutes les libertés catholiques à l'intérieur ;
décentralisation ; formation des mœurs politiques ; étude
sincère de la question ouvrière ; » ce n'est pas encore
tout Montalembert. Il n'est guère de question sur laquelle il n'ait parlé très catholiquement. Sa parole était
naturelle, spontanée, facile, brillante, chaude. C'était
une éloquence profonde et véritable. Les *traits* y abon-

daient, et plusieurs sont demeurés célèbres : « L'Église est une mère, » disait ce fils très ardemment reconnaissant. « Nous sommes les fils des Croisés, disait-il encore, et non les fils de Voltaire. » Dans la question du Sonderbund, il s'éleva au sublime. Mais ce sont les libertés de l'Église qui l'ont surtout inspiré.

En 1831, Dieu lui ménagea un éclatant début. On sait comment il se fit « maître d'école » avec M. de Coux et l'abbé Lacordaire ; on sait comment la main brutale d'un commissaire ferma cette école libre, d'où sont sorties tant d'autres écoles libres ; on sait surtout par quel providentiel concours de circonstances le jeune comte de Montalembert fut amené à plaider cette grande et sainte cause devant la Cour des Pairs. Pendant vingt ans, il ne cessa point de la plaider. La victoire fut au bout.

L'année 1844 fut une année célèbre entre toutes. Ce fut celle où M. de Montalembert prononça ses trois fameux Discours sur la liberté de l'Église, sur la liberté de l'enseignement, sur la liberté des ordres monastiques. Ces accents généreux ont pu un instant conquérir une glorieuse impopularité ; mais la postérité les a mieux jugés, et nul son de cette voix n'a été inutile à l'avancement de l'Église, à l'épanouissement de sa doctrine, au progrès de sa libre action. Quelle époque ! Et comme ces souvenirs de 1844 nous font battre le cœur ! Tous les catholiques, alors, s'avançaient en rangs compacts, unis, ou plutôt ne faisant qu'un. On marchait avec enthousiasme à la conquête de l'avenir, on se jetait dans toutes les voies, on rêvait toutes les victoires. Depuis qu'on les a remportées, hélas ! on est moins uni. Mais je ne dirai point, je ne veux pas dire ici les causes de ces séparations douloureuses. Elles ne sont d'ailleurs que trop connues.

IV

Vous rappelez-vous l'église Notre-Dame, telle que nous la voyions il y a vingt ou trente ans ? De la poussière, des ruines, du mauvais goût, et je ne sais quel horrible vernis de laideur sur cette sévère et magnifique beauté. Assurément on n'en peut aujourd'hui rien regretter... si ce n'est les oiseaux qui volaient librement dans le chœur et dans la nef. Eh bien ! c'était l'image exacte de l'art du Moyen-Age en 1830. On n'admettait même point qu'il y eût un art durant ces siècles enténébrés. On continuait de plaquer des autels ioniques (!) sur les murs du XIIIᵉ siècle ; on continuait de remplacer, par de belles vitres blanches, très propres, les vieux vitraux du temps de Philippe-Auguste et de saint Louis ; on continuait de peindre à la détrempe, en jaune ou en rouge, les colonnes et les parois gothiques ou romanes. C'était admis, c'était classique. Le vandalisme était devenu officiel ; on l'avait réglementé et rendu administratif. Que de châteaux détruits ! que d'églises à terre ! Et que dire des « monuments » nouveaux ?

Deux hommes parurent alors et luttèrent presque en même temps contre ce torrent de barbarie et de stupidité. Ils devaient être un jour des adversaires irréconciliables ; mais ils paraissaient alors faire partie de la même armée : Victor Hugo et Montalembert. Tout le mouvement archéologique de notre temps est venu de ces deux livres : *Notre-Dame de Paris* et *le Catholicisme et le Vandalisme dans l'art*. Oui, si nous pouvons aujourd'hui admirer dans Paris la grâce svelte de la Sainte-Cha-

MONTALEMBERT

pelle à côté de la grâce sévère de Notre-Dame ; si, dans
chaque diocèse, on construit cent églises romanes et gothiques ; si notre sol se revêt, comme en l'an mille, de la
robe blanche des basiliques nouvelles, c'est à ces deux
esprits, c'est à ces deux œuvres que nous le devons.
Châteaubriand les avait devancés, je le veux bien : mais
Victor Hugo et Montalembert peuvent tout au moins être
appelés les « seconds fondateurs » de l'Art chrétien en
notre siècle. Et c'est une de ces gloires dont il est permis
d'être jaloux.

V

Sainte Élisabeth de Hongrie produisit exactement dans
les études historiques le même mouvement que le *Vandalisme* avait produit dans l'archéologie et dans l'art. Qui
de nous ne se rappelle avoir lu, à sa sortie du collège,
cette *Introduction* si chaude, si colorée, si vivante ? Non, il
était impossible de la lire sans se prendre pour le Moyen-
Age d'un amour passionné et profond. Ce livre a décidé
je ne sais combien de vocations d'historien et d'artiste.
Pourquoi n'ajouterais-je pas, fort humblement, qu'il m'a
converti moi-même à l'examen et à l'amour de cette
époque trop dédaignée ? Je me rappelle avec quelle ardeur
je transcrivis alors la plus grande partie de cette *Introduction*, et avec quel zèle frais et jeune je relisais ces pieux
fragments. Certes, la science a marché, et plus d'une idée
de M. de Montalembert ne serait plus acceptée par nos historiens. Peut-être a-t-il vu le Moyen-Age « trop en beau ; »
peut-être, du moins, n'en a-t-il vu que les grands et splendides aspects. Mais enfin, il a fait des élèves, il a commu-

niqué à son siècle la passion de ces études, il a *enfiévré* sa
génération pour nos antiquités nationales et religieuses.
Bonne fièvre, et qui dure encore. De là tant de milliers
de livres, tant de monographies savantes, tant d'excellents travaux. Les *Moines d'Occident*, œuvre d'un critique
plus sévère et d'un historien plus exercé, sont sortis eux-
mêmes de *Sainte Élisabeth de Hongrie :* fleuve large et
majestueux sortant d'une source herbue, fleurie, charmante. L'impulsion est donnée, et le mouvement ne s'arrêtera plus. Nous n'en sommes plus depuis longtemps à
la période de l'enthousiasme ; nous sommes arrivés à
celle de la critique, j'allais dire de l'algèbre historique,
et nous avons maintenant affaire, notamment pour l'étude
du Moyen-Age, à une science qui a des procédés presque
mathématiques. Qu'importe ? ceci est sorti de cela, et
cette érudition vigoureuse ne vivrait pas comme elle vit,
si *Sainte Élisabeth de Hongrie* ne lui eût frayé la voie.

Les *Moines d'Occident* resteront « le livre » de M. de
Montalembert, et c'est à nos yeux, le meilleur titre de sa
gloire. Ses dernières années ont été remplies par ce travail, ou, pour mieux dire, embaumées par ce parfum. Il
aimait passionnément ce sujet, et néanmoins a voulu
mettre une sage lenteur à le traiter, donnant par là une
leçon à ces jeunes gens de notre temps qui bâclent un
livre en six mois, et en sont fiers. M. de Montalembert,
bien loin de là, allait jusqu'à se déclarer très mécontent
de son œuvre, et l'on sait même qu'il en voulait détruire
une partie. C'est ainsi qu'il respectait un public trop rarement habitué à ces respects. Nous avons lu les *Moines
d'Occident*, et nous avons eu l'occasion d'en dire ailleurs
toute notre pensée. Il est certain qu'une critique plus
scientifique n'aurait pas nui à ce beau livre; mais la lé-

gende séduisait trop vivement l'auteur de *Sainte Élisabeth*, et il l'aimait un peu à la façon de ces amants dont parle Molière : « Et dans l'objet aimé tout leur devient aimable. » M. de Montalembert a fait mille efforts très méritoires pour s'arracher à ces dangereuses amours : il y a réussi, mais peut-être imparfaitement. On a, d'ailleurs, singulièrement exagéré ce défaut que nous signalons dans les *Moines d'Occident*. La Légende, quand elle résume toute une époque, peut être considérée par un certain côté comme plus historique que l'histoire elle-même. C'est ainsi que M. de Montalembert l'a comprise, et il a jeté en réalité de grandes lumières sur l'histoire de la civilisation, alors même qu'il ne donnait pas à sa critique assez d'acuité et de rigueur. Pendant plusieurs siècles on peut dire fort exactement que l'histoire des moines a été celle du Progrès, de la Liberté, du Bien : c'est ce qu'a fait voir l'illustre historien, tout fier et tout joyeux de pouvoir dire à sa chère Angleterre : « Vous ne seriez rien sans l'Église. »

VI

Et maintenant, nous voici placés devant la tombe trop tôt ouverte du grand homme qui a eu une telle influence sur la politique, sur la littérature et sur l'art de son temps. Montalembert est un O'Connell. Il est moins *un* peut-être que le libérateur de l'Irlande ; mais il est plus vaste et d'un génie plus étendu. Il a peut-être exercé une influence moins profonde, mais il a eu certainement un plus grand nombre d'influences. C'est une des plus belles figures de ce siècle, et tout historien de l'Église aura désormais à la rencontrer, à la juger et à l'aimer. Ah ! je sais trop bien ce qui le séparait de nous ; mais à Dieu ne plaise que je rappelle ici ces souvenirs poignants ! Il n'est plus, ce grand défenseur de la liberté de l'Église. Il n'est plus : mais que du moins sa mort soit féconde et son cercueil éloquent ! Oui, puissent, sur cette tombe, tous les catholiques se tendre la main, se réconcilier et former le vœu de vivre désormais dans la paix, dans la concorde, dans l'amour ! Si cette grande réconciliation se fait dans cette occasion tristement solennelle, ce sera comme un dernier discours de Montalembert et le plus éloquent de tous.

VEUILLOT

LOUIS VEUILLOT[1].

I

L'*Histoire de la littérature catholique au dix-neuvième siècle* est encore à faire. C'est un noble sujet, et bien capable de tenter une bonne plume. Peu de nos écrivains écriraient mieux ce beau livre que M. Louis Veuillot ; mais, dans cette œuvre que nous attendrons peut-être longtemps, il y aurait par malheur une lacune regrettable : M. Veuillot n'y parlerait pas de lui.

Il est certain qu'il est une des figures les plus vivantes et les moins effaçables de cette galerie trop peu connue de nos grands écrivains catholiques. Sa popularité cependant ne date que de quelques années. C'est la suppression de *l'Univers* qui lui a valu cette récompense presque inespérée de l'opinion publique, et le succès de *Çà et Là* a décidé en sa faveur un grand nombre de juges, que n'avaient pas touchés vingt livres d'une valeur tout au moins égale, sinon supérieure. Aujourd'hui enfin, il se fait moins de tumulte autour du nom de M. Louis Veuillot ; moins de tumulte, mais un bruit meilleur et plus durable. Nous ne voulons pas essayer ici une inutile comparaison entre M. de Châteaubriand et l'auteur des *Libres Penseurs ;* mais il y a entre eux plus d'un point

---

[1] Écrit en juin 1862.

commun : ils ont été arrachés, l'un et l'autre (l'un plus
volontairement que l'autre), au fracas périlleux de la politique, et ils ont tous deux vécu dans une retraite que les
lettres ont consolée. L'un et l'autre enfin ont senti (le
second plus modestement que le premier) que leurs noms
et certaines de leurs œuvres vivraient après eux. C'est ce
que jadis on appelait assez prétentieusement « Assister
vivant à sa propre immortalité. »

Nous résumerions volontiers tout un éloge de M. Veuillot en ces quelques mots : « Il a le sens catholique. »
Cela dit tout. Personne avant lui n'a, dans notre siècle,
mérité plus complètement cet éloge. Quelque sujet qu'il
ait abordé, il a toujours trouvé le mot catholique, la
forme et la pensée catholiques. Il n'avait pas grand fonds
de théologie, quand il entreprit de devenir un apologiste ;
mais alors même qu'il ne *savait* pas, il soupçonnait ; il
faisait plus que soupçonner, il trouvait. La théologie a
ses fondements dans le cœur régénéré par la grâce, et
les livres de M. Veuillot ont toujours fourni la preuve
d'une âme naturellement chrétienne : *testimonium animæ
naturaliter christianæ.*

D'ailleurs, M. Veuillot a eu des pères en littérature,
auxquels il peut avouer sans honte qu'il a de grandes obli-
gations. Quand il mit pour la première fois sa forte plume
au service de l'Église, la première moitié de notre siècle
s'était déjà écoulée, cette première moitié qui a si ardemment cherché la Vérité. C'est peut-être ici le lieu
de résumer en quelques lignes cette histoire des lettres
chrétiennes depuis la Révolution française. Quand on ne
se sent pas de taille à écrire un livre, on peut en risquer
le résumé.

II

Nous ne savons pas si, depuis la prétendue Renaissance
du xvi° siècle, il serait facile de trouver, dans le monde
chrétien tout entier, dix écrivains qui aient été absolument, uniquement catholiques. Une désastreuse opinion,
presque é.igée en axiome, était la cause permanente de
cette déplorable rareté. On a cru, pendant trois siècles,
qu'on ne devait être littérairement catholique que quand
on écrivait sur des sujets théologiques ou pieux. On faisait, on daignait faire à la littérature chrétienne sa petite
part, mais elle devait ne jamais franchir les bornes
étroites qu'on voulait bien lui assigner. Il en était ainsi
de tous les *genres* littéraires. Ils étaient claquemurés chacun dans sa cellule, comme les cardinaux au conclave.
Il était rigoureusement défendu à l'idylle d'entrer dans
le compartiment de l'ode ou de l'élégie : il était surtout
défendu à la poésie de pénétrer dans le domaine de la
foi. De là cette pénurie d'écrivains chrétiens. C'est l'é-
poque du *séparatisme* littéraire, et ce séparatisme est plus
qu'une demi-hérésie.

La vérité nous force à le reconnaître : le premier qui
protesta efficacement contre le séparatisme littéraire, fut
ce Châteaubriand dont nous venons d'esquisser le portrait.
Le premier livre nettement *antiséparatiste* (pardonnez-
nous le terme) a été le *Génie du Christianisme,* œuvre faible
quant au fond, et qui, comme nous le disions plus haut,
peut se résumer en ces quelques mots : « On a vraiment bien
tort de faire la guerre au catholicisme ; il est plein de si
jolies choses ! » mais œuvre immense quant à l'influence

et au résultat final. On y parlait *littérairement* de la Bible.
La vraie critique y naissait ; la critique grammaticale
de Laharpe y recevait le coup dont elle est morte. L'archéologie y était involontairement fondée. Partout on
faisait le mélange, scandaleux pour l'époque, de la religion avec tous les anciens *genres,* avec la poésie, avec
l'art, avec tout. *Les Martyrs,* ridicules par quelques points,
continuèrent cet heureux mouvement. Une école se for-
ma, singulièrement demi-chrétienne, et parlant encore
la langue de Bernardin de Saint-Pierre et de Rousseau.
Le séparatisme était vaincu.

Quoiqu'il ait abordé tous les anciens *genres,* M. de Châteaubriand demeurera surtout comme poète : et la réconciliation qu'il a opérée est celle de la Religion et de
la Poésie. Mais Dieu, qui parait vouloir faire de notre
temps une époque véritablement triomphale pour son
Église, a voulu placer, sur le seuil même de notre siècle,
un grand homme à l'entrée de chacune des voies de l'intelligence. Dans Joseph de Maistre et dans le Lamennais
de la première époque, nous avons eu le théologien,
comme en M. de Châteaubriand nous avions le poète ;
en M. de Bonald nous avons eu le philosophe, comme
nous devions avoir en M. de Montalembert l'orateur de
la tribune, et dans le P. Lacordaire l'orateur de la chaire.
Grands noms, malgré cent réserves que nous pourrions
faire ; grands noms, dont pas un ne mérite de périr. Et
voilà vraiment nos pères spirituels ; voilà notre généa-
logie et nos lettres de noblesse.

Avons-nous le droit d'ajouter que, dans un rang plus
modeste, mais dans le plus fort peut-être de la mêlée,
un journal catholique a dignement représenté cette littérature quotidienne qui tend de plus en plus à remplacer

toutes les autres? Nous avions la poésie, la philosophie,
la théologie, l'éloquence et l'art : nous eûmes le journal.
Sur tous ces terrains, le séparatisme littéraire fut vaincu.
Il y eut désormais toute une noble foule de poètes, de
philosophes, d'orateurs et d'artistes exclusivement catholiques ; il y eut même des romanciers et des nouvellistes
chrétiens : *rara avis in terris.* Il y eut enfin un rayon de
nos bibliothèques qui reçut des livres à la fois joyeux et
chrétiens ; la tristesse, qui est d'origine janséniste, s'en-
fuit à tire d'aile pour ne plus revenir. En deux mots, la
littérature catholique était définitivement fondée : elle ne
doit plus mourir.

III

Quand, en 1841, M. Louis Veuillot devint un écrivain
chrétien, Châteaubriand était populaire ; Joseph de Maistre
avait déjà conquis toute la demi-popularité qu'il est seulement destiné à conquérir ici-bas ; Lamennais était tom-
bé, mais on entendait encore assez distinctement les
derniers échos de cette voix puissante ; M. de Montalembert était dans la riche adolescence de sa gloire ; le
P. Lacordaire entraînait la jeunesse ; *l'Univers,* depuis
plusieurs années, luttait déjà pour emporter à la pointe
de l'épée cette liberté d'enseignement qu'il a fini par
conquérir avec le hardi concours de tout ce qu'il y eut
alors de catholiques en France ; Mgr Parisis se montrait
le champion le plus vigoureux de toutes les libertés de
l'Église. Tous les catholiques semblaient fraternellement
unis. On marchait gaiement, tous ensemble, à l'assaut

de l'incrédulité ; on combattait ensemble, on tombait ensemble, on se relevait et on triomphait ensemble.

M. Louis Veuillot ne dut pas échapper à l'action puissante de ses amis dans la foi. Il n'est certes pas un imitateur : personne ne l'est moins que lui. Il est nettement, vigoureusement original. Mais quel mot employer pour dire que, sans imiter personne, il reçut l'empreinte de plusieurs autres intelligences ? Il est certain que Joseph de Maistre lui a laissé sa marque vive, sa haute doctrine et la fierté de sa polémique. Châteaubriand (qu'il n'a jamais aimé) a agi également sur l'auteur de *la Petite philosophie* et lui a communiqué le goût invincible de la poésie chrétienne. Ne sent-on pas (notamment dans certaines pages du *Çà et Là*, alors même que M. Veuillot n'avait pas encore abusé du style à versets), ne sent-on pas le souffle du premier Lamennais ? M. Louis Veuillot, enfin, n'a-t-il pas toujours possédé quelque chose de la verve particulière à M. de Montalembert, de la dialectique de Mgr Parisis, et même de l'éclat du P. Lacordaire ? Mais toutes ces qualités n'ont pas agi sur l'intelligence de M. Louis Veuillot à la manière de l'objet qui agit grossièrement sur une surface de verre, dans la photographie brutale ; elles ont agi à la manière du feu, qui donne la chaleur et la vie sans rien ôter à la personnalité de ceux qu'il échauffe et vivifie. M. Louis Veuillot, disons-le hautement, n'est pas un disciple, mais un chef d'école. Il est certainement plus complet qu'aucun des grands esprits que nous venons de nommer : il a l'intelligence plus souple, plus facile, plus universelle. Il est à la fois poète, orateur, polémiste et théologien ; il est même, à ses heures, romancier et nouvelliste. La philosophie seule a toujours eu peu d'action sur sa pensée, et je crois que M. de Bonald n'a pas exercé sur lui une influence bien vive ni bien profonde. C'est, à coup sûr, une lacune regrettable : mais quel esprit n'a point de faiblesses? Il n'en est pas moins vrai que M. Louis Veuillot a heureusement, tout en restant *lui-même*, résumé et fondu en son intelligence les mérites divers de vingt intelligences distinguées, et qu'il est, jusqu'à ce jour, le meilleur type et le plus complet, encore une fois, de *l'homme de lettres catholique*.

IV

Nous avons dit tout à l'heure qu'avant tout il possède précisément le *sens catholique*. Cela est vrai absolument. Quelle fierté ne peut-il pas légitimement se permettre en considérant qu'il n'est pas dans la vaste série de ses œuvres (quarante volumes environ) une seule ligne, non, pas une seule qui n'ait été inspirée par l'amour de l'Église. Quelqu'un de ses amis nous disait récemment que l'*intention involontaire* de M. Louis Veuillot avait été de toucher tous les genres, parce que Voltaire les avait tous également déshonorés; de les toucher, disons-nous, et de les christianiser pour toujours. La modestie de M. Louis Veuillot ne nous permet pas de croire qu'il ait eu cette intention, même involontairement ; mais l'effet a été produit, et Voltaire a été détrôné. Voulez-vous un parfait modèle du pamphlet chrétien, dur aux doctrines et charitable aux personnes : lisez *les Libres Penseurs*; du roman chrétien : voici *Corbin et d'Aubecourt, Pierre Saintive*, et même cette *Honnête femme* qu'on a si hypocritement calomniée. Quel drame catholique que *le Lendemain de la*

victoire ! Nous avons dans *le Droit du Seigneur* un livre
de saine et solide érudition. Et d'autre part, nous avons
pu juger, par le *Çà et Là*, des beaux vers, un peu rudes,
que ce grand prosateur saurait écrire.

On ne peut donc se refuser à reconnaître dans toute
l'œuvre de M. Louis Veuillot un noble et trop rare caractère d'universalité. Cette littérature est en antithèse parfaite avec la littérature du siècle dernier. L'auteur brise,
avec violence quelquefois, les portes de tous ces *genres*
qui, autrefois, étaient fermés à l'idée chrétienne : il les
brise et y introduit triomphalement l'Église, tout éblouissante de lumières. Son sens catholique est d'une merveilleuse sûreté. Pas de fausse note : tout le clavier est chrétien.
Quelques notes sont quelquefois un peu trop vibrantes ;
l'effet produit n'est point dangereux, mais désagréable.
On voudrait rayer dix mots peut-être en chacun des livres
de M. Veuillot, mais dix mots seulement, qui détonnent,
et que ses ennemis accusent de grossièreté. Ce que ces
livres ont fait de bien ne saurait se dire. Ils ont affermi
les intelligences et « revigoré » les cœurs. Si tant de
jeunes gens se déclarent hautement et généreusement
chrétiens au milieu d'un monde qui est forcé de les estimer,
c'est surtout grâce à ces livres. Le surnaturel y est au
naturel. Rien de forcé ; tout est spontané, tout est vrai.
Ni trop de sévérité, ni trop d'abandon ; de la joie partout,
jusque dans les larmes. On a écrit plus profondément
que M. Veuillot : on n'a jamais écrit plus chrétiennement.

V

On n'a pas assez remarqué l'amour des champs que professe, non pas l'esprit, mais le cœur de M. Veuillot. Ses livres abondent en descriptions charmantes de la nature. Ils sentent la fenaison et les jardins rustiques ; ils ont une bonne odeur de vraie campagne. Que de fois notre peintre a décrit le coucher ou le lever du soleil ! Il se plaît en ces tableaux ; il les refait volontiers, et presque toujours avec la même perfection. C'est peut-être notre écrivain le plus paysagiste : beaucoup de ses pages ressemblent aux toiles de Troyon.

Dussions-nous passer pour paradoxal, nous affirmerons, de la façon la plus nette, que M. Louis Veuillot est surtout supérieur dans l'expression des sentiments doux. Il y a dans ses écrits, quoi qu'on dise, beaucoup plus de miel que de vinaigre. *Corbin et d'Aubecourt* est une suite de lettres qui sont présentées comme l'œuvre d'une jeune fille : la plus délicate, la plus virginale de nos jeunes filles pourrait les signer. Les *Historiettes et fantaisies* contiennent des perles dont l'éclat est des plus doux : rien n'est plus calme que *le Vol de l'âme*, plus finement touché que *l'Épouse imaginaire*, plus intime que les huit admirables pages de *la Chambre nuptiale*. Nous ne parlons point de *Çà et Là*, dont les deux tiers au moins sont tout de sucre. C'est là surtout que l'on sent l'homme, le père, le frère, le fils, le chrétien. Nous ne sommes pas suspect en cet éloge de la douceur, et avons toujours aimé à voir M. Louis Veuillot chasser, le fouet en main, tous les marchands du temple. En vérité, il se sert bien de ce fouet, et les marques

rouges en sont restées sur les épaules de tous les adversaires de la Vérité. C'est fort bien fait, et nous nous mettons volontiers à l'école de ce rude fouetteur, quand il
ne fouette que les idées. Mais nous voulions insister sur
une qualité de M. Louis Veuillot qui n'est pas assez connue,
ou qui plutôt est méconnue : c'est qu'il est doux aux
siens autant que terrible à l'ennemi.

Son style a longtemps porté l'empreinte du xvii° siècle,
et, dans *les Libres Penseurs* notamment, on a pu naguères
constater trop aisément l'imitation plus ou moins réfléchie
de La Bruyère. Mais peu à peu ce style s'est échauffé : la
verve qui est propre à notre siècle l'a progressivement envahi, et les derniers livres de M. Veuillot n'ont presque
plus rien du xvii° siècle. Quelques tours de phrase, quelques mots attestent seuls que l'auteur fait de Bossuet et
de Bourdaloue sa lecture la plus ordinaire.

VI

Nous avons l'intime conviction que plusieurs volumes
de M. Louis Veuillot demeureront comme des œuvres où
la langue française est aussi honorée que l'Église catholique ; mais on nous embarrasserait vivement, comme
nous l'avons dit d'ailleurs, si on avait l'indiscrétion de
nous demander quels sont ces livres qui résisteront au
temps, et ceux qui n'y sauront pas résister. Enfin, si l'on
nous poussait à bout, nous pourrions peut-être répondre
que *les Pèlerinages de Suisse* et *Rome et Lorette*, malgré
cent pages exquises, ont le grave défaut de manquer
d'unité. *L'Honnête femme* est trop dangereuse encore,

malgré la pureté de l'intention, pour que Dieu lui accorde une immortalité qui pourrait en certaines occasions être fatale à certaines âmes. Le dénouement inattendu et défectueux de *Pierre Saintive* empêchera le durable succès d'une œuvre dont les deux premiers tiers sont à peu près sans défauts. Mais nous sommes persuadé qu'une partie des *Mélanges* vivra longtemps encore après ce siècle. Et si nous avions à nous prononcer, en terminant, sur les œuvres que nos petits-neveux admireront autant que nous, et qui passeront toujours comme de véritables chefs-d'œuvre, nous nommerions *les Libres Penseurs* et deux livres qui, en ce moment encore, sont loin d'avoir toute la popularité qu'ils méritent : *Corbin et d'Aubecourt* et *le Lendemain de la victoire*.

Janvier 1894.

Il y a plus de trente ans, nous écrivions les pages que l'on vient de lire, et nous avions essayé d'y mettre tout notre cœur. En les relisant aujourd'hui, nous les trouvons froides, médiocres et insuffisantes. C'est qu'en effet nous avons peut-être exprimé suffisamment notre pensée sur les ancêtres intellectuels de M. Louis Veuillot, sur la nature et l'étendue de son esprit, sur l'immortalité de son œuvre ; mais nous n'avons pas assez mis en lumière notre amour, disons mieux, notre reconnaissance. Nous avons été au nombre de ces jeunes gens dont nous parlions plus haut, et qui ont dû en partie à M. Louis Veuillot la solidité de leur foi et les ardeurs de leur dévouement. Il ne nous a point converti ; mais il nous a soutenu, encouragé, réchauffé. Nous aimons à ne pas nous en taire.

D'ailleurs, les bégaiements et l'insuffisance de notre critique viennent peut-être de notre reconnaissance elle-même. On demandait un jour au fils d'un grand orateur d'écrire « le portrait littéraire » de son illustre père. Le fils répondit simplement — et nous sommes presque tenté d'appliquer ces paroles à M. Louis Veuillot, qui est un peu notre père dans la foi : « J'aime assez mon père pour bien le connaître ; je l'aime trop pour bien parler de lui. »

VEUILLOT

LOUIS VEUILLOT [1].

I

Le « *Parfum de Rome !* » Ce titre en langage figuré a froissé certains puristes. Les puristes, une fois de plus, ont eu tort, et en général leur défaut est de n'avoir point de grandeur dans l'esprit. Égarés dans les détails, ils perdent la vue de l'ensemble. Le titre du beau livre de M. Louis Veuillot, condamné par les rhéteurs, est justifié par les Pères de l'Église, par les plus vastes intelligences qui furent jamais. D'après les symbolistes, le *parfum* est la figure de la sainteté : *Aromata, ita viri sancti*, dit saint Grégoire le Grand. Et voyez comme ce symbole s'applique bien à Rome. Les parfums, continue le même docteur, n'ont toute leur senteur que lorsqu'on les broie, ou lorsqu'on les brûle : *Aromata suam fragrantiam non nisi quum incenduntur expandunt.* Plus vous broierez la Papauté, plus elle embaumera le monde de sa délicieuse et salutaire odeur. Et l'on peut lui appliquer ces beaux vers que Pierre de Riga, dans son *Aurora*, applique au Christ lui-même :

> Semper in altari vivit spirans odor : omnem
> Sic replet Ecclesiam Christus odore suo.

Je me laisserais volontiers aller à exposer cet admirable symbolisme tel que je le vois dans les écrits des Pères, et

[1] *Le Parfum de Rome.*

4

je voudrais encore montrer, avec l'auteur du *Liber mora-litatum*, que le parfum de la Papauté se trouve à la fois *in cortice, in flore, in fructu*... Mais je m'arrête de peur d'être pédant, et, franchissant le titre, j'arrive au livre lui-même.

II

« Mon siège est fait, » disait un historien de second ordre à qui l'on osait conseiller un remaniement de son livre. M. Louis Veuillot n'était pas capable de prononcer une telle parole. Quelque succès qu'aient obtenu les premières éditions de son livre, il n'a pas craint de le reprendre en sous-œuvre, ligne par ligne, mot par mot; d'effacer, d'ajouter, de corriger, de refaire enfin un ouvrage dont tant de beaux esprits se seraient tenus pour satisfaits. Il faut avoir écrit un livre pour savoir ce qu'il en coûte de le recommencer. La verve première, hélas! s'est refroidie, le premier feu s'est éteint. On est condamné à relire de sang-froid ce que l'on écrivit jadis avec entraînement. Ah! comme on préférerait écrire une œuvre nouvelle, avec la fraîcheur charmante de nouvelles idées et de nouvelles paroles! Et, au lieu de ces douces primeurs, il faut se traîner péniblement sur un chemin qu'on a parcouru en des temps meilleurs et dont toutes les fleurs paraissent à moitié fanées. C'est une entreprise presque héroïque.

Il nous eût été agréable d'étudier ici le style de M. Louis Veuillot dans ses nuances les plus délicates, dans tous ses secrets; mais la tâche est singulièrement difficile et complexe. Même dans le seul *Parfum de Rome*, quelle

diversité de tons, quelle fécondité, quelle abondance !
Voici une page grave, majestueuse, qui respire la simplicité du grand siècle, où l'on sent l'influence vive de Bourdaloue et de Bossuet ; et, au *verso*, voici une autre page
qui aurait scandalisé Versailles, qui est jeune, plaisante,
mordante, j'allais dire *gauloise,* si ce mot n'était pas
l'objet de tant de malentendus. Comme tous les livres
sincèrement originaux, le *Parfum de Rome* ne plaira pas
à tout le monde. Les délicats savoureront certaines pages :
ils se voileront les yeux devant certaines autres. Au cri
d'admiration succèdera parfois un cri de rage. Mais c'est
cela même qui prouve la prodigieuse variété de ce livre
étonnant. Cette variété ne peut nous déplaire, et nous y
voyons le signe de la force.

Quoi qu'il en soit, il est évident que M. Louis Veuillot
a longtemps étudié le dix-septième siècle, qu'il l'étudie
encore, qu'il l'aime, qu'il en veut garder le style. A tout
instant l'esprit du lecteur est frappé par quelque expression empruntée au noble vocabulaire de Racine et de
Fénelon ; mais, à tout instant aussi, et sans qu'il y ait fausse
note, l'homme du dix-neuvième siècle se révèle par
quelque mot, par quelque phrase dont l'énergie est tout
actuelle. C'est ce singulier mélange qui, suivant nous,
constitue l'originalité très puissante de M. Louis Veuillot.
Il résume en lui deux époques, deux siècles : il en est le
trait d'union vivant. Il a la religion du dix-septième siècle,
mais il n'en a pas la superstition : il l'imite sans doute,
mais avec une belle liberté. Enfin, si l'on nous deman-
dait ici toute notre pensée, nous oserions dire qu'il y a,
dans l'œuvre de Louis Veuillot, plus d'éléments romantiques que d'éléments classiques ; que le souffle du dix-
neuvième siècle anime tout son livre ; que *sous le règne* de

Bossuet, s'il est permis de parler ainsi, on n'eût pas trouvé seulement ce titre : *Le Parfum de Rome*, et qu'on n'aurait pas écrit deux longs volumes avec cet entraînement, cette fougue, ce lyrisme, cette variété, cette opposition de tons, cette excellente liberté qui nous ravit et qui aurait, je pense, scandalisé Boileau. A nos yeux, et quoiqu'il ait appelé Boileau « maître superbe », M. Louis Veuillot est le plus romantique des classiques.

Et ce n'est pas une critique que nous voulons lui faire. Nous trouvons qu'il a choisi la bonne voie, qu'il est un modèle pour nous, et qu'il nous faut l'imiter. Ce n'est plus aujourd'hui le temps de se séparer en petites écoles littéraires, de se quereller longuement sur certaines questions de forme, de se rattacher servilement qui à Victor Hugo, qui à Boileau. Ces petits problèmes sont bien loin. La grande question est celle de Jésus-Christ et de l'Église, et il faut défendre la Vérité en un style net, indigné, saisissant. Empruntons à Bourdaloue la solidité de sa langue, et surtout celle de sa logique ; mais ne dédaignons pas les nobles ardeurs de notre siècle. Sachons tout comprendre, sachons tout harmoniser, et réglons-nous sur les grands catholiques, nos contemporains.

Nous parlions tout à l'heure de style indigné : M. Louis Veuillot possède surtout ce style. Jamais nous n'avons senti aussi vivement l'horreur du mal qu'après une lecture de ses livres ; jamais nous n'avons eu une aussi puissante envie de demeurer honnête. L'indignation sort de chacune de ses paroles écrites. Ce n'est pas seulement *style indigné* qu'il faut dire, c'est *style indignant*. Oui, à la lecture de certains chapitres du *Parfum de Rome*, une bonne rougeur monte à la face : « Oh ! les malheureux ! » s'écrie-t-on involontairement en poursui-

vant de ses regards irrités quelques ennemis de la Vérité.
Et alors le cœur bat violemment, la poitrine se soulève,
le sang s'agite. D'ailleurs, cette émotion qui commence
trop souvent par la colère s'éteint presque toujours dans
la prière, et toujours dans un cri d'amour vers la Vérité
menacée.

Certes, dans sa vigoureuse et légitime indignation,
M. Louis Veuillot n'emploie pas contre les adversaires
de l'Église ce ton doucereux et sucré, auquel nous ont
habitués certains polémistes sans croyance et sans indignation. L'auteur du *Parfum de Rome* nous apparaît
souvent armé du fer rouge, et cette attitude terrible a
souvent donné le change sur la physionomie de son âme.
Un de ses plus beaux chapitres, *Le Vrai Infâme*, a été re-
gardé comme l'expression d'une haine sans entrailles.
Dans la vérité des choses, ce n'est pas l'infâme, c'est
l'infamie que déteste M. Louis Veuillot. Je ne sais quel
adversaire médiocre lui reprochait tout récemment « de
n'avoir rien écrit de tendre ». Cet auteur de bonne volonté n'avait sans doute rien lu de M. Louis Veuillot ; il
n'avait certes pas lu ce chef-d'œuvre de la langue française qu'on appelle *Corbin et d'Aubecourt*, et qu'on croi-
rait écrit, comme nous le disions plus haut, par la plus
délicate et la plus douce de toutes les jeunes filles.

Ce qui là-dessus a entraîné déplorablement l'opinion
publique, ce sont quelques citations trop habilement
choisies dans l'œuvre de M. Louis Veuillot, et que certains
de ses adversaires ont uniquement placées sous les yeux
de leurs lecteurs. Je le connais, ce procédé inique ; je la
connais, cette race de critiques... Vous avez achevé un
long ouvrage, vous y avez mis toute votre intelligence,
tout votre cœur, toute votre foi ; plusieurs années de votre

vie ont été dévorées par cette tâche. Le livre paraît, et vous êtes tout pâle et frémissant devant l'incertitude du succès. Arrive alors un juge mal disposé qui écrit qu'à la page 397 ou à la page 500 vous avez commis une répétition de mots ; qu'à telle autre page vous avez omis une virgule ; qu'à telle autre enfin vous vous êtes rendu coupable d'un mot grossier. Le critique relève trois ou quatre erreurs de cette gravité ; il fait valoir ce relevé, il l'assaisonne de mots agréables, et voilà un ouvrage à jamais jugé. Pauvre auteur, ton livre est perdu : il pourrira sur les tablettes du libraire. C'est ainsi qu'on a procédé à l'égard de M. Louis Veuillot et notamment du *Parfum de Rome :* on a noté çà et là quelques traits un peu réalistes, on les a cités avec un soin haineux, on en a donné la liste, on n'a pas ajouté que l'auteur n'avait pas tardé à les effacer lui-même, et on a cru par là empêcher le succès d'un excellent livre... dont on annoncera bientôt la dixième édition.

Loin de reprocher à M. Louis Veuillot ce prétendu réalisme de quelques pages du *Parfum de Rome,* nous pensons que le vrai défaut de cette œuvre est l'excès de son lyrisme. Je sais que l'auteur a créé le personnage de Coquelet pour nous reposer de ces odes ardentes : je sais que ce Coquelet vaut le Prudhomme de Monnier, et que ce personnage réussit à nous distraire. Mais le ton général est trop continuellement élevé et la corde est trop continuellement tendue. Beau défaut, d'ailleurs, et qu'on ne saurait faire à beaucoup de livres. Il est certain que le *Parfum de Rome* agrandit l'âme humaine.

Nous avons observé ailleurs que M. Louis Veuillot possédait par excellence le « sens catholique. » Aucun livre, parmi les siens, n'est plus propre que le *Parfum de Rome*

à nous confirmer dans cette pensée. Dans ce livre, qui
est naturellement surnaturel, nous avons affaire à une
sorte d'encyclopédie, et l'on y trouve toutes les idées de
l'auteur sur la philosophie et sur l'histoire, sur la littérature et sur l'art. Tout cependant, tout est intimement
pénétré de catholicisme (et ce n'est pas sans quelque
ennui que nous nous servons ici d'un de ces vilains mots
en *isme*, tant détestés de M. de Metternich). Mais il faut
que nous remercions tout particulièrement M. Louis
Veuillot d'avoir hardiment abordé la réhabilitation difficile de la sainte liturgie catholique. Il avait autorité pour
se jeter dans cette téméraire entreprise.

Il est un livre admirable, qui pour la forme est souvent
égal, qui pour le fond est toujours supérieur aux chefs-
d'œuvre les plus vantés de l'antiquité païenne. Cependant
ce livre est inconnu de ceux mêmes qui auraient le plus d'intérêt à le connaître, de ceux mêmes auxquels il s'adresse :
nous avons nommé le *Pontifical romain*. Nous nous rap-
pellerons toujours la joie vive, éclatante, profonde, qui
s'empara de nous quand, pour la première fois et presque
par hasard, nous jetâmes les yeux sur cet incomparable
livre. Nous avions pris, dès lors, la résolution de populariser ces splendeurs inconnues, de mettre en lumière
ces beautés laissées dans l'ombre ; mais avec toute la
puissance de son style et tout le prestige de son nom,
M. Louis Veuillot a pris en main cette cause de la liturgie. Il l'a bien plaidée. Il a enchâssé dans la riche mon-
ture de son livre les diamants du *Pontifical* ; il a osé
citer et admirer littérairement ce magnifique office de
la *Consécration d'un autel*. Il a osé surtout écrire ces mots
qui paraissent presque audacieux : « Je voudrais dérober
un accent à cette poésie de la liturgie, plus parfaite en-

core que la poésie des livres saints ; car l'Église du Christ
a absorbé et accompli la poésie de la Synagogue, comme
la loi du Christ a accompli et absorbé la loi de Jéhovah. »
Que ne puis-je applaudir avec plus d'autorité à ces paroles énergiques ! C'est là le beau commencement de ce
Traité de la Littérature liturgique que nous avons si longtemps rêvé d'écrire, et qui sans doute est réservé à une
plume meilleure.

III

Et maintenant, nous voudrions nous résumer sur ce
livre si vivant, si fier, si énergique, si doux, si poétique,
si vaste, si complet. Sans doute nous y avons constaté une
merveilleuse variété, une indignation qui communique à
tous ses lecteurs une honnêteté vigoureusement conta-
gieuse, un style où sont harmonieusement condensées et
fondues les sévérités classiques du dix-septième siècle et
les énergies romantiques de notre temps, une rigueur
très dure à l'erreur, mais qui s'adoucit et se change en
miséricorde à l'égard des hommes aveugles ou méchants,
une pureté singulière de sens catholique, une constante
élévation, un lyrisme constant et dont l'excès même n'est
pas sans fatigue pour le lecteur, quelques réalismes qui
se sont glissés dans ce beau style et qu'on en bannira
facilement, une science réelle de l'art et de la littérature
catholiques, une audace admirable dans l'exposition
d'idées nouvelles, et d'autres qualités que nous aurions
voulu analyser avec plus de patience. Mais il nous semble
qu'un seul mot suffirait pour donner du *Parfum de Rome*
une idée complète aux intelligences catholiques. Si ce

livre pouvait parler, il dirait : « Je suis 'œuvre d'un grand amour. » Ces quelques mots suffisent : ils disent tout.

M. Louis Veuillot a aimé Rome, et il a fait ce livre.

Il a vu que Rome a toujours été et est encore le sanctuaire de l'humanité chrétienne, et il y est entré avec un amour respectueux. Dieu, en effet, s'est réservé dans l'espace quelques lieux spéciaux où sont bâties nos églises; et c'est l'hommage que l'espace rend à Jésus-Christ. Rome, siège de la Papauté, est un autre lieu choisi et réservé par Dieu. Rome, c'est l'église du genre humain : M. Louis Veuillot le croit, le sait, le dit.

Il a vu que Rome a toujours été et est encore le centre de la lutte entre Dieu et l'Enfer. L'Enfer, en effet, craignait que Dieu ne fît un jour de ce lieu sacré le centre de son œuvre sur la terre. Satan y vint le premier; il y facilita la fondation et les développements de l'empire romain, et, un jour, il opposa la terrible omnipotence de cet empire aux premiers développements de 'Église. Aujourd'hui encore, c'est de Rome qu'il fait le centre de sa résistance, et c'est de Rome que Dieu fait le centre de son action. M. Louis Veuillot le croit, le sait, le dit

Il a vu que Rome a toujours été et est encore ici-bas le centre des intelligences, des volontés et des cœurs. Toute science s'éteindra, tout libre arbitre sera méconnu, toute charité disparaîtra de la terre le jour où Rome ne marchera plus dans l'orbite du plan divin. M. Louis Veuillot le croit, le sait, le dit.

Et que pouvons-nous dire après lui, qu'il n'ait dit mille fois mieux que nous ? Nous ne trouvons qu'une seule parole tirée de l'Écriture, et l'auteur du *Parfum de Rome* eût pu la choisir comme l'excellente épigraphe de son livre : *In odorem unguentorum tuorum sequemur te.*

Oui, quel que soit l'avenir, quelle que soit la dureté des temps, quelle que soit la méchanceté des hommes, tournons-nous vers Rome avec un amour pacifiquement obstiné et disons-lui : « Parlez, définissez toute vérité, foudroyez toute erreur ; nous sommes vos fils, nous sommes à vous ; nous vous suivrons dans la joie et dans l'adversité, nous vous suivrons de près ou de loin, nous vous suivrons à la trace de votre parfum : *In odorem unguentorum tuorum sequemur te !* »

MGR GERBET

MGR GERBET.

Mgr Gerbet restera aux yeux de la postérité comme une des plus belles figures épiscopales de notre temps. Cette grande âme a su rompre énergiquement les liens qui l'attachaient à tout ce qui n'était pas l'Église ; ni le génie ni l'amitié n'ont eu des droits sur cette intelligence qui ne reconnut jamais de droit qu'à la Vérité. L'amour de l'Église a été la passion de cette vie prématurément éteinte. Quand il vit l'effort de l'impiété révolutionnaire se concentrer uniquement contre la Papauté, il sut donner à son indignation une forme digne d'elle et digne de cette cause : les catholiques se souviendront longtemps de cette page incomparable sur les larmes du Pape, qui se trouve en tête d'une brochure célèbre de l'évêque de Perpignan. D'ailleurs, ce mot « brochure » ne convient guère aux œuvres de Mgr Gerbet, et nous avons quelque regret de l'employer ici. Dans un opuscule de ce substantiel écrivain, il y a plus d'idées que dans certaines Encyclopédies de notre connaissance. Beaucoup de gros livres pourraient prendre pour épigraphe ces trois mots : *Pauca in multis*. Et, tout au contraire, c'est *Multa in paucis* qui serait l'épigraphe légitime du *Memorandum des catholiques français*, de la *Conférence sur Rome*, et de tous les livres de Mgr Gerbet, dont nous nous proposons de faire ici une étude approfondie.

I

Il semble qu'en analysant avec attention les œuvres
malheureusement trop rares et trop brèves de l'évêque
de Perpignan, on pourrait se rendre un compte exact du
rôle qu'il a rempli dans les grandes luttes de l'Église.
En ces rudes et immortels combats, tous nos évêques ont
servi la même cause et poursuivi le même but ; mais chacun d'eux a gardé sa physionomie propre. Une belle
variété s'épanouit au sein de cette belle unité. Mgr Parisis,
c'est la logique, vive, pressante, toujours au courant,
toujours actuelle ; Mgr Pie, c'est l'orateur et c'est le
théologien, c'est l'alliance d'une grande doctrine et d'une
grande éloquence ; Mgr Berteaud, c'est la réconciliation
de la théologie et de la poésie, c'est Grégoire de Nazianze... Je pourrais ici les énumérer tous et essayer
de tracer leurs portraits, et ce serait une belle galerie.
Pas une figure ne s'y ressemblerait, et cependant toutes
auraient le ciel dans les yeux et Dieu sur les lèvres.

Mgr Gerbet a su prendre une place véritablement originale au milieu de ces nobles champions. Il fut à la fois
théologien vigoureux, érudit aimable, polémiste subtil ;
ce sont là ses trois titres de gloire, ce sont là les traits
qui caractérisent son génie.

Nous nous souviendrons longtemps de l'impression très
profonde que produisit sur nous la lecture du « Cours de
théologie dogmatique » que l'abbé Gerbet publia dans
l'*Université catholique*. Jamais peut-être Revue, plus habilement dirigée, n'eut de plus brillants commencements.
On lisait au bas de chaque article ces noms illustres :

« L'abbé de Salinis, l'abbé Gerbet, Montalembert, » et vingt autres encore. Tous ces écrivains étaient jeunes et avaient un entrain de zouaves contre l'erreur qu'ils vainquirent à la française, avec un emportement discipliné. Dans chaque livraison de cette jeune et substantielle Revue se trouvaient des Cours *écrits* de théologie, de droit, d'histoire. Mais rien ne méritait l'attention au même degré que les pages dues à la plume de l'abbé Gerbet. On ne pouvait les lire sans se passionner pour les études théologiques. Le théologien de l'*Université catholique* était méthodique, clair, élevé. Il aimait la symétrie dans le raisonnement, et grâce à cette symétrie qui était à la fois réfléchie et spontanée, ses lecteurs retenaient aisément les doctrines les plus ardues.

Nul, peut-être, n'a mieux mis en lumière les harmonies du dogme du péché originel. Il établit que, dans le péché du premier homme, deux péchés sont contenus : l'orgueil et la volupté. Par l'un d'eux, l'homme s'élève PLUS HAUT que sa nature ; par le second il s'abaisse PLUS BAS ; et Adam a transmis à toute l'humanité le triste héritage de ces deux tendances. Tous nos péchés, en effet, rentrent dans l'une ou dans l'autre de ces deux catégories immenses : ou l'homme se fait plus grand, ou il se fait plus bas qu'il ne doit être. Mais voici que Dieu se penche vers son auguste et petite créature, voici que le grand Médecin entreprend la double guérison de l'homme déchu et malade. Il exige d'Adam la confession, l'aveu de son péché : c'est pour guérir l'orgueil. Il lui impose la souffrance : c'est pour guérir la volupté. Désormais, le secret de cette double cure ne se perdra plus dans le monde. Chez le peuple de Dieu, on voit le grand prêtre faire à Dieu la confession des fautes de tout le peuple, et la souffrance volontaire, la mortification, le jeûne, sont largement imposés aux enfants de Moïse. Jésus-Christ paraît ; il se charge volontairement de tous nos péchés par orgueil et de tous nos péchés par volupté : au jardin des Oliviers il fait, d'après la tradition, l'aveu de toutes les fautes des hommes ; il s'impose en outre une vie de souffrances et une mort horrible pour expier toutes les voluptés et tous les abaissements de notre race. L'Église continue cette œuvre : elle brise et guérit notre orgueil par l'aveu qu'elle exige de nous au tribunal de la pénitence ; elle brise et guérit notre sensualité par la mortification qu'elle nous prêche. L'imitation de Jésus-Christ devient ainsi la règle même, la règle essentielle de la vie de l'homme : par là nous reconquérons et gardons ici-bas notre vrai rang qui avait été doublement compromis par le crime originel, NI TROP HAUT NI TROP BAS, soumettant notre âme à Dieu et notre corps à notre âme, sujets de Dieu et rois de l'univers !

Tel était le raisonnement, telle était la méthode ordinaire de l'abbé Gerbet, et nous voudrions que ce pâle et informe résumé en donnât quelque idée. Joignez à cela une langue admirable, imagée, poétique et exacte en même temps, ayant la précision des mathématiques et le charme des beaux vers. Et, à propos de beaux vers, disons ici, comme par parenthèse, que le grand théologien savait les frapper avec une élégance et une vigueur peu communes : ce dont nous sommes très loin de lui faire un reproche. Mais il savait mettre autant de poésie dans sa prose que dans ses vers. Il le montra bien dans son *Dogme générateur de la piété catholique*, où il professa sur l'Eucharistie la plus magnifique doctrine. De tels livres étaient bien nécessaires et le sont encore aujourd'hui pour combattre cet affaissement déplorable de la piété catholique, que produit la lecture de tant de petits livres de dévotion sans théologie, sans substance et sans élévation. Écoutez plutôt la voix de l'abbé Gerbet : « La foi à la présence réelle ou à l'incarnation permanente nous rapproche du Christ, comme l'incarnation nous a rapprochés de Dieu. Ce n'est plus seulement à l'humanité, c'est à chaque être humain que le Verbe s'unit. Il entre, non pas seulement dans les limites de notre commune nature, mais encore dans les limites de notre personnalité ; il divinise notre essence ; il nous *christianise*. Son incarnation en nous a pour emblème l'union qui transforme l'aliment en la substance même du corps qui se nourrit. Ne demandez pas une autre union plus intime : vous demanderiez à être l'Homme Dieu. » Vous reconnaissez dans ces quelques lignes la belle élévation, la symétrie, la méthode qui éclataient tout à l'heure à vos yeux dans l'exposition des idées de notre auteur sur la chute et sur le péché originel. Notez que cette noble théologie éclatait, pour ainsi parler, dans un livre de 1829. Elle ne triompha pas immédiatement, et, avant d'être fortement intronisée dans la chaire chrétienne, un long temps se passa. Le P. Ventura ne devait que vingt ans plus tard populariser, dans ses célèbres conférences, les doctrines de saint Thomas. Il faut en admirer davantage le vif et puissant esprit qui sut prendre de si bonne heure une si heureuse initiative et fit ainsi l'éducation de son siècle.

II

Ce rôle fécond ne devait pas être le seul auquel la Providence se proposait d'appeler l'abbé Gerbet. Les grandes

traditions de l'érudition chrétienne étaient presque complètement effacées quand il commença d'écrire. Il y a
quelque temps, une parole célèbre, celle de dom Guéranger, exposait en bons termes l'histoire des travaux
sur les antiquités catholiques, et en particulier sur les
Catacombes. Si le dernier chapitre de cette histoire est
glorieux et consolant, les autres sont assez tristes. Le
dix-septième et le dix-huitième siècle n'eurent trop souvent qu'une curiosité profane, au lieu d'avoir une science
sacrée. Rien n'est plus vrai, du moins, en ce qui concerne les cimetières romains. Il était réservé à l'abbé
Gerbet de réveiller la science qui sommeillait lourdement : son *Esquisse de Rome chrétienne* fut, dans toute
la force du mot, un événement. « Supposons, dit ce théologien qui se fait érudit, supposons qu'il existe encore
au pied du Vésuve une population dont les usages, les
mœurs, les croyances s'ajusteraient parfaitement aux monuments de Pompéi : vous en conclurez qu'elle a conservé
les idées du peuple qui circulait dans les rues de la ville,
lorsqu'elle a été recouverte par les torrents de cendre
du volcan. Le christianisme a aussi sa ville souterraine
qui a échappé aux ravages du temps : les dogmes primitifs restent pétrifiés sur ses murs ; mais il faut, pour
s'y reconnaître, le fil conducteur du catholicisme. » Et
il ajoute, avec une magnificence de langage que je n'ai
pas besoin de faire admirer à mes lecteurs : « Toutes
les nations chrétiennes doivent une pieuse reconnaissance à Rome, qui nous a conservé les plus vieilles archives de la foi. Cette ville est le grand bibliothécaire de
la chrétienté. Telle devait être, en effet, une des plus
éminentes fonctions d'une ville destinée à être le centre
du christianisme. Il fallait qu'elle gardât plus qu'aucune

autre la vive empreinte des clartés primitives de la révélation, qu'elle les réfléchit dans ses antiquités les
plus hautes, voisines du temps où l'astre divin s'est le-
vé ; pareille à une montagne qui, laissant les élégances
humaines aux villas de la prairie, couronne chaque jour
son austère sommet des premiers rayons du soleil de
Dieu [1]. » Ces quelques lignes sont tout le programme de
l'*Esquisse de Rome chrétienne*, œuvre où l'on voit avec un
attendrissement légitime l'érudition et la poésie marcher
du même pas, les bras entrelacés, comme deux sœurs qui
sont joyeuses de passer quelques heures ensemble avant
de se séparer pour de longues années !

Le livre de l'abbé Gerbet a provoqué dans le monde
de la science une double révolution. Tout d'abord, il a
conduit l'érudition où elle ne voulait pas aller, il l'a
menée par la main vers nos antiquités sacrées ; puis il a
prouvé que l'érudition ne doit pas être séparée de l'art ;
et que faire de l'art sans science, ou de la science sans
poésie, c'est se rendre réellement coupable d'un odieux
séparatisme. Essayons de préciser rapidement le rôle de
notre grand écrivain dans ces deux rudes tâches que Dieu
lui a imposées.

Il apporta dans l'érudition cette méthode, cette clarté,
cet amour de la symétrie, de l'ordre, de la transparence,
qui était en philosophie le principal caractère de son
beau talent. L'*Esquisse de Rome chrétienne*, dont les deux
volumes ont été publiés à de longs intervalles, présente
cependant une parfaite harmonie, et le plan en est irré-
prochable. Quant à se servir des textes et à s'en bien
servir, personne n'a su le faire avec plus de critique, avec

---

[1] *Esquisse de Rome chrétienne*, t. II, ch. ix.

autant de discrétion. Il a consulté avec fruit tous les ouvrages des grands archéologues romains et tous ceux de nos Bénédictins français ; mais, écrivant au milieu de tant d'in-folio, il garde une charmante aisance, une facilité tout aimable. Les inscriptions des catacombes ont trouvé dans M. de Rossi un investigateur plus patient, plus érudit, plus profond, je le veux bien ; mais je ne pense pas qu'elles trouvent jamais un interprète plus habile, plus sincère, plus éloquent. Les chapitres que l'abbé Gerbet a consacrés à la tradition monumentale sont notamment des plus remarquables. Il parcourt fiévreusement tous les souterrains sacrés de Rome et de ses environs; devant chaque peinture il s'arrête, devant chaque inscription il fait une halte ; puis il s'écrie : Voyez et entendez. Ces fresques, ces épitaphes sont des traités de théologie : ils proclament que nos pères des premiers siècles avaient exactement les mêmes croyances que les catholiques de notre temps. Voici les preuves visibles, palpables, irrécusables de l'invocation des saints dans la primitive Église, de l'eucharistie, de la pénitence, de tous nos dogmes enfin. Oh ! les beaux traités en couleurs et en marbre !

On ne se rendra bien compte des procédés de l'abbé Gerbet qu'en lisant attentivement tout son livre. On me permettra de citer, à tout le moins, quelques lignes de cet éloquent érudit où il met en belle lumière les preuves de la croyance à l'unité de Dieu qu'il a trouvées inscrites ou peintes sur les sépultures des Catacombes. Elles donneront peut-être quelque idée de la méthode employée dans tout le livre, autant du moins que quelques morceaux de marbre peuvent donner l'idée d'une belle statue :

« La foi à l'unité de la nature divine se trouve exprimée dans les épitaphes des Catacombes sous une forme très simple. Le nom de Dieu est invariablement écrit au singulier et d'une manière absolue. Cela suffirait pour marquer un autre ordre de croyances que celles qui percent dans les épitaphes païennes, où ce mot est généralement écrit soit au pluriel, soit avec une adjonction qui lui donne un caractère relatif. Toutefois, le dogme chrétien est de temps en temps articulé dans ses propres termes J'aime à lire, sur une tombe des anciens jours, les premiers mots du symbole que nous chantons sous les voûtes de nos majestueuses cathédrales, et que les sauvages convertis redisent dans leurs églises de planches : IL A CRU A UN SEUL DIEU [1].

« Le style lapidaire avait emprunté une autre formule du même dogme à ce passage de l'Apocalypse : « Je suis l'Alpha et l'Oméga, le Principe et la Fin, dit le Seigneur Dieu [2]. » La théologie et la poésie chrétiennes ont commenté de bonne heure cette définition de la Divinité ; « De même que l'*alpha* se déroule jusqu'à l'*oméga*, et que l'*oméga* se replie vers l'*alpha*, de même il y a en Dieu, disait Tertullien, le cours du commencement vers la fin, et le retour de la fin vers le commencement. C'est pour cela que Dieu s'est revêtu de la première et de la dernière lettre de l'alphabet, figures du commencement et de la fin qui se rencontrent en lui [3]. » Prudence dit aussi, dans son Hymne pour 'ous les jours et pour toutes les heures : « L'Alpha et l'Oméga, voilà son surnom, parce qu'il est la source et la conclusion de tout ce qui est, a été et sera [4]. »

« Cette formule convenait très bien pour les épitaphes, à raison de sa brièveté et de son tour hiéroglyphique. Aussi l'*alpha* et l'*oméga* y sont très fréquemment reproduits pour exprimer la notion du Créateur, que les systèmes des philosophes et les mythes du polythéisme avaient altérée et obscurcie. C'est là que cent mille martyrs de Dieu ont tracé ce nom que vous iriez lire parmi les débris d'Athènes, si Socrate mourant nous l'avait laissé écrit de sa main sur une pierre de sa prison. »

Cette citation est longue, mais certainement elle n'a pas fatigué nos lecteurs. Toutes nos croyances sont tour à tour étudiées avec cette clarté d'analyse, avec ce bon sens érudit. Il est certains dogmes qui ont demandé de plus longs développements ; il en est pour lesquels une

[1] E cemet. Callist. — [2] Apoc., I, 8. — [3] De Monogamia, V.
[4] Hymn. XI.

démonstration irréfutable était plus nécessaire que pour celui de l'unité de Dieu. Mais les derniers mots du chapitre que nous venons de citer peuvent en même temps nous servir de transition pour arriver à parler de la seconde révolution qui fut accomplie par l'abbé Gerbet dans le domaine de l'érudition. Il a échauffé la science, il y a jeté de la poésie, il lui a donné du cœur. Ce n'est pas devant l'auteur de *Rome chrétienne* qu'il aurait fallu exposer certaines théories un peu trop germaniques, d'après lesquelles il devrait être interdit à tous les érudits de savoir écrire, à tous les savants d'avoir un style. Je comprends fort bien qu'un éditeur de textes anciens nous fournisse ses textes avec le simple ornement de notes chronologiques, géographiques et historiques ; mais, dès que l'on se sert de ces textes pour en bâtir une dissertation, je dis qu'on est assujetti aux lois éternelles de l'art et que l'on est tenu à être beau. La Vérité ne perd aucun de ses droits pour être entourée de son rayonnement naturel, qui est la Beauté. Que je les aime, ces livres d'érudition dont l'*Esquisse* admirable de l'abbé Gerbet restera le type immortel, qui sont pleins de clartés et de rayons, qui sont éclatants, chauds, qui contiennent des éléments de soleil ! Ils saisissent les entendements, ils entraînent les cœurs. On les lit avec une joie éclairée, et nous sentons presque matériellement la lumière qui descend peu à peu dans notre intelligence. Ne me forcez point à lire après cela une dissertation allemande glaciale, obscure, alourdissante, sans cœur, sans rayonnement et sans chaleur. Laissez-moi plutôt lire et relire encore des pages telles que la suivante, par laquelle l'abbé Gerbet commence un de ses chapitres les plus érudits et les plus critiques, celui de l'*Invocation des Saints :*

« L'Église croyait alors comme aujourd'hui que les âmes justes, reçues dans le ciel, y continuent par leur intercession le ministère de charité qu'elles ont exercé par leurs prières en ce monde. Tout cœur chrétien prie pour ses frères et désire qu'ils prient pour lui : les Apôtres nous ont appris à nous recommander à cet égard les uns aux autres. Ce don mutuel est, dans le monde des âmes, cette même loi de charité qui fait que nous nous entr'aidons pour les besoins matériels de cette vie. Les âmes d'élite sont les riches, dans cette communauté spirituelle : elles se répandent continuellement en prières pour le salut des autres, et leur aumône est grande de toute la grandeur de leur amour pour Dieu. Lorsqu'une de ces âmes quitte la terre pour le ciel, croyez-vous que sa charité soit glacée à jamais parce que son cœur de chair et de sang est refroidi par la mort ? Croyez-vous qu'elle ait exhalé tous ses vœux pour vous dans le dernier souffle que vous avez recueilli sur ses lèvres ? Le glaive qui faisait tomber la tête des martyrs tranchait-il du même coup les liens de leur fraternité divine avec nous ? Vous figurez-vous que le ciel soit quelque chose qui étouffe dans un éternel égoïsme la piété de l'amour fraternel ? Ou bien vous semble-t-il qu'une âme est moins puissante parce qu'elle est transfigurée et que ses prières cessent d'être agréables à Dieu du moment qu'elle est fixée à jamais dans son amitié ? Si la prière est la toute-puissance de la créature, suffit-il de monter au ciel pour perdre ce pouvoir ? Est-on destitué parce qu'on est couronné ? Je vous tourmente de ces questions, si votre cœur est étranger à cette consolante foi de la communion des âmes. J'oubliais que je dois me borner à vous faire lire cette foi sur les tombeaux du christianisme [1]. »

Après la lecture de cette page que je n'hésite pas à proclamer une des plus belles de la langue française, nos lecteurs reconnaîtront sans doute que le regretté évêque de Perpignan fut à la fois le modèle des théologiens et le modèle des érudits. Il fut un érudit éloquent, il fut un théologien substantiel ; il créa un nouveau type en théologie comme en érudition ; il fit deux fois école. Mais il nous reste encore à démontrer qu'il fut un polémiste de

[1] *Esquisse de Rome chrétienne*, ch. IX, § 6, *Invocation des Saints*.

premier ordre, et cette démonstration, nous la ferons avec l'œuvre posthume que la piété de ses amis et de ses disciples a publiée, avec la *Stratégie de M. Renan.*

III

Quelque bibliographe voudra sans doute dresser un jour la liste complète de tous les livres, articles et opuscules de tout genre auxquels ont donné lieu les ouvrages de M. Renan. La liste en sera longue, et je pense qu'il faudra un volume pour énumérer les seuls titres de toutes ces réponses. Je n'ai pas besoin d'ajouter que quelques-unes de ces apologies sont de véritables chefs-d'œuvre de science, d'éloquence et d'indignation. Et cependant, chose singulière, après tant de travaux remarquables, après tant de clartés répandues, après tant de ténèbres dévoilées, il restait encore tout un côté de la question qu'on n'avait pas abordé.

Les uns s'étaient mesurés corps à corps avec le négateur de la divinité du Christ ; ils avaient demandé à l'histoire et à l'archéologie des premiers siècles chrétiens les éléments d'une réfutation érudite et détaillée : l'abbé Freppel, M. Wallon, le savant évêque de Grenoble, avaient pris la tête de ces combattants. D'autres s'étaient seulement proposé de relever les innombrables contradictions ou les incertitudes plus nombreuses encore de l'auteur de la *Vie de Jésus :* ils y avaient aisément réussi. Des hommes d'esprit qui, pour être spirituels, n'en étaient pas moins profondément indignés, s'étaient emparés de cette arme tranchante et affilée, le pamphlet. Enfin, certains esprits très élevés, au lieu de dresser une réfutation, avaient

voulu faire une contre-partie : Louis Veuillot en France et
le docteur Sepp en Allemagne, avaient écrit chacun une
Vie de Jésus dont le retentissement légitime dure encore.

Tant de travaux divers avaient été menés à bien, et
cependant une œuvre, une œuvre décisive restait encore
à faire.

Cette œuvre, c'était l'analyse intime, profonde, complète de tous les procédés littéraires et dialectiques à l'u-
sage de M. Renan. C'était presque une analyse chimique.
Il fallait mettre dans un alambic puissant tous les raisonnements de l'auteur de la *Vie de Jésus*, et les décomposer
énergiquement. Pour prendre une autre image, il fallait
faire l'anatomie de cette œuvre, et de toutes les œuvres
semblables, et se donner une idée très exacte de leurs muscles, de leurs veines et de leurs nerfs. C'est ce qu'a merveilleusement compris l'évêque de Perpignan. Il a lu la
Vie de Jésus avec une indignation véritablement épiscopale,
avec cette même indignation qui a couru dans le sang de
tous les catholiques. Puis il l'a relue avec le calme de l'indignation apaisée, et il a marqué au crayon rouge les
sophismes qui étaient le plus habituels au panthéiste et
à l'athée qui attaquait la divinité de Jésus. Or le même
sophisme se reproduit souvent dans les écrits des adversaires de la lumière. Mgr Gerbet en a dressé la statis-
tique ; puis il a pris sa bonne et forte plume, et il s'est
mis à écrire un véritable Traité de sophistique. Ce n'est
donc pas un livre spécial, ce n'est donc pas une réfutation
particulière d'un certain nombre d'erreurs plus ou moins
dangereuses, ce n'est donc pas un opuscule de circonstance que cette *Stratégie de M. Renan*. C'est un livre dont
la renommée survivra à celle de l'œuvre qu'il attaque,
fait pour durer et pour durer longtemps ; c'est un ma-

nuel qu'il faudra mettre entre les mains des jeunes gens,
en leur disant : « Voilà de quels vêtements se couvre l'erreur. Apprenez à vous défier d'elle, et à la reconnaître
sous ces habits d'emprunt. Et vous-mêmes, sachez désormais éviter le sophisme et le laisser aux seuls ennemis
de la Vérité et de la Foi. »

Mgr Gerbet commence par établir que M. Renan se
sert habituellement de deux procédés que le spirituel
évêque appelle pittoresquement « les procédés du trépied et du boisseau. » Le boisseau, vous le comprenez
aisément, c'est la nuit dans laquelle un sophiste laisse à
dessein certaines vérités et certains faits qui le gênent,
pour mettre en plein jour certains faits qui semblent le
servir. Tout écrivain passionné pour la lumière doit tout
dire et tout montrer : il ne doit pas cacher le plus léger,
le plus imperceptible élément de la question qu'il étudie.
Ne rien laisser dans l'ombre : tel est le premier devoir
d'un véritable historien. Quant au « procédé du trépied, » l'évêque de Perpignan lui consacre encore plus de
détails précieux. C'est là que s'atteste la très délicate
subtilité de cet esprit d'élite. Le trépied, c'est la divination. Nous ne possédons, par exemple, aucun document sur telle ou telle époque historique, sur la vie
de tel ou tel grand homme. Un historien digne de ce
nom saurait sans difficulté se résigner à se taire ; mais il
s'est fondé de nos jours une école qui prétend qu'au silence de l'histoire on peut suppléer par la pénétration de
l'esprit. On ne sait pas : eh bien ! on devine. Du fond de
son cabinet, placidement assis sur son fauteuil, l'historien de la nouvelle école plonge ses regards dans les plus
petits coins du passé, il sait ce que les contemporains
n'ont pas su, il voit ce que les témoins oculaires n'ont

pas vu, il entend, il comprend tout. M. Michelet fait ainsi
notre histoire nationale : il connaît parfaitement ce qui
s'est passé à neuf heures et demie du soir, le 16 janvier
1721, dans l'antichambre de M. le duc de B*** ou dans
le boudoir de la duchesse. Le grand mot qui est toujours dans la bouche de ces historiens fantaisistes, c'est
celui-ci : « Les choses ONT DU se passer ainsi. » ELLES ONT
DU !!! Avec un tel procédé, on fait de l'histoire tout ce
qu'on veut. On la construit à l'image de ses idées, suivant
son type et son idéal. Rien n'est réellement moins conforme à l'esprit critique. Mais, appliquée à l'histoire de
Jésus-Christ, cette méthode est mille fois plus illégitime et
mille fois plus condamnable. Vous nous dites que le divin
Sauveur alla à l'école, qu'il savait peu de grec, qu'il igno-
rait ceci, qu'il connaissait cela. Vos textes, où sont vos
textes ? Ils n'existent pas. « Les choses ONT DU se passer
ainsi, » et alors on représente, dans un tableau de genre,
l'Enfant Jésus allant à l'école, avec ses rouleaux et ses
tablettes. C'est charmant, mais c'est faux. Procédés de
romancier, mais non d'historien. Le trépied, décidément,
est plus dangereux que le boisseau.

C'est après avoir longuement dénoncé aux intelligences
chrétiennes ce double danger que l'évêque de Perpignan
entre dans le détail de toutes les autres imaginations so-
phistiques qu'il est en droit de reprocher à l'auteur de la
Vie de Jésus. La page où se trouve la seule énumération
de ces procédés est singulièrement instructive, et nous la
citons d'autant plus volontiers qu'elle peut servir de table
des matières à tout le livre de Mgr Gerbet : « Je vais, dit-
il, vous présenter un état sommaire des principales opé-
rations fallacieuses qu'il s'agit de constater : Éliminer
une question en prétendant la traiter. — Appuyer un

thème sur l'escamotage de trois ou quatre mots. — S'attaquer à ce qui ne gêne point, et ne pas réfuter ce qui gêne. — Altérer par vice d'addition un texte capital. — Fonder une argumentation sur un double sens imaginaire. — Soustraire les citations importantes et multiplier les citations nulles. — Diviser, scinder ce qui est uni. — Transposer des faits. — Favoriser une fausse nuance par la substitution systématique d'une expression à une autre. — Imaginer un procédé arbitraire pour l'attribuer à ceux que l'on combat. — Transformer des faits particuliers en faits généraux. — Affirmer gratuitement un antagonisme entre les sentiments et les paroles. — Métamorphoser un enseignement. — Faire dire à une déclaration doctrinale l'opposé de ce qu'elle dit. — Procéder par voie d'omission collective.... Vous voyez, Messieurs, d'après les articles de ce programme, que vous devez vous armer de patience. » Mgr Gerbet se trompait dans ces derniers mots ; mais dans ces derniers mots seulement. Jamais d'ailleurs cette vertu si enviable, la patience, n'a été moins nécessaire que dans la lecture de son livre. Et, en effet, plein d'horreur pour la théorie de la divination, pour le procédé du trépied, le grand écrivain établit, d'après les meilleurs textes, la vérité de tout ce qu'il avance. Il est plein d'amour pour les preuves, pour les vérités prouvées. Sa dissertation est un modèle à ce point de vue comme à tous les autres. Puis, quel esprit, quel style, quel bonheur étonnant d'expressions ! Vous figurez-vous l'alliance intime de l'esprit français avec l'indignation d'un évêque ? Vous représentez-vous ce que c'est qu'un ouvrage où l'intelligence gauloise jette de brillantes étincelles, et où l'on entend les grands battements d'un cœur d'évêque ? Voilà la *Stratégie de M. Renan*.

La *Préface de l'éditeur* n'est pas indigne du livre[1]. Elle se termine par un beau cri de charité que j'aime. Car je suis de ceux qui attendent avec un immense désir et qui osent encore espérer la conversion de M. Renan. *Post tenebras lux.*

Et après avoir esquissé de mon mieux toute la vie intellectuelle de Mgr Gerbet ; après avoir montré la triple influence qu'il exerça comme théologien, comme érudit, comme apologiste ; après l'avoir félicité d'avoir fait triompher en théologie les grandes doctrines des Pères, d'avoir fait triompher en érudition les invasions du style et de l'art, d'avoir fait triompher dans la polémique les procédés de la vraie critique et de l'analyse, je ne puis que répéter, avec l'éditeur de la dernière de ses œuvres, ces paroles profondément chrétiennes et consolantes : « Plût à Dieu que ce livre ouvrît les yeux de celui qui, nouveau Saul, persécute l'Église de Dieu ! O saint évêque, obtenez cette grâce. »

[1] Pour avoir l'intelligence des lignes suivantes, il faut se rappeler qu'elles ont été écrites il y a plus de vingt ans.

HELLO

ERNEST HELLO[1].

Il y a dans nos collèges, chose curieuse, une classe à laquelle on a donné un nom qui n'a jamais eu et n'aura jamais, devant le bon sens populaire, qu'un sens médiocrement chrétien : je veux parler de la rhétorique. Quoi qu'on fasse, ce sera toujours une injure que le mot de rhéteur, et je m'étonne qu'une main catholique n'ait point effacé depuis longtemps de la porte de nos écoles cette singulière appellation, qu'on aurait dû laisser aux seules écoles de la Grèce et de Rome païennes.

Mais, chose plus triste encore, il arrive que le plus souvent la parole du professeur de rhétorique est réellement celle d'un rhéteur, et qu'il y a bien peu de différence entre son enseignement et celui des rhéteurs d'Autun et de Lyon, au troisième siècle de notre ère. Je ne crois pas avoir, pour ma part, entendu sur les lèvres de mes professeurs de rhétorique vibrer une seule fois le nom de Jésus-Christ, qui devrait retentir sans cesse dans cette chaire, autant que dans celle de philosophie. En revanche,

[1] *Le Style.* — Il y a plus de trente ans que nous avons écrit ces lignes. Ernest Hello est mort et, à peine mort, il est entré dans cette gloire qu'on lui avait si injustement marchandée de son vivant et dont il n'a pas goûté ici-bas la joie si vivement souhaitée. Entre toutes les œuvres du xixe siècle, son œuvre est incontestablement une de celles qui demeureront.

on met entre les mains des pauvres enfants, qu'un invincible ennui tient engourdis et muets, certains livres où
le nom de Dieu, où celui de Jésus ne sont pas prononcés
davantage, mais où cent pages, deux cents pages sont
consacrées à l'inepte énumération de ce qu'on appelle
« les figures de rhétorique ».

L'histoire est à la hauteur de la théorie dans ces prétendus Cours de littérature, et le pis, c'est que ces fa-
daises, qui tuent le sentiment chrétien et tout sentiment
élevé, sont naïvement admises en beaucoup de bons lieux.
Les jugements sur les grands écrivains n'y sont pas moins
entachés de petitesse et de fausseté que les « principes
du style », si l'on peut appeler de ce nom des règles
mécaniques où il n'y a en réalité ni véritables principes,
ni style véritable, même en espérance. Je pourrais citer
maint *Cours de rhétorique*, signé par de sincères chrétiens,
et que le plus âpre rationaliste signerait volontiers des
deux mains. Il n'y a guère de différence sur ce point entre
l'enseignement libre et l'enseignement officiel. Et voilà
où nous en sommes après dix-huit siècles de christianisme !

Il y a quelques années, la voix d'un prêtre s'est fait
entendre parmi nous, qui réclamait pour les auteurs
chrétiens une part dans l'enseignement public. Cette voix
a eu des échos, et, qu'on me permette de le dire ici sans
réveiller de vieilles querelles, si le respectable promoteur
d'une aussi légitime réforme n'a pas encore triomphé de
trois siècles de paganisme et de routine, il a du moins
préparé à ses idées un triomphe prochain. C'est ce triomphe, dans un avenir plus ou moins rapproché, que nous
voudrions conquérir à une réforme profondément chrétienne dans l'enseignement de la littérature.

Proscrivons d'abord ce nom de Rhétorique : c'est la parole qu'il s'agit d'enseigner, et non pas les déguisements de la parole ; c'est un cours de parole humaine qu'il s'agit de professer. Ouvrons ce cours en disant : « La parole est un don de Dieu. — Il y a une loi de la parole, qui est celle-ci : « L'homme doit parler comme il pense, il doit penser le vrai. » — L'idéal de la parole est Jésus-Christ, qui est le Verbe ou la Parole du Père. — Le but de la parole est, avant tout, de glorifier Dieu et de lui conquérir les âmes. »

Puis, quand nous arriverons à l'Histoire littéraire, osons penser par nous-mêmes, et laisser de côté les jugements tout faits, pour en concevoir enfin de nouveaux qui soient chrétiens. Montrons la Bible comme le premier de tous les monuments littéraires de tous pays et de tous temps, et, si ce n'est pas demander trop de courage à nos esprits encore timidement catholiques, faisons admirer comme des œuvres de premier ordre, même au point de vue de ce qu'on appelle la forme, les saints livres de notre liturgie et des Pères. Ne consacrons pas, comme par pitié, dix pages sur trois cents à la littérature du Moyen-Age, d'où jaillissent aux yeux du chrétien tant d'incomparables clartés. Ne faisons pas mesquinement tout commencer au xvie siècle, comme si l'Église n'avait pu être illustrée par de grands écrivains que depuis l'avénement de la Réforme et la résurrection du paganisme. N'ayons pas non plus de trop faciles complaisances pour le xviie siècle, qui, s'il nous a donné Fénelon et Bossuet, a été si intimement pénétré de doctrines païennes et a si bien préparé les déréglements intellectuels et moraux du siècle de Voltaire. Constatons au moins la déplorable influence du jansénisme sur la littérature du grand siècle, du jansénisme

étroit, petit, haineux, qui a répandu dans les intelligences
une sécheresse et des ténèbres comparables seulement à
la dureté qu'il a fait, pour le malheur des âmes, triompher trop souvent dans le confessionnal. Nous ne dirons
rien du xviiⁱᵉ siècle, si ce n'est qu'il faut ici, moins que
partout ailleurs, se rendre coupable de ces concessions à
la mode qui sont toujours aussi déshonorantes pour nous
qu'inutiles à notre cause. Loin de nous ces tempéra-
ments ! Haïssons vigoureusement un siècle qui a si vigoureusement haï la Vérité, et ne faisons pas aimer, par des
louanges imméritées, ceux qui n'eurent rien tant à cœur
que d'écraser la sainte Église en blasphémant son fondateur.

Telle est la réforme qui ne tardera pas, nous l'espérons, à réjouir le cœur des pères chrétiens. Un Cours d'art
chrétien, ou, comme nous le disions, de parole humaine,
remplacera le cours de rhétorique : tout y sera ramené à
Dieu, à Jésus-Christ, à l'Église. La Vérité toujours, la
Vérité partout, la Vérité mise sans cesse sous les yeux
de nos enfants, qui seront bien forcés de l'aimer en la
voyant si belle !

.˙.

C'est cette réforme qu'Ernest Hello vient de rendre
plus facile par son livre *le Style,* un des plus beaux,
un des plus *influents* qui aient paru depuis le commencement de ce siècle, nous dirons même depuis trois
siècles. L'éloge n'est pas exagéré. Ce livre, nous l'espérons, aura une profonde influence sur l'enseignement
des générations à venir; beaucoup de maîtres comprendront, grâce à Ernest Hello, que la Rhétorique ne doit pas

conserver parmi les hommes son ridicule et déplorable
empire; que cette usurpatrice doit être détrônée et rem-
placée par la Parole.

Oui, ce livre, dont l'apparence est modeste, changera
heureusement le cours des idées sur le principe et les
lois du Style. Il devrait être déjà entre les mains de tous
ceux qui sont chargés d'enseigner les lettres, entre les
mains de tous ceux qui les apprennent. Il mérite de remplacer toutes ces œuvres informes, toutes ces *Rhétori-
ques* médiocres où l'on apprend avec tant d'ennui à dissimuler sa pensée sous le vêtement de la phrase, au lieu
de la présenter dans la belle franchise de son austère
nudité.

Il serait facile d'extraire du livre d'Ernest Hello tout un
abrégé de théorie et tout un abrégé d'histoire littéraire;
mais nous devons prévenir les routiniers qu'ils seront
scandalisés à chaque ligne de cette œuvre profondément
originale. L'auteur ne sait pas répéter les idées des
autres : il a toujours les siennes, neuves, justes, étincelantes de vérité. Quant à l'expression, elle est, presque
partout, singulièrement heureuse. Peu d'écrivains de
notre temps avaient, autant que M. Hello, le droit de
tracer les lois du style. Il écrit, chose rare, comme il dit
qu'il faut écrire.

Nous avons besoin de justifier tant d'éloges. C'est pourquoi nous allons offrir à nos lecteurs plusieurs extraits de
ce beau livre. Ils se convaincront que nous n'avons rien
dit de trop, et que l'Église compte réellement au nombre
de ses défenseurs un grand penseur et un grand écrivain
de plus.

LA RHÉTORIQUE.

Le style que les rhéteurs aiment et recommandent est fait à l'image du néant. Si quelqu'un pense, cela les choque sans doute beaucoup ; mais si quelqu'un parle, cela les choque encore davantage. Ce qu'ils ne pardonnent pas au style, c'est la précision et l'affirmation. Ce qu'ils admirent en lui, c'est le vague et l'impersonnel. Leurs conseils, ou, comme ils disent, leurs règles, pourraient se résumer ainsi :

« En général — dit la Rhétorique — pour être bien sage, il ne faut rien penser, rien croire, rien espérer, rien aimer, rien haïr ; car la pensée, la foi, l'espérance et l'amour choquent certaines personnes qu'il ne faut pas choquer. Maintenez votre esprit dans l'atmosphère tiède du doute et de l'ennui. Ennuyez beaucoup vos lecteurs ; autant, s'il se peut, que vous vous ennuyez vous-mêmes. Ennuyez-les : ennuyez-les ! c'est le moyen de leur paraître raisonnable. Tout ce qui ne les ennuie pas leur semble *exagéré*. Donc ne croyez rien : de cette manière, vous êtes sûrs de ne jamais rien aimer, et si vous aimiez quelque chose, on dirait que vous avez de l'exaltation. Toutefois, comme il ne faut pas aller trop loin, même dans le néant, quoique ce soit la meilleure route, j'admets, jeunes élèves, j'admets l'hypothèse où, entraînés par l'ardeur inexpérimentée de votre âge, vous vous sentiriez portés vers une opinion plutôt que vers l'opinion contraire. J'espère que ce malheur vous arrivera rarement ; mais il faut prévoir tous les cas, même celui où la tentation vous prendrait de croire quelque chose. C'est un cas étrange ; mais l'homme est faible : nous ne sommes pas parfaits. En admettant donc cette tentation de croire quelque chose, le devoir d'un bon écrivain est de la dissimuler autant que possible. Pour éviter l'affirmation, il faut avoir recours à ces heureux artifices que la rhétorique enseigne ; il faut dire : *peut-être, ce semble, s'il est permis de s'exprimer ainsi.*

« La pensée est déjà bien assez odieuse par elle-même. Si, par malheur, vous en avez une, il faut au moins la détruire, autant que possible, à l'aide de la parole, qui ne vous est donnée que dans ce but. Si vous avez une pensée, vous êtes par là même suspect d'originalité. Si vous alliez, en outre, l'exprimer avec énergie et vaillance, vous entreriez tout à fait dans la catégorie des fous. Ah ! si vous avez une pensée, du moins jetez un voile sur cette honte, et ce voile, c'est la parole. Si votre style, effacé et mort, ressemble à celui de tout le monde, on vous pardonnera peut-être l'inconvenance d'avoir une idée. Effacez donc tout ce qui serait élevé, profond ou large; effacez tout ce qui, dans votre parole, révélerait clairement votre pensée et votre âme, et votre caractère et votre personne ; faites ces phrases longues, balancées, anodines et impersonnelles qu'on a lues partout avant de les lire une fois de plus dans vos pages.

« Ressemblez à tout le monde, et même, si vous avez le malheur de dire quelque chose, ayez encore l'air de ne rien dire ; car la parole a été donnée à l'homme pour dissimuler sa pensée, non pas même par une négation hardie, mais au moyen d'un voile long, traînant et élégant. »

C'est ainsi que parle la Rhétorique. C'est ainsi, du moins, qu'elle parlerait, si elle osait parler. Mais elle n'a pas même le courage de dire qu'elle n'a pas de courage ; elle n'a pas même la force de sentir sa faiblesse. Elle ne voit pas assez loin en elle-même pour apercevoir sa nullité.

LE STYLE.

Qu'est-ce que le style ?

Le style, c'est la parole humaine. La parole humaine doit être franche et discrète ; pour réunir en un mot ces deux mots, elle doit être vraie.

La vérité, qui est la loi de la pensée et la loi de la vie, est aussi la loi de la parole et est toujours la même vérité.

L'erreur, qui scinde tout, a trouvé le moyen de donner une certaine direction à la pensée, une autre à la vie, une troisième à la parole, d'inventer pour toutes ces choses des règles diverses et contradictoires.

Réveillons-nous. Ouvrons les yeux. Apercevons la plus simple et la plus inaperçue des choses, l'unité de la loi.

La vérité, c'est la vie. Il est clair que l'homme doit vivre dans la vérité.

Il est clair que la pensée de l'homme doit être conforme à la même vérité que son acte, puisqu'il n'y a pas deux vérités contradictoires.

Il est clair encore que la parole de l'homme doit être conforme à la même vérité que sa pensée et son acte, puisqu'il n'y a pas trois vérités contradictoires.

Ainsi l'homme doit :

Vivre dans la vérité ;

Penser comme il vit ;

Et parler comme il pense.

Voilà la loi du style. Nous sommes ici en pleine simplicité, parce que nous sommes en pleine vérité.

... Il me semble que la prière est le style humain par excellence, je veux dire l'expression de l'homme.

Qu'est-ce qu'exprimer l'homme ? C'est dire sa misère et dire sa grandeur.

Or, la prière affirme la misère, elle met l'homme à genoux, comme le mendiant de l'Évangile. Elle l'affirme aveugle et pauvre, ayant besoin et suppliant.

Mais elle affirme la grandeur d'une façon suréminente ; elle nous la montre agissant sur les décrets de Dieu.

Par elle, Dieu nous introduit dans le mystère du Gouvernement, et l'instant où il nous introduit ainsi dans ses conseils est l'instant où il nous précipite la face contre la terre. La prière est à la fois le cri de détresse et l'hymne de la gloire : or le cri de la détresse et l'hymne de la gloire, n'est-ce pas l'expression de l'homme, n'est-ce pas le style humain ? Le style humain, c'est la réponse de l'homme à la parole qu'a entendue Moïse : « Je suis Celui qui suis. »

O Vous qui êtes, écoutez donc, écoutez et exaucez !

L'ART.

Il faut qu'un homme de génie se lève, parle, soit écouté et dise :

Je veux que désormais l'art soit sincère.

Je veux que l'art cesse d'être le déguisement de l'homme, pour devenir son expression.

Je veux que l'art soit l'explosion simple, naïve et sublime des splendeurs de l'intelligence. Pour que l'art soit beau et que sa beauté soit vraie, je veux que l'art désormais dise les choses comme elles sont.

Dieu voudra, si je ne me trompe, que cette voix soit entendue.

L'ancienne rhétorique a dit : Vous êtes laid, déguisez-vous ; car si vous vous montriez tel que vous êtes, vous feriez horreur.

L'art est un déguisement ; choisissez donc un type de convention ;

regardez autour de vous et cherchez : vous n'aurez que l'embarras du choix. Imitez, feignez, jouez un jeu qui plaise au public : le beau est une fiction. Les lois de la vie sont laides : pour plaire, il faut que l'art se fasse des règles à lui, indépendantes des lois réelles.

Maintenant il faut que celui qui doit fonder l'art de l'avenir purifie l'air souillé par ces paroles, et dise :

La laideur a, en effet, sa place dans l'homme ; car l'homme est déchu. Mais la régénération est possible : voilà les eaux du baptême.

La beauté est permise encore : la voilà qui vient à nous. Saisissons-la, revêtons-la, et ensuite nous pourrons nous montrer.

Revêtons-la, non comme un déguisement, mais comme une splendeur plus vraie que nous-mêmes, que nous devons posséder et ne jamais perdre. Nous sommes souillés : eh bien ! purifions-nous. L'homme ancien n'ose pas se montrer. Que l'homme nouveau naisse et paraisse ; qu'il resplendisse aux yeux des hommes, non comme un héros de théâtre, mais comme une vérité vivante, plus vivante que l'ancien homme remplacé. Qu'il paraisse et qu'il agisse ; qu'il agisse dans la splendeur de sa nature régénérée, qu'il fasse éclater le type qu'il recèle, qu'il dégage l'idéal qu'il porte ! Qu'il fasse la vérité ! La beauté jaillira ; la beauté, au lieu d'être une fiction, est la splendeur du vrai. Que l'art, qui était le déguisement du vieil homme, raconte dans la sincérité de sa parole la splendeur de l'homme nouveau !

HOMÈRE.

Il y a parmi les écrivains la classe des enfants. L'homme-enfant se regarde et regarde autour de lui : il s'étonne, il s'admire ; il s'étonne de' tout, il admire tout. Il se contemple parlant et agissant, avec une stupéfaction naïve et une joie enfantine. Il ne songe pas encore à mieux parler et à mieux agir. Il se complaît dans ce qu'il a, comme l'enfant dans son premier joujou. Il regarde autour de lui : il trouve que la lumière est belle, et il le dit. Il regarde la matière, et il la peint par ses paroles ; il la peint, voilà tout. Il ne songe pas nettement au genre de rapport qu'il peut avoir avec elle : il aime dans les choses les choses elles-mêmes. Le poète-enfant a pour type Homère. Il s'en faut qu'Homère soit l'idéal du génie humain. Si l'antiquité ne l'a pas surpassé, c'est qu'elle l'a imité toujours, et l'imitation interdit la supériorité. Nulle copie ne dépasse son modèle. L'homme peut surpasser Homère, et le surpasser immensément ; mais Homère reste un enfant immortel. Les épithètes caractéristiques qui ont adopté son nom, les épithètes homériques, si choquantes dans toutes les traductions, s'expliquent par l'âge du poète, par le caractère de l'enfance. Homère regarde beaucoup plus qu'il ne réfléchit. Il regarde son Achille, et comme la légèreté des pieds est une qualité visible, frappante pour l'œil d'un enfant, il associera désormais cette qualité à l'idée d'Achille indissolublement, et Achille sera toujours pour lui Achille aux pieds légers. S'il nous le montrait blessé, s'il nous le montrait paralysé, il l'appellerait encore Achille aux pieds légers, comme il nomme Jupiter *sage*, même quand il le montre dupé, moqué, trompé, insensé. L'épithète homérique ne provient pas d'une réflexion faite au moment où elle est exprimée ; elle résulte d'une ancienne constatation faite une fois pour toutes un jour où Achille courait. Homère est le poète de la constatation. Il s'émerveille et ne discute pas. Il s'efface devant les objets pour nous dire ce qu'ils sont. Homère entrant dans la vie, c'est l'enfant qui arrive à Paris.

TACITE.

Tacite parle pour exprimer sa pensée. Sa parole est simple, forte et brève. Tout ce qui est fort est bref. Tacite a donné à la langue latine une énergie que sans lui elle n'aurait jamais connue. Il suffit de penser à Cicéron, qui est l'Ovide de la prose et le type du rhéteur, pour apprécier Tacite, en mesurant de l'œil la distance qui les sépare. Pour Cicéron, tout est abstrait : Rome, c'est la République, la Ville, l'État ; pour Tacite, tout est vivant : il nomme les individus par leur nom. Il a presque toujours la vigueur contenue des grandes colères, et quelquefois la vigueur sereine des grandes justices. Le style de cet homme me révèle en lui cette capacité de se taire, caractère particulier des hommes qui sentent la postérité derrière eux, et qui la chargent de leur vengeance. Dans le grand style, le silence entre toujours pour une large part. Il y a du silence dans le style de Tacite. La colère vulgaire éclate, la colère mesquine bavarde ; mais il y a une indignation qui éprouve le besoin de se taire, comme pour laisser la parole aux choses, en attendant la justice de l'avenir. Tacite n'est pas seulement le plus grand écrivain de la langue latine : il est le plus grand écrivain de l'antiquité classique.

BOSSUET ET DE MAISTRE.

Voici entre ces deux gloires de la France, Bossuet et De Maistre, un contraste très frappant qui n'a frappé personne.

Bossuet étale sa pensée lentement, gravement, royalement, comme un manteau de pourpre : De Maistre serre la sienne.

Bossuet n'en exprime qu'une à la fois, et la promène sur les hauteurs, isolée, exposée aux regards de la terre. Il prend en main la misère des choses humaines pour la donner longuement en spectacle aux hommes. Il fait boire le calice jusqu'à la lie. Il répète continuellement, et jamais il ne se répète. Toujours il dit la même chose, et jamais il ne la dit trop. Il consacre les lieux communs, et quand il dit pour la cent millième fois que l'homme est mortel, sa grande voix a l'air de nous l'apprendre.

De Maistre fait précisément le contraire, non par un procédé, mais par sa nature.

Il groupe un certain nombre de pensées, qui n'ont pas toujours l'air de se tenir, et les serre dans la même phrase, les unes contre les autres. Étonnées de se rencontrer, elles se regardent d'un air étrange, qui leur donne à nos yeux un aspect nouveau.

Dans une idée qu'il exprimerait pour la première fois, Bossuet montrerait le côté antique de la pensée. Dans une idée qu'il exprimerait pour la millième fois, De Maistre mettrait en évidence un aspect nouveau ou qui semblerait tel. De Maistre a toujours l'air de dire un paradoxe ; Bossuet a toujours l'air de dire un lieu commun.

De Maistre cherche sans affectation les grands effets du style, ou, si vous voulez, les trouve, et ne les cherche pas.

Bossuet dédaigne absolument tout ce qui ressemblerait à une intention.

Quand l'éclat vient à lui, il a l'air, en l'acceptant, d'avoir une complaisance.

De Maistre a des traits habituellement légitimes ; Bossuet n'a pas de traits. La période est la forme naturelle de ce style trop fier pour être haché, trop ample pour s'aiguiser jamais.

Remarquez que je ne rapproche ici ces deux hommes qu'au point de vue du style. Je n'ai pas parlé de leur regard. De Maistre a la vue plus perçante.

De Maistre rajeunit la pensée qu'il exprime ; Bossuet dédaigne de la rajeunir ; il la donne comme elle est, armée de sa vieillesse, parée des âges qu'elle a traversés avant d'arriver jusqu'à lui pour se faire dire une fois de plus.

Après avoir cité de telles pages, nous comprenons quel est ici-bas le rôle auguste du silence, et nous nous taisons.

MGR BERTAUD

MGR BERTEAUD

ÉVÊQUE DE TULLE.

I

Chrysostome est à Paris. Il a ouvert ses lèvres d'or, il a parlé, et depuis plusieurs jours nous sommes convoqués aux fêtes que donne cette parole. Les foules s'empressent, les églises sont trop étroites. De proche en proche on se communique cette nouvelle : « Un grand poète et un grand théologien sont montés dans la chaire de vérité, et ces deux ne sont qu'un. Venez entendre l'évêque de Tulle, l'évêque *bouche d'or.* » On est venu. Parmi nos églises, Dieu a choisi la plus vaste, afin que, dans la plus grande assemblée possible, le plus d'auditeurs possible entendissent la voix de ce charmeur d'oreilles et de ce charmeur d'esprits. Un silence s'est fait, et l'on a tout à coup entendu une voix grave et joyeuse, austère et colorée, chaude, brillante, enflammée : et cette voix était en effet celle de l'antique théologie, qui s'était vaillamment emparée du rhythme et de l'image, qui avait eu l'audace enfin de devenir poétique comme au temps des Pères de l'Église. Depuis longtemps on attendait cette réconciliation difficile : on était fatigué, dégoûté de la poésie qui s'obstinait à n'être point théologique, et de la théologie qui s'obstinait à n'être point poétique. On a été surpris, on a été ravi de voir enfin cette alliance si désirée se réaliser, sans effort et naturellement, dans la plus simple, dans la plus spontanée de toutes les paroles. Ne cherchez pas ailleurs la cause des triomphes de Mgr Berteaud : elle est dans cette noble aspiration de notre siècle qui veut voir le Beau et le Vrai réconciliés, unis et confondus. D'ailleurs, il faut le dire, la gloire de l'évêque de Tulle ne date pas d'hier ; mais elle est plus jeune encore aujourd'hui qu'il y a vingt ans. Les vraies gloires sont celles qui ont de ces rajeunissements.

Nous l'avons entendue, cette voix puissante et sans apprêt ; nous l'avons entendu, celui que nous avons appelé ailleurs « le plus poète des théologiens et le plus théologien des poètes. » Et voici qu'aujourd'hui nous nous proposons d'analyser ce génie synthétique, et d'esquisser un portrait de cette physionomie si une et si complexe. Quelque vastes que soient les cinq nefs de notre plus grande basilique, tous les chrétiens de Paris n'y ont pu trouver place ; et combien de catholiques, loin de Paris, sont légitimement avides d'entendre au moins quelque écho de la grande voix ! C'est pour ces *déshérités* que nous allons essayer de peindre au naturel le plus naturel de tous les orateurs.

II

Certaines éloquences portent couronne ; on peut le dire presque sans figure. La parole de l'évêque de Tulle porte un beau diadème, où brillent, comme incomparables diamants, la poésie et la doctrine. Mais le premier caractère de cette éloquence est certainement la spontanéité ; et c'est celui qu'il nous faut étudier tout d'abord. Nous

avons été très longtemps avant de nous persuader que
certains orateurs gravissent les degrés de la chaire sacrée,
portant écrit tout leur discours sur les parois de leur mémoire. Jamais le génie et la sainteté ne nous étaient ap-
parus avec le caractère mnémotechnique. Je ne sais quel
versificateur (Boileau peut-être) s'est enorgueilli de faire
seulement deux vers par jour : mais il nous est souvent
venu dans l'esprit que cette lenteur ne convient pas à
l'éloquence véritablement chrétienne. Cette éloquence se
prodigue, se répand, se donne ; en d'autres termes, elle
est spontanée : Mgr Berteaud l'a bien fait voir. Il s'élance,
inspiré, jusqu'à la chaire sacrée sans avoir confié rien de
particulier à sa mémoire. Il a des ailes, pour ainsi dire.
Les orateurs mnémotechniques ressemblent aux haran-
gueurs de Tite-Live; notre grand évêque n'a de ressemblance qu'avec les saints de l'Ancien et du Nouveau
Testament, dont les discours n'ont jamais senti l'huile.
Montaigne a dit que la parole « doit être telle sur le papier qu'à la bouche; » mais le programme de Montaigne
n'a pas été réalisé par lui. L'évêque de Tulle le réalise
sans y penser. Sa seule préparation, c'est sa prière. Puis
il se lève, très grave et très épiscopal; il ouvre les digues
de sa parole : elle coule. Pas d'exorde, pas de *points*, pas
de péroraisons conformes aux petites formules de la
rhétorique.

On nous parlait récemment d'un bon prêtre qui s'est
vanté toute sa vie d'avoir fait un jour certain sermon *en
trente et un points !* Mgr Berteaud est bien l'antithèse de
cet orateur trop méthodique. Il ne divise pas en morceaux
le torrent impétueux de son discours. Il n'a pas été non
plus aux écoles de déclamation; ses bras ne décrivent
pas des courbes raisonnées, son geste n'est pas studieuse-

mont varié ; sa voix elle-même est simple, et il est loin
de ressembler à ce Gracchus qui se faisait accompagner
au Forum par des joueurs de flûte afin « de se donner le
ton ». Loin, bien loin toutes ces coquetteries d'orateurs
féminins ! Mgr de Tulle jette sa charité dans sa parole ;
il fait circuler sa charité jusque dans ses mains et dans ses
bras ; il la fait très naturellement resplendir sur son visage : c'est assez. Nous avouerons très volontiers qu'il
pourrait se tracer et suivre un plan plus régulier, et que
ses auditeurs retiendraient plus aisément un discours dont
les grandes lignes seraient plus accusées. Il est très vrai
que ce noble voyageur abandonne souvent la route royale,
la grande route de son sujet principal, et qu'il se jette
amoureusement dans les chemins de traverse ; et même
— devons-nous l'avouer — les chemins de traverse sont
eux-mêmes abandonnés par cet admirateur candide de
la nature, qui se lance dans les demi-sentiers des blés ou
des vignes, quand il ne s'aventure pas jusque dans les
taillis et les forêts. Petite, très petite critique ! Ils sont si
frais, si fleuris, si odorants, ces sentiers non frayés ; et le
voyageur nous en rapporte de si beaux bouquets de fleurs
des champs. Je vous dis que ce grand orateur n'a aucune
coquetterie : est-ce que la beauté vraie, est-ce que le
génie pourraient être coquets ? Notre évêque ne réserve
même pas pour la fin de son discours ce qu'on appelle en
rhétorique « le trait final ». Il aurait bonne grâce à terminer par un coup de foudre ; point ; il lance le tonnerre,
puis il entre dans un parterre de roses. C'est là qu'il vous
laisse en descendant de chaire : il vous a portés au Thabor, et à la fin, vous vous retrouvez dans le coin parfumé
d'un jardin plein de fleurs. Rien ne nous empêchera
d'aimer passionnément ce genre d'éloquence.

Voyez l'évêque de Tulle en chaire : au milieu même
de ses plus belles inspirations, il conserve une simplicité
presque champêtre. Il vient d'exposer une doctrine toute
nouvelle, profonde, sublime : le voilà qui jette un regard
scrutateur sur ses auditeurs émerveillés, et qui leur lance
un mot simple, populaire, pour leur bien clouer cette
doctrine dans la tête. Ce sont des clous de fer qui atta-
chent ces diamants. Il n'est jamais si beau à voir que dans
ces instants qu'on aurait tort de croire vulgaires : frémissant d'enthousiasme ou d'indignation, il a des gestes
terribles et des regards presque farouches ; il bondit ; il
a de magnifiques trépignements, des cris sublimes. Il
s'indigne contre le langage qui ne suffit pas à sa pensée ;
il crée une foule de mots nouveaux, et il les crée de la
façon la plus heureuse ; ce sont des mots très viables.
Notre français n'est pas assez riche pour la richesse de
cette intelligence : cet orateur est véritablement un dompteur de mots. Qui pourrait lui reprocher ces néologismes
spontanés ? Il nous est arrivé d'entendre rire, à côté de
nous, de ces hardiesses philologiques. Eh quoi! faudra-
t-il que j'apporte à l'Église un dictionnaire de l'Académie, et que dans les plus beaux passages, je me dise à
moi-même : « Attendons, attendons, et voyons, avant
d'admirer, si l'Académie le permet. »

Le second caractère de cette grande parole que nous
étudions, c'est la poésie ; et ici, nous nous sentons heureux
de pouvoir faire au moins quelques citations. Il est si
doux de se taire pour céder la parole aux éloquents.

La poésie de l'évêque de Tulle présente, à nos yeux,
presque tous les caractères de la poésie orientale, et
c'est, avec raison qu'on l'a comparé aux Pères de l'Église
grecque. Il n'a pas, en effet, la tempérance un peu rude,

la sobriété un peu austère des Pères de l'Occident latin.
Avez-vous quelquefois remarqué la différence profonde qui
sépare la liturgie romaine des liturgies orientales ? A
Rome on est concis, net, serré : dans l'Orient il y a effusion, il y a opulence, il y a éblouissement. L'évêque de
Tulle est un évêque d'Orient ; s'il ressemble à un docteur,
c'est à Grégoire de Nazianze. Ou plutôt, suivant nous, il
est un composé admirable, une mixtion merveilleuse de
Grégoire de Nazianze et de Tertullien. Il a la force de
celui-ci, il a l'imagination de celui-là ; il a les indignations
du latin, il a la grâce et la fécondité du grec : il sait fou-
droyer comme Tertullien, et attirer comme Grégoire.
Nous en appelons à tous ceux qui ont longtemps étudié
Mgr Berteaud : il y a deux caractères principaux dans sa
physionomie : le geste terrible de son bras, quand il est
courroucé contre les impies, qu'il appelle *ces gens-là*, et
le beau sourire de son visage quand il parle des petits
enfants. Eh bien ! ce bras, c'est celui de Tertullien ; ce
sourire, c'est celui de Grégoire.

Il est d'ailleurs aisé de voir qu'il est un évêque cam-
pagnard, n'aimant pas les villes, se plaisant dans les bois
et dans les prés. La plupart de ses images sont empruntées aux champs. Il aime surtout à parler des fleurs, et
en particulier des roses. Les mots « parfum, odorant,
embaumer, » reviennent cent fois dans chacun de ses
discours, et il ne se lasse pas de les appliquer à l'éternelle Vérité, qui est pour lui le parfum éternel. Il a le
talent rare de rajeunir sans travail les vieilles métaphores
et de les remettre en circulation, comme des pièces de
monnaie qu'on aurait fait splendidement reluire. Tout lui
est matière à comparaisons, et il est presque inutile d'a-
jouter qu'il possède à fond la science difficile du symbo-

lisme chrétien. Il sait par cœur le *De re Symbolica* du
cardinal Pitra, et en fait de nombreuses applications avec
un bonheur toujours nouveau. Presque toujours c'est par
une image gracieuse qu'il commence ses discours, et il
s'empare par là très aisément de l'âme de son auditoire.
La première fois qu'il parla à Saint-Eustache, un soleil
radieux pénétrait dans cette incomparable basilique par
toutes ces belles entrées que les architectes du Moyen-Age
ont ménagées au soleil dans leurs édifices lumineux.
L'évêque vit ces traînées de lumière, et tout d'abord :
« J'aperçois, s'écria-t-il, de beaux rayons d'or : c'est un
glorieux symbole que le ciel m'envoie. Les rayons qui
illuminent cette église sont l'emblème de Jésus-Christ,
et ce soleil nous représente le Soleil de la Vérité. » Et
il commençait un autre discours en ces termes : « Tout à
l'heure, en sortant du *sacrarium*, j'ai vu un groupe de
petits enfants qui se sont approchés de moi. O les gracieux introducteurs de l'évêque à la chaire sacrée! »
Ce spectacle des petits enfants émeut toujours les entrailles de ce père. Un autre jour, il se laisse encore
aller à ce cher sentiment : « Je viens de voir un petit
enfant que sa nourrice tenait entre les bras. On allait le
baptiser. En vérité, ce petit enfant est revenu très *agrandi*
au toit maternel. Ah! autrefois, quand les triomphateurs
revenaient du champ de bataille, on renversait des pans
de muraille pour les laisser passer. Et vous aussi, ouvrez,
ouvrez largement les portes de votre demeure pour laisser passer cet être agrandi, ce petit surnaturalisé, ce
charmant et véritable triomphateur. » Et que dire de ce
mot touchant : « Le premier banc d'école d'un petit
enfant, c'est le bras de sa mère? » En le disant, le
doux évêque montrait son bras, son bras paternel, où tant

de petits enfants sans doute ont été soutenus et bénis.

Tout est imagé, tout est rhythmé, tout est poétique dans la parole de Mgr Berteaud. Oh! les pauvres têtes que celles de ces rhéteurs, disant qu'il faut « écrire en vers pour être poète. » Oh! les pauvres livres que les Traités de rhétorique, où l'on trouve encore de telles platitudes! La vraie poésie, n'est-ce pas le Rhythme et l'Image au service de la Vérité? Écoutez plutôt notre grand orateur, notre grand poète. Et ici nous voulons renoncer à enfiler dans le fil grossier de notre commentaire les admirables perles de sa parole. Nous allons renverser la boîte aux perles; nous allons vider l'écrin pêle-mêle sous les yeux éblouis de nos lecteurs.

Avez-vous assisté à une Confirmation dans nos campagnes chrétiennes? O le beau jour! Les petits bergers arrivent, et les bergères leurs sœurs. Il y a dans l'air des ruisseaux d'harmonie qui déchirent les nuages. On voit sortir les petites filles, vêtues de blanc, les petits garçons aussi. Ces magnifiques *théories* se déroulent le long des prés verts, sous de belles haies d'églantiers. Et voici qu'on appelle l'Esprit Saint, cet Esprit qui est l'insinuateur de la Parole. Et tous ces petits lui crient : « Enrichissez nos gorges de discours : *Sermone dites guttura.* » « Nous voulons être, ajoutent-ils, de beaux diseurs, des docteurs illustres : nous voulons savoir la foi; nous voulons défendre notre condition sacrée. Venez, Esprit Saint, venez. » Ah! si Pythagore et Platon avaient pu considérer un tel spectacle, quel étonnement! « Quelles sont, se fussent-ils écriés, ces *théories* mille fois plus belles que celles de Corinthe et de Delphes? Quel est ce théurge en robe de lin? » Et qu'eussent-ils dit, s'ils avaient entendu l'évêque interrogeant ces enfants! Eh! sans doute, ces petits parlent patois, et les savants méprisent ce langage. Mais il n'importe : les patois ne résistent pas au Verbe : le Verbe y rayonne, y éclate, y rutile. Dans nos campagnes chrétiennes, le Verbe parle, et les enfants répondent.

*

Un jour la terre a frémi, l'air s'est ému; les soleils, le ciel tout entier, les fraîches rosées, les trois règnes de l'univers visible,

MGR BERTAUD

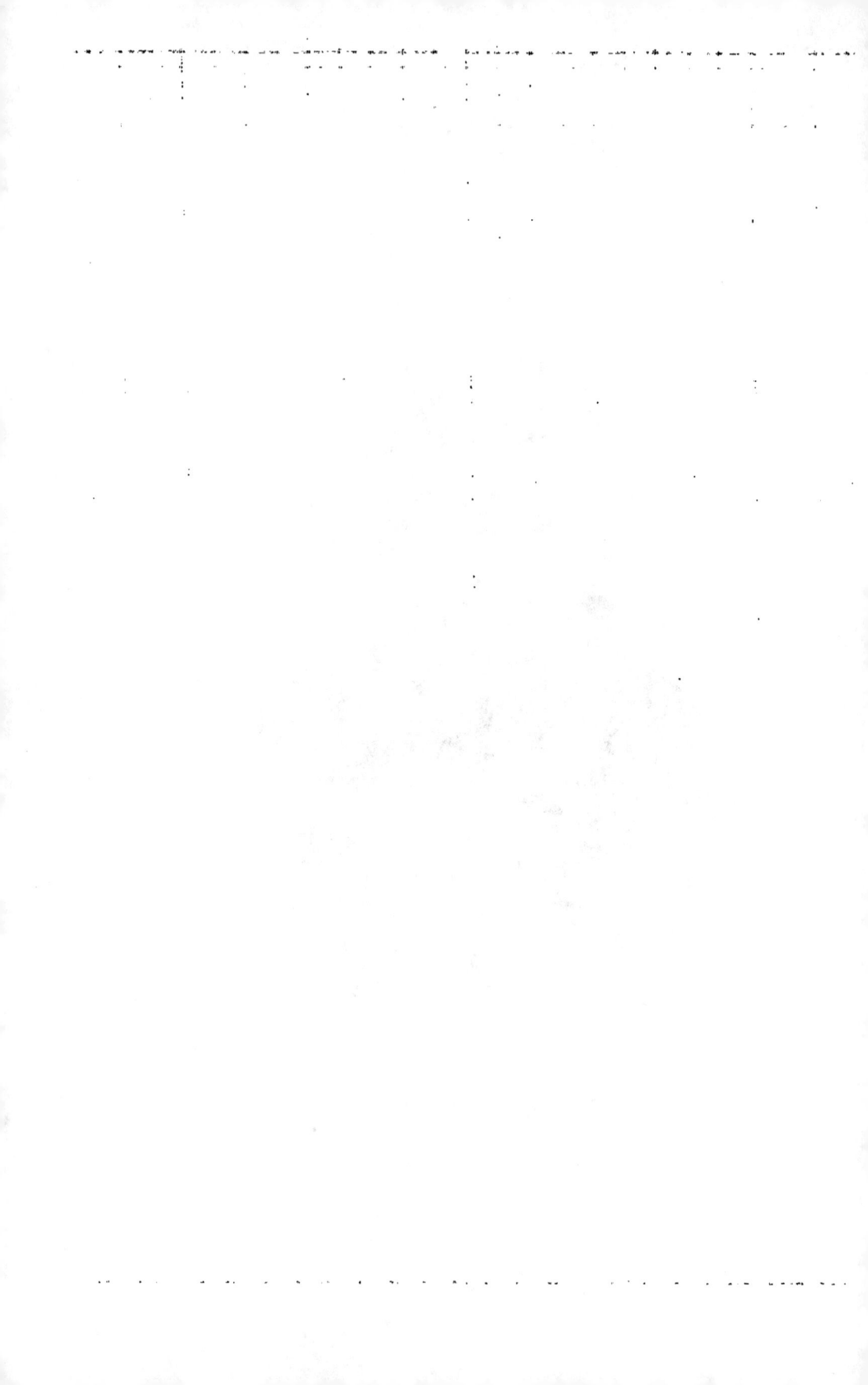

tout s'est agité. Et pourquoi ces frémissements ? C'était pour composer la chair, le vêtement du Sauveur qui allait naître. C'était pour ce Fils très beau d'un Père très beau. Car, comme l'a dit un docteur : *Pulcherrimus Pater pulcherrimum Filium genuit...*

*

Pendant les belles cérémonies de la Consécration d'une église, l'évêque, avec son bâton d'or, trace sur une poussière étendue les lettres de l'alphabet. Et, en ce moment, il semble que ces lettres parlent, que ces alphabets ambitieux ont une voix et s'écrient : « Prenez-nous, prenez-nous, et arrangez-nous. Faites avec nous des discours éloquents, faites de beaux poèmes, faites de la grande et savante controverse ; portez-nous ainsi sous le chaume ou dans le palais des rois. Prenez-nous, arrangez-nous, et que le Verbe soit caché en dessous et que par nous le Verbe soit béni... »

*

La chaîne d'or d'Homère est vaincue. Vous le savez, il y avait une chaîne d'or que portait Jupiter dans ses terribles mains, et il y tenait suspendus le monde, les océans, les dieux. Mais notre Dieu à nous est Amour. C'est nous, au contraire, qui l'enchaînons avec nos prières, anneaux resplendissants qui montent jusqu'au ciel. Dieu est le captif des âmes...

*

Ce sont des princes, ce sont des monarques qui naissent d'Adam. Tous les fils des hommes sont ici-bas les vicaires-nés de Dieu ; ce sont les dieux du dehors. Les époux sur cette terre sont les multiplicateurs, de par Dieu, des maîtres de l'univers. Ces petits enfants qui vagissent dans leurs langes et qui déplient leurs bras délicats comme des guirlandes de roses, ce ne sont pas des êtres de peu : ce sont des seigneurs plus grands que la terre, le soleil et les étoiles, qui doivent leur obéir. Oh ! qu'il est vrai que l'Église n'abaisse pas la race humaine !..

*

La terre n'est que la pépinière du paradis. Ici-bas la foi nous greffe dans le Christ sur la tige de Dieu, le baptême nous transmet sa sève, les sacrements nous trempent de sa rosée, la parole nous lance sa lumière, la grâce nous berce de son souffle, l'Église nous

cultive de sa main. Comme l'a dit un Père : « Nous sommes des
dieux en fleur : *dii n flere*. »

*

La nation française est une nation originale, voulue de Dieu,
spirituelle, brave, solide, chez qui le sophisme ne prend pas, et
qui met l'hérésie à la raison ; une nation qui croit tout d'abord
au Christ-Dieu, qui sert résolûment l'Église, qui conquiert le
droit d'aînesse parmi les nations chrétiennes, qui se sent la
nation ouvrière et familière de la Providence, et qui s'écrie dans
la loi salique : « Vive le Christ ! il aime les Francs. » Voilà notre
tempérament : nous sommes un peuple substantiel. Et l'on voudrait
nous altérer, nous frelater, nous rapetisser, nous vaporiser, nous
dissoudre, faire de nous une nation en l'air, sans tenue, sans logique, sans nerf. On complote pour arracher au corps du Christ
sa grande augmentation : la France. Il n'en sera pas ainsi. Nous
ne deviendrons pas un tas d'hommes, une poussière. Byzance et
Photius peuvent attendre. Nous n'abdiquerons pas notre vocation
pour courir aux comptoirs sans foi de Tyr ou au trône de Babylone. Tribu de Juda, nous n'ensevelirons pas le Lion de notre
drapeau, pour arborer celui de Baal ou de Mammon. Nos jours ne
verront pas cela. On ne réussira pas de sitôt à faire une France
anticatholique et antifrançaise. Les petits enfants qui naissent sur
le sol français, je les salue comme la grande augmentation, qui
se soutient toujours, du corps de mon Christ, comme l'armée d'é-
lite qui rajeunit Clovis, Charlemagne et saint Louis...

*

L'Eucharistie est le vrai principe de l'égalité parmi les hommes.
Quand le prince a mangé, quand le mendiant a mangé, c'est la
même chose. Est-ce qu'il y a une eucharistie royale et une eucharistie plébéienne ?

*

Qu'ils sont malheureux, ceux qui désertent l'Eucharistie ! Ils
ne mangent pas Dieu ; ils commencent dès ici-bas le jeûne de
l'enfer. L'enfer, c'est le jeûne de l'Eucharistie dévoilée. Les damnés
sont des jeûneurs de Dieu. Ils ne peuvent point participer à la
Raison universelle, à la Lumière, à la Charité infinie. On parle de
ceux qu'on enfermait autrefois en des donjons de granit, et qu'on
laissait mourir de faim. Les damnés sont bien plus à plaindre, et

ils commencent leur jeûne dès ici-bas : c'est être bien pressé. Le paradis aussi commence sur la terre. Il est là, dans les tabernacles, dans les âmes des enfants et des saints. Nous sommes déjà ici-bas assis à la droite de Dieu, sur des chaises de paille, il est vrai ; mais le reste est une question de temps...

*

S'il vous arrive de paraître au milieu de certaines gens auxquels Jésus-Christ déplaît, relevez la tête, et, comme le dit un Père, ayez du front, *sitis frontosi*. Vos fronts n'ont pas été en vain sculptés, ciselés par la main de l'évêque. Ce n'est pas en vain que l'Église y a attaché de superbes audaces et des effronteries divines. Rendez, rendez témoignage à la Vérité.

III

Nous avons hâte d'en arriver au plus riche, au plus beau des trois fleurons qui surmontent le diadème de notre orateur, à la doctrine. Après l'avoir seulement entendu pendant deux minutes, il est très aisé de s'apercevoir que l'évêque de Tulle est un de nos plus profonds théologiens. Il est même un des érudits de la théologie : peu d'hommes ont lu autant d'in-folio, mais surtout peu d'hommes ont mis autant d'intelligence dans leurs lectures. Les plus fanatiques lecteurs ne sont pas toujours les plus intelligents ; surtout ils ne sont pas les plus jeunes d'esprit et de cœur : il semble que les bibliothèques ont le don de rendre vieux leurs visiteurs les plus assidus, et que les in-folio communiquent aux âmes je ne sais quelle décrépitude prématurée. Tout au contraire, Mgr Berteaud puise une jeunesse ardente dans la poudre des bibliothèques : il s'y sent pousser des ailes quand les autres y perdent les leurs ; il y devient aigle quand les autres y prennent des habitudes rampantes. Il fait passer rapidement dans sa propre substance la substance des vieux théologiens ; il a le don de l'assimilation à un degré étrange. Il n'est pas rare que, durant tout un quart d'heure, il cite de mémoire quelque Docteur, quelque Père de l'Église. Cette fidélité de ses souvenirs n'est comparable qu'à la beauté originale de ses commentaires et à l'énergie de ses traductions. Quel traducteur ! Dans l'hymne *Veni Creator* se trouve ce beau vers : *Sermone ditans guttura* ; j'ai là, sous les yeux, une ancienne traduction bien ridicule de ces trois mots : « C'est vous seul qui faites publier ses merveilles et chanter dignement ses louanges. » Quatorze mots au lieu de trois. Notre orateur, lui, traduit avec une superbe brutalité : « Enrichissez nos gorges de discours. » Et ainsi du reste. Les Pères qu'il se donne le plus souvent la peine de traduire, sont ceux qui ont avec son propre esprit le plus d'harmonie et de ressemblance : c'est saint Denys l'Aréopagite, dont il a souvent l'élévation métaphysique ; c'est Tertullien, dont il a le tonnerre ; c'est saint Augustin, dont il a l'ampleur surnaturelle ; ce sont les Pères grecs, dont il a la poésie. Il est presque superflu d'ajouter qu'il aime saint Thomas d'Aquin ; mais nous n'avons pas été peu satisfait d'apprendre qu'il avait pour Duns Scot une affection toute particulière, et qu'avec toutes les réserves nécessaires il lui avait emprunté quelques points de sa doctrine sur l'Incarnation.

Nous voudrions cependant donner une idée ou (comme le disait si bien le xviiᵉ siècle) un *crayon* de la doctrine théologique de Mgr Berteaud. Bien que ce soit chose téméraire d'essayer, essayons. Pour ne rien avancer d'incertain, nous nous servirons uniquement, en cet exposé

rapide et incomplet, des discours que nous avons nous-
même entendus et recueillis.

Dans toute harmonie, dans toute pièce musicale, il y
a une *dominante :* dans toute doctrine aussi, cette *dominante* existe. Cherchez bien : vous la trouverez. Tout
homme, tout génie même a une idée favorite qui est le
terme de toutes ses autres idées, qui donne le ton aux
autres, autour de laquelle se groupent toutes les autres
comme pour lui former une cour. Mgr de Tulle n'a pas
échappé à cette loi : mais qu'elle est belle, qu'elle est
élevée sa pensée dominante ! C'est l'Incarnation du Verbe,
dans toute son économie, dans toutes ses harmonies.
Mgr Berteaud voit partout le Verbe incarné, toujours il
parle de Lui, et, le nommant toujours, il ne se répète
jamais. Mais ce qu'il voit surtout dans l'Incarnation, c'est
que le Verbe s'est incarné pour nous, et que NOUS SOMMES
DES DIEUX PAR PARTICIPATION. « L'humanité, dit-il, est le
second Dieu. » A ces mots il relève la tête, et de là vient
cette belle fierté, de là viennent ces cris : « Allons, allons,
soyez superbes, soyez fiers, » ces grands cris qui éclatent
tant de fois dans chacun de ses discours. Qui donc a pu
croire que ces paroles sont une sorte d'attentat à l'humilité chrétienne ? L'évêque de Tulle, promenant ses yeux
sur son auditoire, y voit autant de membres réels de
Jésus-Christ, autant de divinités, autant de dieux par
participation. Il constate uniquement un grand fait théologique : c'est de la clairvoyance, et non pas de l'orgueil.

L'Incarnation, voilà pour notre grand orateur la solution de tous les problèmes, non pas seulement de l'ordre
religieux, mais encore de l'ordre politique et social. Par
l'Incarnation décrétée de toute éternité, Dieu le Père a
eu sur la terre le grand, l'immaculé Témoin dont il avait

besoin ; et Mgr de Tulle nous fait voir le grand témoignage existant sur la terre dans Jésus-Christ *figuré* par Abel, dans Jésus-Christ *immolé* sur le Calvaire, dans Jésus-Christ qui est *continué* ici-bas en qualité de témoin par l'Église, par les martyrs, par tous les fidèles.

Par l'Incarnation s'illumine toute la nature humaine : « C'est *pour* DIVINISER *l'homme* que Dieu a pris cette nature. » Et là se retrouvent les doctrines des scolastiques sur la convenance de l'Incarnation, sur cette beauté intime du plan divin. L'homme représentait, résumait, renfermait en lui l'univers matériel et l'univers spirituel; il était le trait d'union, le pont jeté entre les deux mondes; mais Jésus-Christ représente, résume, renferme en lui l'univers tout entier, le monde des esprits et le monde des corps, la nature humaine et la nature divine ; il s'agenouille ainsi devant le Père, et il agenouille avec lui cet univers tout entier; c'est un Dieu adorant devant un Dieu adoré, un Dieu glorifiant devant un Dieu glorifié. Et voilà le seul culte digne de Dieu ; voilà le seul bonheur digne de l'homme qui est uni à Jésus-Christ, de l'homme qui est le membre réel de Jésus-Christ !

Par l'Incarnation, les anges ont eu là-haut l'objet et l'occasion de leur épreuve. Il y a eu deux *présentations* de Jésus-Christ : la première aux anges, la seconde à la terre, et les anges tombés sont ceux qui ont été jaloux de l'Incarnation, ceux qui n'ont pas dit comme saint Michel : *Quis ut Jesus ?* Une des thèses les plus aimées de l'évêque de Tulle, c'est la supériorité qu'il accorde à l'homme sur l'ange : « L'homme, suivant de célèbres docteurs, a sur l'ange des supériorités réelles. Si l'ange, comme esprit, va plus vite au terme ; nous, avec notre esprit et notre corps, nous sommes plus larges, plus vastes que lui. Nous sommes un abrégé de l'univers entier ; nous en renfermons tous les règnes. » Et le poète ajoute : « Voyez ce petit enfant qui va apprendre les syllabes d'or du catéchisme : c'est l'univers en petit, c'est le monde tout entier, ce sont toutes les manifestations de Dieu au dehors qui vont s'asseoir avec lui sur un banc de chêne ! »

C'est par l'Incarnation que la Vierge Marie occupe une place si magnifique dans le plan divin. Son *fiat* a été attendu de Dieu ; elle a été par ce *fiat* la corédemptrice du genre humain et, comme le dit si bien Mgr Berteaud, elle a véritablement contribué par ce *fiat* à la dilatation, à l'agrandissement de Dieu.

L'Église n'est que l'Incarnation continuée dans le monde; l'Eucharistie n'est qu'une incarnation personnelle en chacun de nous, ou, en d'autres termes : « une diffusion de l'Incarnation. » Et c'est à cause de cette Incarnation que l'évêque de Tulle, jetant un regard fier sur notre terre, la considère comme le centre théologique de tous les mondes. Jamais on n'a autant estimé que Mgr Berteaud la terre qui a reçu l'empreinte des pieds de Jésus-Christ. Tous les soleils pâlissent à ses yeux, et en comparaison de cette chère planète, toutes les étoiles ne lui paraissent que d'humbles et médiocres satellites. Ces astres forment l'armée du roi, mais c'est la terre qui porte couronne.

C'est encore par l'Incarnation que cette noble terre reçoit son gouvernement surnaturel. L'Infaillibilité habite parmi nous, sa maison est à Rome : c'est le vicariat du Verbe incarné; c'est la suppléance divine du divin professeur de toute vérité. Et qu'est-ce que c'est que le progrès ici-bas, si ce n'est l'achèvement à travers les siècles du corps de Jésus-Christ? « Dieu se complète sans cesse dans l'homme, qui est le second Dieu ; *Dieu se fait* en nous. Il se fait, il se dilate, il grandit, NON PAS EN LUI-MÊME ET PAR LUI-MÊME, PUISQU'IL EST INFINI, mais dans la personne de l'homme. Il faut que nous grandissions de la sorte. Il faut que nous ayons avec Jésus-Christ des adhérences de plus en plus intimes, que nous nous développions, que nous atteignions enfin toute notre stature. Il y a là un progrès réel qui se fait au dedans des âmes, et non pas au dehors; qui se fait par la vertu, et non par les découvertes des savants; et ce progrès ne s'arrêtera qu'à la fin des siècles, quand l'humanité aura conquis sa vraie taille. Tant que cet achèvement ne sera pas accompli, les soleils ne seront pas fracassés et l'univers subsistera. » O grande, ô magnifique doctrine!

IV

Qu'il nous soit permis de signaler à la fin de cette étude tout le bien qu'ont déjà produit la doctrine et les enseignements de l'évêque de Tulle. Ce n'est pas en vain que des milliers d'auditeurs auront senti, en l'entendant, que leur âme s'élargissait ; ces milliers d'âmes agrandiront sans doute et surnaturaliseront des milliers de familles. Ce n'est pas en vain que l'illustre orateur a mis tant d'obstination à prononcer les mots *beau* et *beauté*. Ce n'est pas en vain qu'il a essayé de nous inspirer des fiertés nouvelles. Il y aura des dilatations inattendues. Les théologiens et les poètes comprendront enfin, que *rien n'est plus théologique que la poésie, que rien n'est plus poétique que la théologie.* Les vieux programmes de nos études classiques recevront un contre-coup salutaire, et l'on ouvrira les portes plus larges à ces Pères de l'Église, à ces Docteurs que notre grand évêque traduit si bien, qu'il commente et complète si lumineusement. Et il y aura aussi, à cause de cette parole, une recrudescence d'amour pour les doctrines romaines que Mgr Berteaud a si énergiquement professées du haut de la chaire.

Non, non, ce n'est pas en vain que cet orateur et ce poète aura passé au milieu de nous. Nous avons lu, dans une légende de la Perse, qu'un Génie étant un jour descendu dans un pays où tous les hommes étaient de petite taille, eut pitié de cette infirmité et fit un grand prodige : il les réunit dans une grande plaine, et à mesure qu'il passait devant leurs rangs pressés, tous ces hommes grandissaient, grandissaient merveilleusement. Les nains devenaient des géants.

C'est, au moral, ce que Mgr Berteaud vient de faire à Paris. Il a passé devant les âmes.

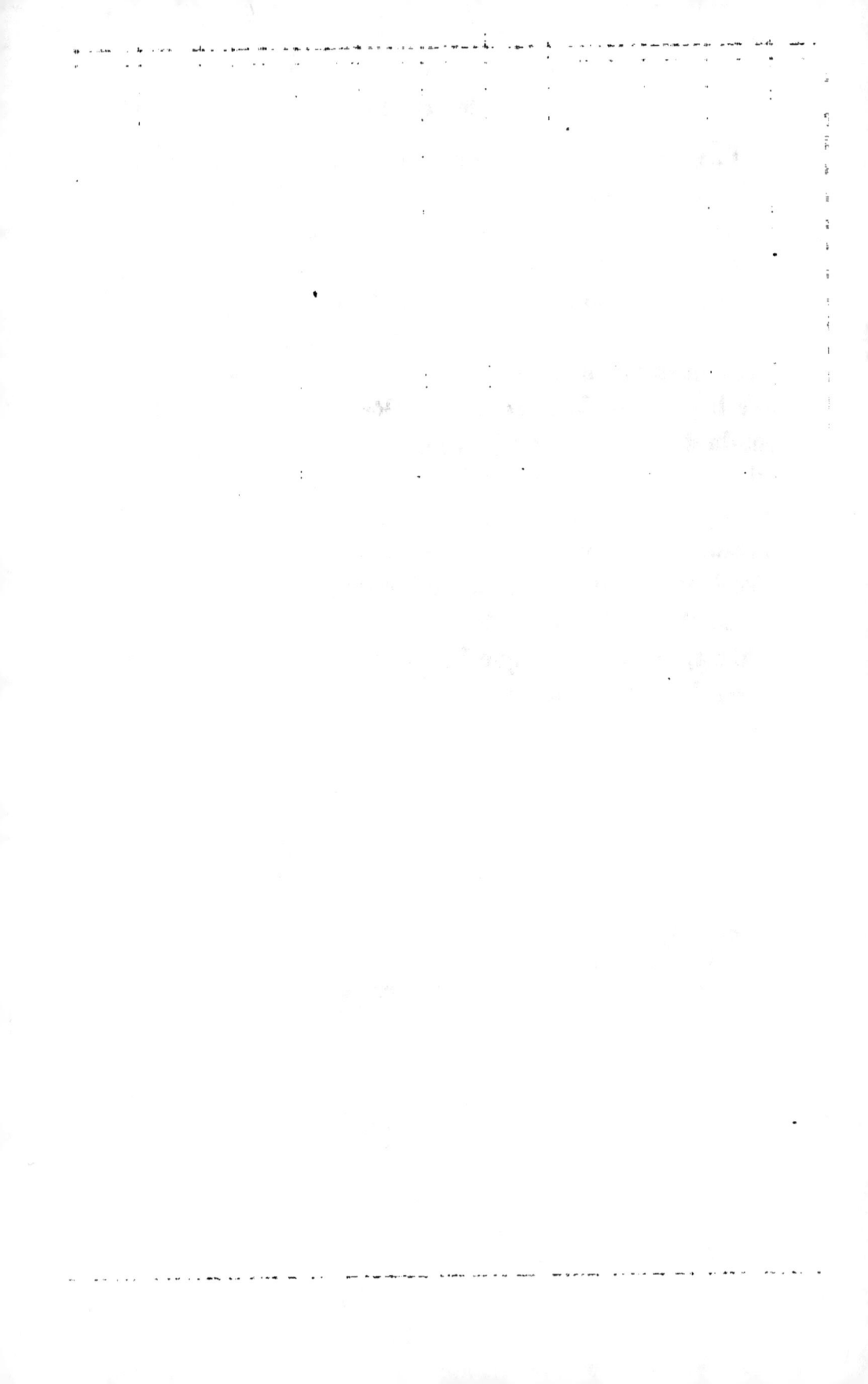

AUGUSTE NICOLAS[1].

I

Jusqu'à ce jour nous n'aimions pas, et, devons-nous le dire ? nous allions jusqu'à repousser ces sortes de livres. Nous leur trouvions un caractère trop personnel. Représentez-vous l'effet étrange que produirait un père ou un époux transformant sa propre maison en un musée public où il exposerait sous des vitrines tous les objets consacrés par le souvenir de sa femme ou de son fils. Le public égoïste passerait sans s'émouvoir dans ces tristes lieux baignés de tant de larmes ; il profanerait tout ce qu'il ne comprendrait pas : « C'est ici qu'elle est morte, » dirait l'époux en sanglotant ; le public hébété contemplerait ces larmes sans pleurer. Peut-être même sourirait-il. O douleurs, intimes douleurs ; larmes, larmes vénérables qui coulez sur les tombes, cachez-vous, cachez-vous bien : en devenant publiques, vous cesseriez d'être sacrées !

Les *Mémoires d'un père* nous ont fait changer d'avis, mais seulement en ce qui les concerne. Nous serions d'ailleurs désolé que l'auteur de ces *Mémoires* rencontrât beaucoup d'imitateurs. Ce que les délicatesses de son cœur et les habiletés de sa plume ont si convenablement,

[1] *Mémoires d'un père sur la vie et la mort de son fils.*

si religieusement effleuré ; ces confidences paternelles, ces révélations, ces larmes discrètes, ces sanglots contenus, ces voiles pieusement jetés, ces ombres scrupuleusement épaissies quand il convient, ou demi-éclairées quand il le faut, toutes ces qualités rares et charmantes disparaîtraient dans une œuvre médiocre, et nous n'aurions plus que le récit banal d'une douleur commune. Hélas! qui de nous ne possède, dans quelque tiroir secret, les éléments de quelques *Mémoires*, je ne dis pas semblables, mais analogues à ceux dont nous allons parler ? Ce sont de vieux bouquets flétris, de vieux papiers jaunis ; mais ces fleurs *il* les a tenues ; mais ces papiers *il* les a couverts de sa chère écriture, *il* y a exprimé sa pensée secrète, *il* y a traduit son âme, déposé son être tout entier. Ce sont de ses reliques, pour ainsi parler. Nous les lirons, ces lettres, nous les relirons en pleurant ; mais nous ne les publierons pas. Aucun œil indifférent ne s'y promènera ; aucun libraire ne cotera la seconde édition de mes larmes et ne fera de réclame sur le troisième tirage de mes regrets et de mon agonie. O mes sanglots, personne ne vous entendra ; ô mes larmes, vous ne relèverez pas des critiques littéraires !

Tel est le langage que s'est tenu longtemps l'auteur des *Mémoires d'un père*, et cependant il s'est décidé à publier ces souvenirs intimes, ce mémorial secret du foyer, ces notes écrites d'une main tremblante et sur lesquelles sont tombées sans doute tant de larmes brûlantes. Des conseillers autorisés, des prêtres de Jésus-Christ se sont approchés de cette grande douleur et lui ont dit : « Votre fils a été l'honneur de la race chrétienne ; il faut qu'il en soit l'exemple. Nous avons besoin de jeunesses pures, chastes, ardentes, au service de la sainte Église : séchez

vos larmes, ô père, contenez les sanglots qui brisent votre
poitrine ; allez chercher dans le coin le plus sacré de
votre mémoire les souvenirs où votre bien-aimé tient le
plus de place, et publiez-les à haute voix, afin que votre
fils ait des imitateurs, afin que nous ayons à nous réjouir
d'un accroissement de pureté et de force parmi les jeunes
générations de notre temps. Nous vous le demandons au
nom de Jésus-Christ, que votre fils a tant aimé. » Le père
a eu le courage d'obéir ; et c'est à cette obéissance que
nous devons les *Mémoires d'un père*.

II

Le livre est d'une belle simplicité. Pas de rhétorique,
pas de phrases : de vraies larmes, une sincérité profonde.
Ce père a eu la force indicible de révéler les défauts de
son fils : il a écrit les *Confessions* de celui qu'il regrettera
toujours. Avez-vous déjà remarqué quel caractère splendide revêtent ces révélations intimes au sein de la société
chrétienne : « J'ai péché, disent les chrétiens, ne m'i-
mitez pas, et apprenez de moi combien le péché coûte de
larmes à l'œil de l'homme et de désolations à son âme. »
Ainsi parlent les Augustins. Les Jean-Jacques, au contraire, s'écrient : « Regardez-moi, et considérez une victime de la destinée. Contemplez une âme vertueuse qui
a eu des malheurs. Surtout, admirez-moi. »
Faut-il analyser les *Mémoires d'un père*? Non, ces livres
ne s'analysent pas. Rien n'est plus ordinaire que la vie
de cet Auguste si regretté ; rien ne le distingue très
nettement de tant d'autres enfants. Jusqu'à sa première
communion, il est d'une nature presque ingrate ; sur vingt

et un ans que dura son existence, plus de douze ont été perdus, en apparence, pour la vie d'en haut. C'était une nature *positive* et qui ne montrait aucune disposition pour la piété. Mais la première communion opéra chez lui une de ces merveilleuses transfigurations auxquelles sont habituées les familles qui vivent dans le surnaturel. Combien en avons-nous vu de ces petits Sauls qui ont passé, le jour de leur première communion, sur la route de Damas, et qu'un coup de tonnerre de la grâce a prosternés aux pieds de Jésus-Christ vainqueur ! Le mot *transfiguration* doit être pris ici au pied de la lettre. Nos enfants de douze ans ont leur Thabor.

Après les salutaires splendeurs de la première communion, commence pour l'Auguste des *Mémoires d'un père* cette période généralement si difficile, si laborieuse, de la seconde enfance ou de la première adolescence. Rien n'est moins aimable, rien n'est d'un gouvernement si pénible que les jeunes garçons de douze à dix-huit ans. Ils n'ont plus rien des grâces charmantes de l'enfance : ils n'ont pas encore l'énergie et les aspirations de la jeunesse. Leur intelligence épaisse cherche lourdement à s'envoler et n'y réussit pas toujours ; leur cœur est endormi : c'est l'époque de la formation. La statue sort difficilement du bloc informe, et il y faut de rudes coups de marteau. Il est néanmoins une vertu dont la conservation sauvegarde le présent et garantit l'avenir des adolescents chrétiens : c'est la chasteté. Donnez-moi une nature de quinze ans, sauvage, indomptée, inintelligente, mal façonnée, ingrate enfin et très ingrate ; si cette nature est chaste, je réponds d'elle : à vingt ans je vous donnerai un homme fort et véritablement viril. Tel fut le fils que pleure encore le père de nos *Mémoires* : il con-

serva inaltérablement la fleur de la virginité. Sans doute
il avait certains défauts haïssables ; il était égoïste, il était
personnel, il se faisait centre. Mais ces mauvaises tendances n'avaient rien de désespérant puisqu'il était pur :
Beati mundo corde !

Cependant le voilà sur le seuil de la dix-huitième année ;
ô le bel âge, ô la riche splendeur ! Le jeune homme est
dégrossi, si je puis ainsi parler. Il est léger, alerte, dispos,
et se précipite avec son petit bagage sur tous les chemins
de la vie. Les chemins sont verts, il fait beau ; tous les
désirs s'éveillent, et même les passions commencent à
faire sentir leurs premiers frissonnements. Mais quel
charme, surtout si l'âme est chrétienne ! J'en ai connu,
de ces âmes de vingt ans, angéliques et fières, ardentes
et tranquilles, faisant la charité avec une douceur de
vierges, combattant le mal avec une fermeté de soldats.
On admire tout, les arbres, les oiseaux, les régiments qui
passent, les églises surtout. On passe tout ému devant un
couvent de Dominicains ou devant un grand séminaire ; on
s'arrête, on écoute : « Dieu ne m'appelle-t-il point ? » On
est tout ravi de ces excellents accueils que savent faire
les familles chrétiennes, et si l'on voit quelque jeune fille
belle, douce et pieuse, on s'interroge de nouveau, on se
demande si l'on n'est pas destiné à fonder quelque jour une
famille profondément catholique et calquée sur celle des
anciens âges. Voilà les anxiétés, les incertitudes de la
vingtième année : elles sont pénibles, mais encore plus
charmantes que pénibles. C'est par elles que dut passer
le jeune homme dont nous esquissons ici la très simple et
très noble histoire. Il hésita longtemps entre le mariage
et le cloître : il essaya tour à tour des austérités de la
Trappe et des contemplations du Carmel, et il parut qu'il

n'était point de force à supporter le poids de ces austérités
ni la hauteur de ces contemplations. Ce ne fut pas en vain,
toutefois, qu'il fut saisi de cette ambition magnifique de
servir Dieu sous la robe du religieux : s'il ne dépouilla
point les vêtements du siècle, il dépouilla cette personnalité qui, d'après le sincère aveu de son père, était à
peu près sa seule imperfection. Il ne resta plus en lui
qu'un ange, et déjà les ailes invisibles de son âme semblaient s'agiter pour l'emporter prématurément au ciel.

Il faudrait citer tous ces *Mémoires* pour transporter
réellement nos lecteurs dans cette famille antiquement
chrétienne dont Auguste n'était pas la seule parure. Ce
père, cette mère purent agenouiller un jour, dans la
même chambre, leurs neuf enfants aux pieds de la Vierge
corédemptrice. Il est vrai que le jour était solennel. Auguste allait mourir, et ces chrétiens composaient avec
leurs dix âmes une seule énergie pour l'arracher à Dieu
par la prière. Oui, à vingt et un ans, dans la plus riche
gloire de son adolescence, dans la plus vive blancheur de
sa virginité, portant depuis peu de jours la robe du fiancé,
sur le point d'épouser une chrétienne qui allait devenir,
qui était déjà devenue la dixième enfant de sa mère, le
jeune chrétien fut tout à coup réclamé au ciel. Au mois
de janvier 1861, à l'improviste, comme un voleur, ou
plutôt comme un soldat chargé d'exécuter la consigne céleste et l'exécutant brutalement, un mal horrible tomba sur
lui. Ce fut en vain que sa famille se débattit sous l'étreinte
de ce mal : sa famille, disons-nous, et non pas lui. Le
mal faisait tous les jours des progrès effrayants. Mais comment un étranger raconterait-il ces choses? La mort d'un
fils, grand Dieu ! Un père, un père lui-même la sent trop
fortement pour la raconter comme il le voudrait. Suivre

sur le visage de son fils les envahissements de la douleur
dernière, les triomphes de l'agonie, les suprêmes résis-
tances de la vie qui recule en s'éteignant ; voir ces yeux
se ternir, se vitrifier peu à peu, ces lèvres se contracter,
cette sueur froide s'étendre sur la peau horriblement
blanche, tout cela ne se peut raconter. Mais l'auteur des
Mémoires d'un père est vigoureusement chrétien, et il a
passé par-dessus ces *accidents* pour s'attacher à la *substance* de la dernière heure, c'est-à-dire à l'espérance de
la bienheureuse immortalité. Cet écrivain qui dans ses
livres a glorifié Jésus-Christ et la Vierge, a fait mieux
encore que d'écrire ces livres : il a aidé son fils à
mourir chrétiennement. Écoutez-le, dans le récit de la
dernière minute : « Avec quelle ardeur je lui parlai de
ce Dieu qu'il avait tant aimé, comme d'un père, de son
vrai Père, dont je n'avais été que l'ombre grossière et
que l'indigne image ici-bas, et dans le sein duquel j'ai-
mais à le remettre ! » Et cependant le coup fut épouvantable : « La mort de mon fils est entrée dans mon âme,
et elle n'en sortira que par la mienne, qu'elle commence
et qu'elle acheminera. Elle m'est devenue personnelle. Je
la porte en moi : elle fait comme le fond sanctifiant de
mon existence. » Mais le père chrétien n'est pas de ceux
qui succombent pour toujours sous le poids de leur douleur : ils ont sans doute de terribles défaillances, mais ils
ont aussi, suivant la langue du Moyen-Age, de belles et su-
bites *relevaisons*. Même il arrive que la faiblesse du père
selon la nature et l'énergie du père selon la grâce se fondent ensemble, et il résulte de cette union un sentiment on
ne peut plus touchant et vrai. « J'ai voué, dit l'auteur des
Mémoires d'un père, j'ai voué le reste de ma vie au culte de
cette chère mémoire : j'ai noué, pour ainsi parler, mon

existence au fil tranché de la sienne, et j'ai pris à tâche
de le continuer pour mériter de le suivre. Toutes ses
pieuses pratiques, toutes ses dévotions, toutes ses réso-
lutions et ses intentions, je les exécute, je les acquitte et
les accomplis religieusement, autant qu'il est en moi,
comme il l'aurait fait lui-même. *Je fais son intérim sur
la terre.* Je trouve à cela tout à la fois consolation et douleur : car la même religion qui me fait accepter le sacrifice me le représente et me le renouvelle. Plus je suis
les traces de mon fils, plus je me rapproche de Dieu ; et
plus je me rapproche de Dieu, plus je retrouve mon fils
que tout le mouvement du siècle me dérobe ; plus je le
vois dans sa lumière, plus je le sens dans le douloureux
attrait de sa mort et de sa sainteté. » Nous pensons qu'il
est peu de pages aussi simplement belles et aussi lucide-
ment chrétiennes que celles que nous venons de citer,
et il est peu de traits aussi théologiques et aussi tou-
chants à la fois que celui-ci : « Je fais son intérim sur la
terre. » Nous n'aurions qu'une critique à faire, et encore
est-elle de nature à apporter une consolation de plus au
cœur brisé du père, et plût à Dieu qu'on ne nous fît jamais
que de telles critiques ! L'auteur des *Mémoires d'un père*
ne parle presque toujours que de l'immortalité de l'âme
et nous avons souffert de ne pas l'entendre plus souvent
invoquer le dogme admirable de la résurrection des corps.
Il sait pourtant, il sait à n'en pas douter, que son Auguste
lui apparaîtra un jour dans la gloire, avec ces mêmes
traits angéliques et purs qui ravissaient sur la terre les
yeux paternels et qui révélaient l'âme. Est-ce faiblesse,
est-ce infirmité de ma part ? mais l'espoir de revoir au
ciel les corps de ceux que j'aime me soutient bien davantage et me transporte bien plus vivement que l'espoir de

revoir leurs âmes. Leurs traits, ce sont leurs traits que je
veux, c'est leur visage, c'est leur sourire, et, par la grâce
de Dieu, je les reverrai, comme ce père dont nous parlons reverra son fils. Oui, il le reverra, tel qu'il nous l'a
décrit le jour de sa première communion : « C'était lui, et
ce n'était pas lui ; sa taille svelte légèrement inclinée ;
sa figure charmante entre toutes, empreinte d'un suave
recueillement ; ses yeux aux longs cils baissés, tout occupés à l'attrait intérieur que goûtait visiblement son âme ;
son front, son front si pur, modelé sur celui d'un ange,
et dont la pâle candeur était relevée par les noires touffes
de sa chevelure ; toute sa personne, transparente comme
un vase d'albâtre, reflétait dans ses prémices l'ineffable
mystère auquel il était initié et l'amabilité de Dieu qui
s'y donnait. » O père, c'est ainsi que vous reverrez votre
enfant ; car on doit avoir au ciel la physionomie que l'on
avait au jour de sa première communion : la physionomie d'un être à qui Dieu se donne.

III

Les *Mémoires d'un père* ne doivent pas être seulement
une lecture édifiante destinée à entretenir ou à calmer la
douleur de tous ceux qui ont perdu un fils bien-aimé :
ce bon livre ne doit pas être un débilitant. Avant tout, il
doit nous encourager à la grande lutte ; il doit nous for-
tifier. On y trouvera, si l'on cherche bien, tout un Traité
d'éducation chrétienne, et c'est de ce Traité que nous
avons peut-être le plus besoin. Rien n'est plus flasque,
rien n'est plus ondoyant que les éducations de notre
temps. Généralement, en quoi consistent-elles ? L'enfant

naît : une nourrice l'attend et l'emporte comme une proie
depuis longtemps promise. On a soin d'ailleurs de l'é-
carter loin du retrait délicieux où ses cris troubleraient
le quiétisme pratique de son père et de sa mère ; on ne
le fait voir à ses parents qu'habillé de soie et de den-
telles, et on le montre comme un bouquet. Cependant il
grandit : le monde exigeant creuse un abîme entre les
premiers besoins de cette petite âme et les occupations
inutiles de ses parents : tout est laissé au hasard. Il commence à lire, et ce qu'on place d'abord entre ses mains,
c'est ce recueil de mythes païens et de fables celtiques
qu'on appelle : les *Contes des Fées*. Le soin de la prière
de l'enfant est depuis longtemps abandonné à des domes-
tiques dont la superstition égale l'incurie, ou la surpasse,
s'il est possible. Dès l'âge de cinq ans, on le revêt de cos-
tumes voyants, bizarres, élégants, prétentieux ; ou plutôt
ce ne sont pas des habits, mais des travestissements.
L'enfant se regarde avec une fierté qui n'est pas longtemps
naïve, et se dit en lui-même qu'il produit un certain effet.
Mais vite, qu'on se hâte, qu'on se hâte encore plus : un
trousseau, vite, un trousseau. La pension, le collège le
réclament. Quelle pension choisira-t-on ? La plus distinguée, si c'est une fille ; celle dont les études sont les plus
fortes et qui fait le plus de bacheliers, si c'est un garçon.
En voilà pour cinq, sept ou dix ans. On voudrait d'ailleurs
que la première communion fût déjà faite « afin de s'occuper *plus sérieusement* de cette éducation. » Dès le lendemain de ce grand jour où généralement les parents
donnent un fort beau dîner, le père prend son fils à part
et lui dit gravement (nous l'avons nous-même entendu
vingt fois) : « Désormais je ne te considèrerai plus que
comme un ami, je serai pour toi un camarade. » Va pour

la camaraderie : elle entre par une porte, et le respect
sort par l'autre ; le fils tutoie son père, lui frappe sur l'é-
paule, lui emprunte ses cigares. Quant au collège, on ne
s'y occupe pas un seul instant du cœur de l'enfant ; mais
on s'y occupe beaucoup trop de son cerveau dans lequel on
empile avec rage toutes les connaissances humaines. Deux
heures de récréation par jour sur dix ou douze du travail ! Il sera, oui, il sera bachelier. Cependant il a perdu
toute sa foi, et déjà plaisante sa mère et ses sœurs. Dans
la « cour des grands » les jeunes gens se partagent en
plusieurs écoles. Il y a les réalistes, les fantaisistes, les
coloristes ; voilà pour la littérature. Il y a les positivistes,
les éclectiques, les sceptiques surtout ; voilà pour la philosophie. Non, je ne parlerai pas de la politique. Ils
rougiraient de jouer aux barres : ils se promènent en
discutant, ces péripatéticiens de quinze ans. La religion
n'est à leurs yeux qu'une science spéciale enseignée par
le seul aumônier, et qui leur paraît en contradiction avec
les autres sciences : ils daignent subir la messe le dimanche. Puis arrive la préparation aux écoles spéciales.
Deux ou trois ans d'un travail désolant auquel on ne gagne
pas toujours une fièvre cérébrale. Les concours sont difficiles, presque impossibles. Travaillons au détriment de
la santé, au détriment de l'âme ; seulement, le dimanche,
jetons aux orties notre tunique de lycéens et faisons parler de nous sur le turf. Encombrons les petits théâtres
de notre présence bruyante ; apprenons comment nos
contemporains sont parvenus à créer un art dramatique
plus abject et plus fatal aux âmes que celui de l'antiquité ; éreintons sur la scène les vieux partis et la vieille
France, l'Église, les rois et tout ce qui est vaincu. N'ayons
même pas les goûts littéraires de la mauvaise jeunesse de

1830 ; soyons un composé hybride de francs-maçons et de gandins. Ou plutôt, ne pensons à rien et ne soyons rien. Telle est notre jeunesse. Je sais qu'il y a aussi une jeunesse catholique, et personne ne l'aime plus ardemment que moi ; mais je ne la trouve ni assez nombreuse, ni assez virile. Et d'où vient ? C'est qu'elle n'a pas reçu l'éducation que l'auteur des *Mémoires d'un père* a donnée à ses fils.

Il est encore des races et des familles énergiquement chrétiennes. Chez elles, l'enfant n'est pas abandonné dès sa naissance à des mamelles vénales, à des soins mercenaires. L'enfant grandit dans la lumière, sur les genoux maternels. Le père jette avec mépris loin de lui les niaiseries des *Contes des Fées :* c'est dans l'Évangile que l'enfant apprendra ses premières lettres et assemblera les premiers mots. Les légendes des saints, racontées au foyer, remplaceront le faux merveilleux de ces mauvais petits romans pleins d'enchanteurs et d'ogres. L'enfant sera trempé tout entier dans le surnaturel ; oui, tout entier ; car si une partie de son âme échappait à ce bain libérateur, elle serait un jour mortellement vulnérable. Plein d'un respect affectueux, l'enfant s'attachera dès lors à son père et à sa mère, et rien ne saura plus l'en détacher jusqu'à sa douzième année. Il vivra là, sans cesse, jouant beaucoup, étudiant un peu, mais assidu surtout à ces excellents catéchismes qui sont des cours sublimes de théologie élémentaire, apprenant ce que c'est que Dieu, ce que c'est que la grandeur d'une âme, et quelle est la destinée de l'homme. On le verra aux champs, prenant des bains d'air, développant les énergies de son petit corps, domptant déjà la nature qu'il doit dompter, nageant, sautant, montant à cheval, courant, remplissant tout de son

ardeur; puis, fatigué, se rapprochant du père et lui demandant de petites leçons d'histoire naturelle sur tous les
beaux arbres qui l'entourent, sur les oiseaux qui chantent,
sur les pierres, sur les étoiles, sur l'herbe et sur le soleil.
Le père répond à tout : mais cette histoire naturelle, il la
fait surnaturellement ; il raconte les victoires des saints
sur la nature, saint François d'Assise s'entretenant avec
les oiseaux, saint Antoine de Padoue causant avec les
poissons, et le lion de saint Jérôme, et le corbeau de saint
Paul. Ainsi arrive le jour de la première communion, et
cette transfiguration dont nous avons parlé tout à l'heure,
ce Thabor des âmes de douze ans. Les catéchismes de
persévérance continuent cette transfiguration ; et quoi de
plus difficile qu'une transfiguration continuée ! D'ailleurs,
à partir du « grand jour, » l'éducation de l'enfant chrétien doit prendre d'autres allures, une autre physionomie :
elle doit devenir plus forte, plus « critique », plus virile,
plus fière. *Esto vir,* telle doit être la devise que le père doit
donner à ses fils, et l'homme achevé, l'homme terminé,
complet, c'est le chrétien. Toutes les sciences humaines
seront concurremment enseignées à cette jeune intelligence ; mais toutes seront enseignées catholiquement. Car
il y a une chimie catholique, une histoire catholique, une
algèbre catholique. Tout sera pénétré de Dieu, tout sera
imbibé de Jésus-Christ. Pas de séparatisme surtout ; pas de
science isolée qui soit sans rapport avec toutes les autres,
qui soit sans rapport avec la théologie, reine et maîtresse
des sciences. Les Pères de l'Église tiendront autant et
plus de place, dans cette éducation surnaturelle, que les
auteurs de l'antiquité païenne. Saint Thomas sera placé
plus avant qu'Aristote dans l'estime de l'enfant ; saint
Anselme primera Platon. On apprendra d'ailleurs à l'en-

fant à examiner toujours les questions par leur grand
côté, généreusement, largement ; on lui dira que l'homme,
quand il est humble, ne saurait jamais monter trop haut ;
on ira jusqu'à lui inspirer de la fierté, dans le sens
chrétien de ce mot. Je trouve que nos jeunes gens ne sont
pas assez fiers, c'est-à-dire qu'ils ne sont pas assez joyeux
d'être hommes, d'être chrétiens ; qu'ils ne relèvent pas
assez leur tête illuminée de ces deux clartés, ceinte de
ces deux couronnes. Qu'ils ressemblent donc un peu plus
à ce Godefroi de Bouillon dont on disait que c'était « le
plus fier chrétien » de son temps. Qu'ils soient des chevaliers, malgré *Don Quichotte* et malgré Cervantes ; qu'ils
aiment passionnément leur âme, plus passionnément leur
pays, très passionnément la Vérité, l'Église et Dieu. Qu'ils
ne soient étrangers à aucune question historique, scientifique ni littéraire ; qu'ils sachent se tenir au courant de
tout ; qu'ils ne désertent jamais le champ de bataille de la
discussion, qu'ils y défendent vigoureusement leur drapeau, et qu'ils ignorent ce que c'est que reculer. Mais
qu'avant tout ils soient pleinement vierges et absolument
chastes : qu'ils aient de beaux yeux purement baissés, ou
courageusement et franchement ouverts. Les nouveaux
baptisés, dans la primitive Église, gardaient huit jours
leur robe blanche ; les jeunes chrétiens devront garder
jusqu'au jour sacré de leur mariage la robe blanche de
leur virginité. Puissent les jeunes gens de nos jours ac-
complir tous ces devoirs difficiles ; puissent-ils nous préparer une forte génération chrétienne ; puissent-ils, pour
tout dire en deux mots, ressembler à cet ange de la terre
que l'auteur des *Mémoires d'un père* nous a fait connaître
et qu'il pleurera toujours !

R. P. MONSABRÉ

LE P. MONSABRÉ.

I

Il y a quelques années, on parla, dans nos cercles catholiques, d'un prédicateur puissant qui venait de se révéler. Il portait l'habit blanc des Frères Prêcheurs, la robe du P. Lacordaire. Celui-ci venait de mourir loin de nous, dans cette demi-obscurité où sa gloire s'était recueillie et qu'il aimait à considérer comme un exil. Le nouvel orateur ne cherchait pas à ressembler au Maître : il ne le copiait pas. C'était déjà un rare mérite : car, dans un monastère, les novices aiment un peu trop à calquer leur génie naissant sur les illustrations de leur ordre, et, dans un journal, tous les débutants prennent volontiers le style du rédacteur en chef. Bref, la foule afflua dans cette chère petite chapelle des Carmes où vivent tant de souvenirs augustes, et le bruit se répandit bientôt que nous avions un grand conférencier de plus, et qu'il ne ressemblait pas à ses devanciers. Il s'était, d'un premier bond, élancé jusqu'aux sommets du dogme, et s'était donné la tâche d'exposer, durant toute sa vie, la doctrine catholique à nos générations ignorantes. On vit tout d'abord qu'il serait plus solide que hardi, plus « traditionnel » que novateur. On découvrit bientôt qu'il connaissait très profondément les trésors négligés de l'Écriture sainte et qu'il avait pour saint Thomas un amour ardent et profond. De là son charme. Je me souviens encore de nos premiers empressements autour de sa chaire ; mais sa parole, depuis ce temps, a fait un beau chemin dans le monde, et Notre-Dame aujourd'hui, comme autrefois la petite chapelle des Carmes, ne suffit pas à contenir les auditeurs de cette voix si légitimement aimée.

Je parlais de sa connaissance de la Bible : c'est là ce qui le caractérise. Certes le P. Lacordaire et ses élèves « en ligne directe » lisaient, savaient, aimaient l'Écriture ; mais, dans leur désir d'être plus utiles aux hommes de leur temps, ils avaient été amenés à n'en plus faire la substance de tous leurs discours. Ils la citaient souvent, mais se jetaient volontiers à côté, pour donner à leur argumentation je ne sais quelle nouveauté plus entraînante. Quand le P. Monsabré monta en chaire, il eut le bonheur de trouver le terrain mieux préparé dans les intelligences et dans les cœurs. En 1837, aucun orateur ne pouvait faire de la *Somme* son point de départ ; mais, vingt années plus tard, il n'en était plus de même, et ce sera l'éternel honneur du P. Lacordaire d'avoir été cet introducteur nécessaire à l'étude de l'Écriture et de la Théologie. On l'oublie trop, et c'est de l'ingratitude.

Dans les Conférences du P. Monsabré, il n'est point rare de lire de suite cinq ou six pages qui sont uniquement composées de citations de l'Ancien et du Nouveau Testament. Mais quel choix heureux ! Mais quelle subtilité dans l'enchaînement de ces textes ! Mais quelle vigueur dans leur traduction ! Il en est ainsi pour saint Thomas et pour toute l'École. Jamais une citation n'est pédante, n'est inutile. Dans les admirables discours du P. Ventura sur *la Raison catholique et sur la Raison phi-*

losophique, dans cette œuvre qui a si heureusement changé toute la physionomie de notre éloquence sacrée, on voyait trop la charpente de l'argumentation scolastique. Le P. Monsabré n'a pas ce défaut; il n'entre pas si avant dans le raisonnement thomiste. Il donne les conclusions de saint Thomas; il nous les montre comme des points lumineux, comme des soleils à la lumière desquels il nous fait aisément marcher. J'aime cette méthode : elle est essentiellement française, parce qu'elle est souverainement claire.

Le P. Monsabré est, en effet, un orateur très français. Rien n'est plus lucide que son exposition. Son prédécesseur, le P. Félix, possédait également cette précieuse qualité, mais peut-être avec plus de développements, et quelquefois de longueurs. Lorsque l'on vient d'entendre un discours du P. Monsabré, il est aisé de le « raconter ». C'est le signe, croyez-le bien, auquel on reconnaît les parleurs clairs, qui sont les bons parleurs. Sa parole est un cristal à travers lequel on voit très nettement sa pensée. L'originalité de l'orateur n'est pas tant dans sa doctrine que dans la forme dont il la revêt. J'ose l'en féliciter. Encore un coup, c'est un tempérament traditionnel. Il ne se dit pas : « Quelle pensée nouvelle aurai-je bien aujourd'hui ? » mais : « Comment ferai-je entrer dans l'esprit de mes auditeurs la pensée de mon père saint Thomas, et surtout la doctrine de ma mère l'Église? » Et alors il fait hardiment appel aux énergies et aux couleurs de la parole humaine. Toutefois il ne s'en sert jamais avec intempérance. Sa poésie est forte, mais ne se répand pas en beaucoup de mots. Sa phrase est vigoureuse et marche bien ; les épithètes n'y font point tapage. Ce n'est plus là du romantisme : c'est mieux.

Il y a dans les dernières *Conférences* certaines pages sur
la famille, qui sont des plus belles qu'aucun poète ait jamais écrites. Pas un mot discordant, pas une violence de
ton; mais une belle chaleur tempérée et pleine de bons
parfums. Ajoutons que notre orateur ne connaît pas le
« mot de la fin, » ni les secrets trop faciles de se faire
applaudir. C'est à force de clarté et de poésie vraie qu'il
emporte l'admiration et excite un enthousiasme de bon
aloi. Tout est sain dans cette éloquence, que n'ont pas
envahie la périphrase, le néologisme et la fantaisie, ces
trois maladies mortelles de l'éloquence sacrée contemporaine.

En éloquence, comme en érudition, il y a deux grandes
familles d'esprits : il y a les intelligences synthétiques, et
les analytiques. Le P. Monsabré appartient au premier
de ces groupes. C'est un vulgarisateur excellent d'excel-
lentes doctrines. On ne trouvera pas chez lui ces nouveautés qui transportent et qui effrayent. Il n'y a point là
la hardiesse d'un de Maistre, ni les ailes d'un P. Faber,
ni les témérités d'un Lacordaire. Par le côté traditionnel
de son admirable talent, le P. Monsabré se sépare très
nettement de l'école lacordairienne proprement dite. A
dire le vrai, il crée au sein du groupe dominicain une
nouvelle école à laquelle nous souhaitons un succès profond et durable. C'est bien là la vraie voie ; c'est celle
où doivent entrer nos jeunes orateurs. Science des Écri-
tures et des Pères, théologie solide, argumentation im-
placable, exposition translucide, style nerveux et cependant coloré, et, pour nous résumer, une belle éloquence
antique en son fond et nouvelle en sa forme. Nous ne
saurions désirer mieux.

R. P. MONSABRÉ

II

Les conférences du P. Monsabré attestent chaque année un progrès considérable dans la manière du grand orateur. On n'est pas plus logicien, ni plus puissant. Le P. Monsabré, c'est la Franchise, c'est la Sincérité absolue. Il ne cherche pas à cacher, avec un pan de sa robe blanche, quelque coin de doctrine qu'il pourrait supposer désagréable à ses auditeurs. Il étale magnifiquement la Vérité tout entière, sachant que le mot « pallier » ne pourrait s'appliquer au Vrai. Catholiques, nous n'avons rien à cacher, rien à adoucir, rien à amoindrir. Notre doctrine est un soleil dont la lumière ne blesse pas la vue et ne doit jamais être interceptée, même par les plus agréables vitraux. Et il faut, sans précaution, en faire entrer tout le rayonnement dans les yeux de nos adversaires.

Ainsi procède le P. Monsabré.

Cette année, il a commencé son premier discours peu de temps après le scandale de nos désastres plus que civils. Pour se rendre de son cloître à Notre-Dame, il a dû traverser nos ruines. Du haut de sa chaire il pouvait facilement apercevoir, dans la vieille basilique, les traces récentes d'un sacrilège abominable ; même il pouvait se dire qu'on avait essayé de brûler cette chaire à laquelle son éloquence donne aujourd'hui une si noble consécration. Bref, il inaugurait ses Conférences en des temps rigoureux et tristes, sentant l'amour autour de lui, mais la haine à quelques pas de là. Et quelle haine !

Eh bien ! ce spectacle ne l'a pas amolli. Il ne s'est pas

dit : « Voici l'heure des ménagements et des demi-véri-
tés. Voilons prudemment une lumière dont ces paupières
malades ne sauraient supporter la vivacité dangereuse.
Ne disons pas tout, et le peu que nous dirons, disons-le
très doucement. » Non, il n'a pas connu les petitesses de
ce langage que tout homme médiocre se serait tenu. Et il
a montré ce qu'il était, en entreprenant de tout dire, en
disant tout.

Savez-vous quelle est, après l'Écriture, la base de ces
vivantes et chaudes conférences? C'est le *Syllabus*. Je dis
que c'est là faire acte de courage, mais surtout de clairvoyance. Le P. Monsabré connaît son temps. Notre siècle
a mille défauts, et il est capable de mille crimes et de
cent mille sottises. Mais il ne faut pas lui refuser une vertu, une dernière vertu, qui peut-être le sauvera : il est
sincère. Il n'aime pas les hypocrisies de la doctrine, les
réticences, les à peu près. Il va droit au fait. « Pas
d'ambages. Dites-moi ce que vous êtes ; ouvrez-moi
votre esprit tout grand. Ouvrez encore : je veux lire. »
Et il lit. Et il ne faut pas essayer de lui faire sauter
certaines pages : car ce sont celles-là qu'il veut connaître.

Il y a encore parmi nous toute une école catholique qui
s'épouvante du mot « catholique » et l'efface partout où
elle peut mettre la main : « Juste ciel, si nous allions être
reconnus ! » Ces excellents chrétiens se déguisent en
« simples honnêtes gens » et croient bien faire. Hélas !
ils se trompent étrangement et n'emportent que le dédain
de leurs adversaires. L'ouvrier, notamment, n'aime pas
que l'on cache ainsi son drapeau. Dans les clubs de 1870
et 1871, il a supporté et même applaudi quelques vaillants qui disaient franchement à la tribune : « Je suis ca-

tholique. » Le P. Monsabré est de la race de ces hommes fiers et entiers : il nous l'a bien fait voir.

Donc, il a pris d'une main le *Syllabus*, et s'est écrié : « Voici le monument le plus récent, le plus complet, le plus vigoureux de la doctrine catholique. » Et dans son autre main il a pris le document le plus hardi et le plus avoué qui soit émané de la démocratie socialiste, le fameux « Programme de la Section de l'Alliance au congrès de Genève [1]. » Toute sa tâche a consisté à opposer entre

[1] Ces six Discours du P. Monsabré pourraient recevoir les titres suivants : 1° la Vérité ; 2° le Devoir ; 3° la Famille ; 4° l'Éducation ; 5° le Pouvoir ; 6° la Société. On pourrait, pour plus de clarté, placer en regard, ainsi qu'il suit, les principes opposés des deux Radicalismes, tels que le P. Monsabré les a exposés :

I. L'homme fait la vérité de ce qu'il croit.

II. L'homme fait la bonté de ce qu'il aime.

III. Il faut arriver à l'abolition du mariage, au couple libre, à l'égalité des enfants devant la mère.

IV. L'enseignement doit être gratuit, laïque et obligatoire. L'État est le Père universel.

V. Le peuple est la première, la seule source du pouvoir.

VI. L'idéal à conquérir, c'est l'égalité ABSOLUE par l'abolition définitive et entière des classes, par la liquidation sociale.

L'homme ne fait pas la Vérité : il la reçoit.

Le principe de la Justice est au-dessus et en dehors de l'homme, en Dieu.

La Famille est constituée par Dieu. Il y a mis son image, sa loi, sa grâce.

L'enfant est aux parents, par Dieu et pour Dieu.

Le Pouvoir vient de Dieu ; il représente Dieu, et sa dignité lui crée des droits au respect et à l'obéissance.

Il y a entre les hommes une égalité fondamentale de droits et de devoirs ; mais, dans le classement des membres du corps social, il y a des inégalités providentielles dues à des causes indestructibles. Une vertu sociale tempère ces inégalités et les fond dans un ordre admirable : c'est le lien de la perfection, c'est la charité.

eux ces deux Manifestes, ou, comme il l'a si bien dit, ces
deux Radicalismes. Or j'affirme que cette tâche devait
être faite, j'affirme que le moment était bien choisi.
Dans cette magnifique cérémonie de la profession monastique, il existe, pour certains Ordres, un rite fort touchant. Dans la salle du Chapitre, on dépose sur deux
escabeaux, d'une part, la robe monastique, et, de l'autre,
les habits du siècle; puis on introduit le futur profès, et
on lui dit : « Choisis. » C'est ce que le P. Monsabré a
fait dans une sphère plus vaste. Il a introduit le dix-neuvième siècle à la porte de l'Église. Il a placé très exactement sous ses yeux les deux Radicalismes, et lui a dit :
« Choisis. »

III

Nous n'avons pas à analyser cette œuvre où éclatent
puissamment toutes les qualités de l'illustre conférencier. Le P. Monsabré traverse une crise douloureuse,
et vient d'être forcé, à deux reprises, d'abandonner l'exposition pacifique de la doctrine pour se jeter dans la
lutte ; mais nous espérons très vivement en des temps
meilleurs : nous croyons que l'orateur de Notre-Dame
pourra bientôt reprendre l'œuvre si bien commencée au
couvent de Saint-Thomas-d'Aquin et nous apprendre ce que
nous savons le moins : le catéchisme. Nul n'est mieux préparé à cette grande tâche, où l'amour de la tradition est
encore plus nécessaire que toutes les vigueurs de l'éloquence et toutes les couleurs de la poésie. Qu'il remonte
en chaire, et nous enseigne ces trois termes de toute vérité : Dieu, Jésus-Christ, l'Église. Car entre les deux radicalismes, notre choix est fait, et nous savons maintenant
où sont les paroles de la vie éternelle.

EUGÉNIE DE GUÉRIN.

I

Qui ne connaît la passion dont M. Victor Cousin se laisse consumer pour les femmes illustres du xviiᵉ siècle ? M. Cousin a des imitateurs, et cela se conçoit ; mais il en a trop. On en est venu à étudier toutes les femmes du siècle de Louis XIV qui ont eu le malheur de nous léguer, plus ou moins volontairement, deux ou trois lignes de leur écriture. Puis avec MM. Capefigue et Houssaye (deux pastellistes que nous ne voulons pas comparer à un peintre comme M. Cousin) sont venues les études sur les femmes du siècle dernier. Hélas ! quelles femmes ! et quels portraits ! Ce n'est que poudre, mouches, ambre et rubans ; et tant d'agréments et de parfums ne servent qu'à rendre encore plus repoussants les traits immortellement haïssables d'une Pompadour, d'une Dubarry, et de tant d'autres. Bref, à force de faire et de refaire de ces portraits, on a fini par épuiser tous les *sujets* des deux derniers siècles : il faut espérer qu'on en viendra bientôt à étudier les femmes de notre temps, et particulièrement les chrétiennes. Il y a véritablement un beau livre à faire sous ce titre : *Les Chrétiennes de nos jours ;* un beau livre, disons-nous, et qui serait bien fait pour nous délasser de ceux de M. Cousin, pour nous guérir de ceux de M. Capefigue. C'est un des chapitres de ce livre que nous allons tenter d'écrire en analysant aujourd'hui la vie et les ouvrages de Mlle Eugénie de Guérin.

Eugénie de Guérin est la sœur de ce Maurice de Guérin pour lequel plusieurs critiques éminents n'ont pas craint de réclamer une des premières places dans l'histoire littéraire de notre siècle. La gloire de Maurice est d'ailleurs toute jeune, et est appelée à grandir : elle sera désormais inséparable de celle de sa sœur. Le *Journal* d'Eugénie est et sera toujours le second volume des œuvres de Maurice. C'est ainsi que sera récompensé ici-bas cet incomparable dévouement de la sœur pour le frère, cet amour fraternel auquel nous espérons que Dieu a déjà donné sa récompense dans le ciel.

L'éditeur du *Journal* d'Eugénie de Guérin a remarqué avec raison qu'on pourrait écrire en dix lignes toute l'histoire de la sœur de Maurice. Cette vie a été agitée, mais intimement, et non pas au dehors. Pas de traces de roman, pas de péripéties, pas de drame. Eugénie a vécu dans le château de son père, au fond de la province ; elle n'a quitté sa retraite que pour venir deux ou trois fois à Paris, où l'appelaient les joies et les douleurs de son frère. Ce qui a rempli toute sa vie, c'est son admirable amour, c'est son dévouement pour Maurice. On pourrait faire sa biographie en deux mots : « Elle a aimé son frère. »

Cependant, une lecture attentive du *Journal* d'Eugénie permet, quoique péniblement, de reconstruire quelques parties de sa vie *extérieure*. Elle naquit en 1806, dans ce même château du Cayla où elle devait cacher tant de larmes et écrire de si nobles pages. Dieu la fit naître au sein d'une famille fortement chrétienne, et la piété s'éveilla de bonne heure en une âme si bien préparée. Sa foi fut ardente ; toutes ses vertus devaient l'être. Dans une chambre du château paternel, il y avait un *Ecce Homo*, un chef-d'œuvre : « Je racontais, dit Eugénie, tous mes petits chagrins à cette figure si triste du Sauveur souffrant, et toujours j'étais consolée. Une fois que j'avais des taches à ma robe, qui me peinaient beaucoup, de peur d'être grondée, je priai mon image de les faire disparaître, et les taches disparurent. Que ce doux miracle me fit aimer le bon Dieu ! Depuis ce jour, je ne crus rien d'impossible à la prière, ni à mon image, et je lui demandais quoi que ce fût : une fois que ma poupée eût une âme. Mais cette fois je n'obtins rien. Ce fut la seule peut-être. »

Maurice était plus jeune que sa sœur. Sa naissance fut accompagnée de fêtes qu'Eugénie n'oublia jamais, et qu'elle se plaisait en quelque sorte à comparer plus tard à l'inexprimable douleur qui suivit la mort de son frère. Ce fut Eugénie qui vit les premiers pas de Maurice : « Un jour, je le menai par la main le long de la garenne du nord, où il fit quelques pas tout seul, les premiers : ce que j'allai annoncer en grande joie à ma mère : « Maurice, Maurice a marché ! » Souvenir qui me vient tout mouillé de larmes ! »

Elle perdit sa mère de bonne heure, et il est facile de penser que la perte de cet excellent guide fut un malheur irréparable pour cette âme trop vive. L'exaltation, la fièvre intime qui a toujours rongé la sœur de Maurice, auraient sans doute été calmées par l'éducation maternelle. Voyez dans le monde les jeunes filles qui, comme Eugénie de Guérin, n'ont pas eu leur mère pour conseil à l'aurore de leur adolescence : il est rare qu'elles aient l'expérience et la sérénité.

Cette mort frappa rudement notre jeune enfant, et elle commença dès lors d'avoir pour la mort cette horreur qu'on ne trouve absente d'aucune des pages qu'elle a écrites : « De vive et rieuse que j'étais, je devins pensive, recueillie ; ma vie changea tout à coup : ce fut une fleur renversée dans un cercueil. » Ce terrible mot, *cercueil*, reviendra mille fois dans son *Journal*. Elle n'a peut-être pas vécu un seul jour sans la pensée du cimetière, ni une seule nuit sans rêver de cercueils. Eugénie de Guérin est le chantre, j'allais dire la muse effrayée de la mort.

Sa mère ne lui avait pas laissé l'exemple de cette tristesse. « Nulle chrétienne n'a mieux souffert. Il lui serait venu de sourire sur son lit de mort comme un martyr sur son chevalet. Jusque dans son agonie, elle semblait penser à une fête. Sa douce mort ne m'éveilla pas ; jamais on ne sortit plus tranquillement de ce monde. » Et ailleurs, l'auteur du *Journal* ajoute : « Je me plais à me souvenir que, quand je perdis ma mère, j'allai, comme sainte Thérèse, me jeter aux pieds de la sainte Vierge et la prier de me prendre pour fille. J'avais treize ans. »

Sa piété prit alors un élan plus énergique ; elle se passionna pour Dieu. Elle se passionnait aussi pour toutes les causes nobles : « Que d'heures j'ai passées, cherchant par quels moyens j'aurais pu sauver Louis XVI et la Reine, si j'avais vécu de leur temps. » Voilà bien la marque d'un grand cœur.

Par malheur, Eugénie lut trop. Elle avait seize ans, quand parurent les premières *Méditations* de M. de Lamartine. Ce livre était bien celui qui convenait le moins à l'intelligence passionnée d'Eugénie de Guérin. Il était vague, et il fallait avant tout à la sœur de Maurice des

doctrines nettes, définies, absolues. Il était mélancolique, et ce qui manqua toujours à l'auteur du *Journal*,
ce fut la joie, la vraie joie, la joie chrétienne. Toute son
âme était en pente vers cette fausse tristesse qu'on appelle
la mélancolie et que tous les philosophes chrétiens ont rigoureusement condamnée : la lecture des *Méditations* lui
donna le coup décisif et fatal. Désormais l'âme d'Eugénie
devait être, non pas triste, mais mélancolique et rêveuse
jusqu'à la mort.

De grands combats furent alors livrés dans l'intime de
cette âme, et la lecture du *Journal* semble attester qu'ils
ne furent bien terminés qu'au moment même où le *Journal* fut commencé, c'est-à-dire quand Eugénie eut atteint
sa vingt-neuvième année. Mais il était dit que ce cœur
devait toujours être désolé : aux grands combats succé-
dèrent les grandes tristesses dont son frère fut surtout la
cause ou l'occasion. C'est le 15 novembre 1834 que s'ouvre
pour nous la série des *cahiers* du *Journal*. Il est aisé, dès
les premières pages, de prévoir quelles seront, pour ainsi
parler, les deux occupations du cœur d'Eugénie de Guérin. La passion fraternelle éclate dès les premiers mots de
ce mémorial, et la passion religieuse n'y éclate pas moins
vivement. Ces deux passions, que d'ailleurs nous ne voulons pas comparer, se disputeront, comme deux orages,
un cœur où n'habitera jamais la paix, où la joie ne péné-
trera jamais. Ajoutons, pour être juste, que cet amour
fraternel est tout imprégné d'amour de Dieu. Cette admirable sœur connaît toute l'élévation de l'intelligence de
son frère ; elle veut tourner à Dieu cette intelligence. Or,
Maurice, en 1834, commençait à donner à sa sœur de
cruelles inquiétudes. Disciple de M. de Lamennais, il ne
savait pas s'en séparer, alors même que ce maître se sé-

paraît de l'Église. Entre la sainte Église et M. de Lamennais, Maurice avait à choisir, et ne choisissait pas l'Église. « Quel malheur, lui écrivait sa sœur, que tu sois sous l'influence de ce génie dévoyé ! »

Tout le *Journal* est écrit pour Maurice. « Que de fois, dit Eugénie, j'ai rêvé d'être Sœur de Charité, pour me trouver auprès des mourants qui n'ont ni sœur, ni famille ! » Elle se fit la sœur de charité de son frère. Elle donna de loin les soins les plus attentifs et les plus délicats au corps chétif et mourant de Maurice ; elle veilla surtout au chevet de son âme. Toute l'exubérance de sa vie, tout le trop-plein de son âme, toute sa fièvre, tout son enthousiasme, toute sa passion furent transportés et concentrés en un seul amour, l'amour fraternel. Elle eût pu prendre pour devise : « Dieu et mon frère. » Comment dirons-nous que nous admirons vivement cette affection, mais que nous ne voudrions pas la proposer pour exemple ? Eugénie de Guérin, si elle est au ciel aujourd'hui, sait mieux que nous que l'amour fraternel doit être moins agité, moins orageux, plus pacifique, plus silencieux, plus doux enfin. L'affection fraternelle, telle que l'a comprise et pratiquée l'auteur de notre *Journal*, lui a été sans doute un mérite aux yeux de Dieu ; mais sur la terre, elle n'était pas dans l'ordre ; elle porte évidemment le caractère de l'exagération. Défaut d'une grande âme.

Maurice fut sauvé par sa sœur, et la conversion de cet esprit éminent fut la récompense de tout le dévouement d'Eugénie ; mais Dieu ne laissa pas longtemps à la sœur le spectacle de Maurice chrétien, de Maurice aimant l'Église et s'apprêtant à la défendre. Il arracha bientôt ce cher néophyte aux dangers de la terre. Sa sœur, le sachant malade à Paris, se précipita dans cette ville où elle ne voyait que son frère : elle le ramena mourant au Cayla. Elle chercha alors le plus chaud rayon de soleil pour y exposer ce corps à moitié froid et à moitié décomposé. Le soleil ne put rien sur ce refroidissement. Soutenu par le bras de la jeune femme qu'il avait épousée huit mois auparavant, soutenu par le bras de la sœur qui l'aimait comme une mère aime son fils unique, Maurice de Guérin rendit à Dieu son âme, le 19 juillet 1839. Avant de mourir, il avait solennellement rétracté toutes ses erreurs, qui étaient celles de M. de Lamennais, son maître. Jésus-Christ l'avait visité à son lit de mort et s'était donné tout à lui. Il mourut doucement, comme sa mère.

Il est des choses qu'il ne faut pas essayer : par exemple, de peindre la douleur d'une telle sœur. « Mon âme vit dans un cercueil, s'écrie-t-elle. Oh oui ! enterrée, ensevelie en toi, mon ami, de même que je vivais de ta vie, je suis morte en ta mort. » Et quelques jours après cette épouvantable séparation, elle continue son *Journal*, en le faisant précéder de cette admirable dédicace : « Encore à lui. A Maurice mort, à Maurice au ciel. Il était la gloire et la joie de mon cœur. Oh ! que c'est un doux nom et plein de dilection que le nom de frère ! Vendredi 19 juillet, à onze heures et demie : date éternelle. »

Désormais cette sœur en deuil se voue au culte de la mémoire de Maurice. Maurice est mort, mais il a laissé des œuvres. Ils faut que ces œuvres soient publiées, il faut que Maurice soit célèbre. De la gloire, elle veut de la gloire pour le nom de son frère ! Avec quelle fierté elle lit *le Centaure*, chef-d'œuvre de Maurice ! Avec quelle indignation véritable elle répond à Mme Sand, qui, dans je ne sais quel article de je ne sais quelle *Revue*, avait écrit que « la foi manquait à Maurice de Guérin ! »

Elle se traîne lugubrement sur le chemin trop long de la vie. Elle voit Maurice étendu sous terre entre les planches du cercueil ; elle le voit ainsi durant le jour, et dans ses rêves. Elle ne le voit pas assez dans la gloire du ciel, dans le sein d'Abraham, dans la maison de la lumière et de la joie éternelles. Je ne sais si elle a jamais écrit ce mot : la joie. Il est certain qu'elle ne l'a jamais compris.

Cependant ses aspirations à la vie religieuse prennent une nouvelle force à la mort de son frère : « Sans mon père, dit-elle, j'irais peut-être joindre les Sœurs de Saint-Joseph, à Alger. Au moins ma vie serait utile. » Mais elle ne se contente pas de ces aspirations. Nous la voyons convertir son second frère, Erembert, et l'entraîner à sa suite à la Table sainte : « Encore un frère sauvé. Il faut être sœur chrétienne pour sentir cela ! »

Son *Journal* finit en 1841 ; il finit par un cri sublime : « Jetons, dit-elle, jetons nos cœurs en l'éternité. » Eugénie de Guérin devait bientôt jeter le sien dans cette éternité où elle aura enfin connu la paix joyeuse. Et Dieu, nous l'espérons, aura reçu dans ses bras paternels cette âme si noble, et, malgré tout, si chrétienne. L'âme d'Eugénie a sans doute été réunie pour toujours à l'âme de Maurice. Maurice voit le Beau suprême qu'il a tant aimé sur la terre ; sa sœur possède l'Amour souverain vers lequel elle a tant soupiré. Ne nous bornons pas à lire leurs œuvres, et sachons aspirer à leur béatitude.

Mais jusqu'ici nous n'avons fait que de l'histoire ; essayons maintenant de dessiner le portrait.

II

L'amour est véritablement le caractère principal de cette âme d'Eugénie de Guérin, dont nous avons entrepris l'étude difficile, la psychologie délicate. Mais elle ne sait rien aimer à demi, et ses amours sont toujours passionnées : « Que n'ai-je le bras assez long pour atteindre tous ceux que j'aime ? Je conçois que Dieu, qui est amour, soit partout. » Voilà l'expression la plus parfaite de l'amour le plus aimant. L'Église elle-même pourrait dire, lorsqu'elle est maternellement à la recherche de ses fils égarés : « Que n'ai-je le bras assez long pour atteindre tous ceux que j'aime ! » Et l'Église est ici-bas ce qui aime le plus, ce qui aime le mieux.

« Moi, je vivrais d'aimer, dit quelque autre part la sœur de Maurice ; soit père, frère, sœur, il me faut quelque chose. » Quelle mère elle eût été ! ou quelle carmélite ! Rien ne nous empêchera de penser que le mariage et la maternité, ou les divines ardeurs du cloître, auraient heureusement répondu à toutes les aspirations et comblé tous les vœux un peu vagues et mal définis de cette âme unique, qui ne voulait vivre que d'amour, comme les mystiques, comme les saints, comme les anges.

A défaut d'enfants, elle aime les pauvres. Elle a des traits de sainte Élisabeth de Hongrie. « Il faut, dit-elle, que je dise mon bonheur d'hier, bonheur bien doux, bien pur : un baiser de pauvre que je reçus comme je lui donnais l'aumône. Ce baiser me fut au cœur comme un baiser de Dieu. » Et ailleurs : « J'ai vu près de la fontaine un petit garçon qui se désolait à fendre l'âme. C'est qu'il

avait cassé son cruchon, et le pauvre enfant avait bien
peur d'être battu par son père. Ce pauvre petit, j'ai vu
qu'avec dix sous je le consolerais : je l'ai consolé. Charles X
ne serait pas plus heureux s'il reprenait la couronne.
N'est-ce pas que c'est un beau jour ? »

Avec sa sœur, elle fait souvent le tour de toutes les
maisons du village, visitant de préférence celles où il y a
des malades. Elle aimait les malades : les malades
étaient un aimant qui l'attirait invinciblement. Dieu l'a-
vait faite pour adoucir les souffrances des autres. Dans
cette *chambrette* dont elle fait de si aimables panégyriques,
nous la voyons occupée à coudre de chauds vêtements
pour ses pauvres. « Je leur fais don de mon temps, d'un
peu de peau qu'emporte mon aiguille, et de mille livres
que j'aurais pu lire. » Elle ne craint pas de pénétrer
dans les bouges les plus répugnants. Elle entre un jour
dans une hutte tellement infecte qu'elle ne trouve d'autre
endroit pour déposer son châle que les branches d'un
arbre voisin. Mais une chrétienne ne sait pas reculer devant la misère : elle ne recule que devant le mal.

Elle a quelques points de ressemblance non seulement
avec la *chère sainte* Élisabeth, mais avec le séraphin d'Assise. C'est ainsi qu'elle a pour la nature, même inanimée,
un amour puissant qui se fait jour dans maint endroit de
son *Journal :* « J'aimerais, dit-elle, de connaître la famille des fleurs, leurs goûts, quels papillons les aiment,
les gouttes de rosée qu'il leur faut et leurs propriétés, pour
m'en servir au besoin. Les fleurs servent aux malades :
Dieu fait ses dons à tant de fins ! Tout est plein d'une
merveilleuse bonté ; voici la rose, qui, après avoir donné
du miel à l'abeille, un baume à l'air, nous offre encore
une eau si douce pour les yeux malades. »

Un tel cœur devait facilement se faire aimer ; il semble qu'Eugénie de Guérin n'eût qu'à se présenter quelque part et à parler quelques instants pour se susciter aussitôt de charmantes et durables amitiés. En effet, elle eut des amies ; mais, en général, elle les aima bien plus vivement qu'elle n'en fut aimée. Toute ardeur était glace en comparaison de son ardeur. Nous ne pouvons cependant passer sous silence celle de ces amies qui paraît avoir le mieux compris la grande âme de la sœur de Maurice, cette *Lili :* « Ame pure, âme de neige par sa candeur ; si blanche que j'en suis éblouie quand je la regarde ; âme faite pour les yeux de Dieu. »

Toute amitié, d'ailleurs, pâlissait devant cet amour fraternel dont Eugénie est le modèle véritablement inimitable. Voulez-vous savoir jusqu'à quelle hauteur cet amour pouvait s'élever ? écoutez le passage suivant de notre *Journal :* « Si tu t'étais fait prêtre, dit Eugénie à son frère, je t'aurais demandé conseil ; mais je ne puis rien dire à Maurice. Ah ! pauvre ami, que je le regrette ! que je voudrais passer de la confiance du cœur à celle de l'âme ! Il y aurait dans cette ouverture quelque chose de bien spirituellement doux. La mère de saint François de Sales se confessait à son fils ; des sœurs se sont confessées à leurs frères. Il est beau de voir la nature se perdre ainsi dans la grâce. » Elle passait souvent toute sa nuit à écrire à ce frère, dont l'éloignement fut pour elle la plus rude de toutes les épreuves. « Il me semble qu'un ange me dicte. D'où me peuvent venir, en effet, que d'en haut, tant de choses tendres, élevées, vraies, pures, dont mon cœur s'emplit quand je te parle ? Oui, Dieu me les donne, et je te les envoie. »

Cependant, tout les séparait dans l'intelligence, si tout

semblait les unir dans le cœur. Maurice avait perdu la foi, qu'Eugénie garda toujours. Que de fois, dans son mémorial ou dans ses lettres, elle lui reproche son incrédulité! et avec quel accent aimable et douloureux! ou plutôt avec quel sanglot! Elle avait une foi vive et qui, le plus souvent, ne tombait point dans le naturalisme. Elle parle simplement et énergiquement de l'existence et du pouvoir des démons; elle porte la médaille miraculeuse sans ostentation et sans honte : elle fait le mois de Marie dans sa petite chambre; elle a le courage de jeter au feu de méchants romans. Quand elle entend parler d'un miracle, son premier mouvement est d'y croire; elle lit passionnément la *Vie des Saints,* et ne s'avise jamais de marchander à Dieu le pouvoir de s'élever au-dessus de la nature. Elle *aime* la confession, et se réjouit de faire un long examen de conscience. « Oh! quel don, dit-elle enfin, quel don que l'Eucharistie! On adore, on possède, on vit, on aime : l'âme sans parole se perd dans un abîme de bonheur. » Et elle en vient à avoir une vie profondément mystique, à laquelle manque seulement cette splendeur que nous avons déjà nommée, la joie. « Qu'est-ce que le ciel? » se demande-t-elle, et elle répond : « C'est le lieu des amis. » C'est le lieu des frères, aussi; et elle aspire à ce beau ciel avec une passion et des soupirs qui ont déjà, sans doute, reçu leur récompense.

Pourquoi faut-il que nous retouchions ce portrait, et que nous effacions par quelques ombres la charmante lumière qui en descend? Mais il faut dire toute la vérité.

N'avons-nous pas d'ailleurs signalé déjà les défauts de cette âme, qui reste encore tout aimable à travers ces défauts, qui reste tout *attirante,* si l'on peut parler ainsi?

Ces défauts mêmes seront pour certaines âmes un attrait de plus : ils n'en sont que plus dangereux.

Nous avons en ce moment sous les yeux un manuscrit du x° siècle, qui, au lieu de sept péchés capitaux, en compte huit. Quel est donc le huitième ? C'est la tristesse.

La tristesse, tel est le défaut capital d'Eugénie de Guérin.

« Eh ! que trouvons-nous ici-bas ? dit-elle. ON NE SAIT QUE S'Y FAIRE SOUFFRIR. » — « La nuit dernière, je n'ai vu défiler que des cercueils. » On peut dire que toutes ses nuits ressemblaient à celle-là. La pensée de la mort lui est sans cesse présente, non pas comme une espérance, mais un peu trop comme un épouvantail. Elle pense aux pauvres morts « qui dorment glacés dans leur lit. » Ainsi, ajoute-t-elle, « mes cahiers s'emplissent de tristesse, de choses lugubres, de vues de mort ; ma vie s'en va maintenant sur ce fond noir avec *un peu* de sérénité de ciel par-dessus. » Elle dit ailleurs, avec plus de justesse : « Le fond de la vie est en noir et bien triste ; mais Dieu le veut ainsi, afin que nous regardions vers le ciel. » Disons tout : Eugénie de Guérin a eu peur de la mort ; elle a eu peur du cercueil et du cimetière : les Saints n'ont peur que du jugement.

Il faut bien se persuader que, si l'Église nous recommande avec de si vives instances la pensée fréquente de la mort, elle ne veut pas que cette pensée nous atterre, mais qu'elle nous relève. L'Église, qui est essentiellement militante et qui voit dans chaque chrétien un soldat, l'Église nous interdit sévèrement ces désolations stériles à la vue du tombeau, qui ôtent les armes aux mains des vivants. Il faut faire virilement le chemin de la vie, foulant les tombes, les yeux au ciel. Pensons souvent à la mort,

mais pour nous démontrer jusqu'à l'évidence tout le néant
de la vie ; pensons à la mort, mais pour nous préparer à
ce qui suit la mort ; pensons à la mort, mais comme à la
naissance et à la vie. Ne séparons jamais cette pensée
austère de celle du ciel, et, plus particulièrement encore,
de celle de la résurrection. Voyons les morts dans leurs
lits glacés, sous la terre humide ; voyons-les hideux, ron-
gés par les vers, en décomposition, en pourriture, en
cendre, en ce « je ne sais quoi qui n'a plus de nom dans
aucune langue ; » mais immédiatement après, pensons à
leurs âmes, qui vivent, qui ne sont pas sous la terre, que
les vers n'atteignent pas et qui ne connaissent ni la pourriture ni le *je ne sais quoi* dont parle Bossuet. Pensons
surtout que les vers de la tombe ne peuvent entamer les
germes de la résurrection future. Quand les peintres chrétiens ont placé une tête de mort entre les mains des pé-
nitents, ne croyez pas qu'ils leur aient par là infligé la
mélancolie et la tristesse. Non, non ; lorsqu'un saint
considère une tête de mort, sa première pensée peut bien
être celle-ci : « Oh ! que je ne suis rien ! » Mais sa seconde pensée est le ciel, et sa dernière est la résurrection. « Oui, dit-il avec une merveilleuse espérance, oui,
ces os revivront et recouvriront un jour la beauté transfigurée d'une face humaine. » Eugénie de Guérin n'a
jamais eu de ces pensées. Elle a eu la notion de la mort,
elle n'a pas eu celle de la résurrection. Oh ! qu'elle aurait
été plus consolée, si elle s'était dit : « Mon frère, mon
Maurice est mort, mais je le reverrai. Et je ne reverrai
pas son âme seulement, mais je reverrai ses traits, mais
je reverrai son cher sourire, mais je reverrai tout mon
frère. » O joie de la résurrection !

La *Vie des Saints*, dont Eugénie de Guérin n'a pas tou-

jours compris le sens, et dont elle a dit, dans un moment
d'aberration, que c'était « UN LIVRE DANGEREUX, » la *Vie
des Saints* aurait pu lui enseigner la joie. Tous les saints
ont été joyeux. La terre est si près du ciel ! Est-ce que le
voyageur n'est pas joyeux quand il aperçoit de loin le
clocher de son pays, ou la fumée de la maison ? Nous
sommes comme le voyageur : nous ne pouvons faire un
pas sur la terre sans découvrir le ciel, qui est le but du
voyage. Sachons donc être joyeux avec nos compagnons
de route, et joyeux dans l'intime de nos âmes. Les mots
gaudium et *lætitia* se trouvent mille fois plus souvent dans
la sainte Écriture, que les mots *cercueil* et *mort* dans
tout le *Journal* de la sœur de Maurice. Et ce n'est pas
peu dire.

La paix lui a été aussi étrangère que la joie. Elle a eu
sans cesse une tristesse agitée, une mélancolie orageuse.
De toutes les pages de ce mémorial lugubre, pas une
n'est joyeuse, et pas une n'est calme. L'auteur a oublié
que l'homme est, ici-bas, non pas pour s'agiter, mais
pour agir. Je ne connais pas un saint qui ait été troublé.
Quand Flandrin a eu à représenter sur les murs de Saint-
Vincent-de-Paul sa double procession de Saintes et de
Saints, il les a peints dans un état de paix parfaite et de
repos surnaturel. Pas un souffle n'agite leurs corps, pas
un souffle leurs âmes. C'est qu'avant d'avoir le repos dans
le ciel, ils l'ont connu sur la terre. Le repos est un caractère de la sainteté ; c'est un avant-goût du paradis.

Qui donc avait ôté la joie et la paix à la belle âme dont
nous faisons le portrait? A cette question le *Journal* peut
nous fournir une réponse. C'est cet ensemble de doctrines
littéraires qu'on a décoré du nom de *romantisme*. Eugénie
de Guérin nous a donné quelque part le catalogue de sa

petite bibliothèque. Les quatre premiers volumes nous expliquent toutes les erreurs de cet esprit, toutes les déviations de ce cœur : ce sont les *Méditations* et les *Harmonies* de M. de Lamartine, *Ossian* et les *Élégies* de Millevoye. Que de nuages, de clairs de lune, de crépuscules et de fausses larmes dans ces livres ! Que de sensibilité dévoyée ! Que d'incertitudes funestes ! Que de tristesse inutile et de stérile mélancolie ! Et tout cela, hélas ! a passé dans l'âme de Mᵐᵉ de Guérin.

En possession de ces tristes *nébulosités* que le romantisme a jetées dans tant de bons esprits, elle a fait mille efforts généreux pour les concilier avec la rigueur et la netteté de sa foi. Elle a toute sa vie essayé de concilier Lamartine avec sainte Thérèse. De là le mélange de tant de vertus chrétiennes avec une agitation et une tristesse qui ont fait son malheur et ont été une infranchissable barrière entre son âme et la sainteté. Il lui est arrivé un jour de préférer M. Sainte-Beuve à saint Augustin, et *Volupté* à la *Cité de Dieu*. Ce fut son châtiment.

Toutefois, sous la *romantique*, reste la chrétienne, et M. Sainte-Beuve ne devait pas toujours triompher de saint Augustin. M. Sainte-Beuve n'emportera jamais les dernières sympathies d'une grande âme. « Je ferme saint Augustin, dit un jour la sœur de Maurice, l'âme toute remplie de ces douces paroles : « Jetez-vous dans le sein de Dieu comme sur un lit de repos. » Et elle ajoute : « La belle idée et le doux délassement que nous trouverions dans la vie, si nous savions, comme les saints, nous REPOSER en Dieu ! Ils vont à lui comme les enfants à leur mère ; et sur son sein ils dorment, ils prient, ils pleurent, ils demeurent. Dieu est le LIEU DES SAINTS. » L'amour du Ciel fut, malgré tout, une des passions de Mˡˡᵉ de Guérin.

Ce fut, durant toute sa vie, le port où ses agitations trouvèrent le calme, ce fut l'oasis où ses aridités trouvèrent la fraîcheur, ce fut la lumière de toutes ses ténèbres, la consolation de toutes ses larmes.

Une certaine nuit d'hiver, elle se mit à contempler longuement les millions de mondes qui se mouvent dans l'immensité lumineuse ; et elle écrivit, sous l'impression de ce grand spectacle, ces quelques mots par lesquels nous voulons terminer son portrait : « Que les cieux des cieux doivent être beaux ! Je pensais aux saints, qui ont toutes ces belles étoiles sous les pieds. » Espérons qu'elle considère aujourd'hui les étoiles de ces hauteurs d'où les saints les considèrent éternellement. Espérons qu'elle est tranquillement joyeuse dans ce sein de notre Dieu, où se trouvent éternellement la joie et le repos.

DOM GUÉRANGER

DOM GUÉRANGER.

I

Dom Guéranger est mort en son abbaye de Solesmes, le samedi 30 janvier 1875. Il y avait quarante ans qu'il était venu prendre possession de cet ancien monastère au nom de son père saint Benoît; il y avait quarante ans qu'il avait fait de nouveau rayonner dans ce cloître le froc bénédictin, dont la Révolution avait cru se débarrasser pour toujours. Et certes, lorsque, jeune encore, il avait fondé sa chère colonie monastique sur ces bords charmants de la Sarthe, il avait dû souhaiter d'y mourir. Il ne pouvait désirer un autre tombeau.

En attendant la résurrection, son corps, qui est destiné à la gloire, repose tout près de ce cloître béni où il a tenté victorieusement la restauration de la plus antique et de la plus grande de toutes les institutions monastiques. C'est là qu'il a souffert, qu'il a espéré, qu'il a aimé. Lorsqu'il entreprit de renouer la chaîne, si brutalement brisée, de la tradition bénédictine; lorsqu'il se tint pour la première fois ce vaillant langage : « Les anciens Bénédictins étaient peut-être gallicans; les nouveaux seront certainement ultramontains, » il était inconnu, il était méconnu, il était presque seul; mais il savait déjà ne pas désespérer. Ce qu'on a appelé depuis « le parti catho-

lique » n'existait pas encore, ou existait à peine. Cher
cloître de Solesmes, chères chambres des hôtes, vous avez
eu l'heur de recevoir alors tous ces fondateurs de notre
école, tous ces maîtres que nous voulons associer aujour-
d'hui dans l'expression du même respect et du même
amour : Lacordaire, Montalembert, Veuillot! Ils y sont
tous venus l'un après l'autre; ils y ont fait, avec Dom
Guéranger, le plan lumineux de la grande-campagne pour
la liberté de l'Église. Et il y a certaine chambre qu'on
m'a montrée, avec une jolie vue sur la rivière, qui garde
encore le souvenir de leur passage. J'y voudrais écrire
ces lignes, et inviter de là tous nos catholiques à cette concorde fraternelle dont le Père Abbé a jadis connu le spectacle.

C'est à Solesmes donc que Dom Guéranger a suivi toutes
les péripéties de la lutte ; c'est là qu'il a reçu ces premiers numéros de l'*Univers,* que nous ne feuilletons jamais
sans une émotion profonde et qui étaient frémissants de
tant d'espérances ; c'est de là qu'il a lancé sur le gallicanisme tant de bonnes flèches et qui ont si bien atteint
leur but ; c'est là qu'il a lu fiévreusement tous les bulle-
tins de notre guerre en faveur de la liberté de l'enseignement secondaire ; c'est de là que la Liturgie romaine est
sortie certain jour, pauvre encore et méprisée, et c'est là
qu'elle est rentrée, magnifiquement radieuse, après avoir
fait la conquête de quatre-vingts diocèses ; c'est là que,
pendant le Concile, palpitaient les espérances des infailli-
bilistes, et nos cœurs alors faisaient sans cesse le voyage
de Rome à Solesmes et de Solesmes à Rome. Je ne sais
pourquoi, à ces grands souvenirs de toutes nos batailles,
se mêle toujours dans mon esprit l'image du Père Abbé,
avec ses cheveux blancs, son visage fin, ses yeux vifs et son

sourire pénétrant. Tous les catholiques de France sont sans doute comme moi, et se disent maintenant : « Notre capitaine est mort. »

II

Les anciens croyaient que la destinée humaine était rigoureusement soumise à la fatalité victorieuse. Nous, catholiques, nous donnons à ce mot « destinée » un tout autre sens, et c'est, suivant nous, la fonction ou la mission que Dieu donne à chacun de nous. Nous dirons donc que la destinée de Dom Guéranger a été de vulgariser en France les doctrines romaines. Il en a été le héraut. Et il me semble qu'il n'y aurait point de plus belle épitaphe à graver sur son tombeau que celle-ci : *Apostolicæ doctrinæ præco intrepidus.*

Or, il a livré trois grands combats. Le premier, pour l'unité liturgique ; le second, pour les droits du surnaturel dans l'histoire ; le troisième, pour l'infaillibilité du Vicaire de Jésus-Christ. Trois combats, trois victoires.

Plusieurs de nos lecteurs se rappellent sans doute la situation liturgique de la France en 1840. Les optimistes ne voyaient dans ce chaos qu'une aimable variété ; mais Rome y voyait une Babel. Chaque diocèse avait son Bréviaire et son Missel, qui ne remontaient guère à plus d'un siècle, et se délectait dans la lecture de ses hymnes ou de ses proses de fabrique récente. On savourait ces nouveautés, plus ou moins élégantes, avec un certain plaisir qui sentait parfois la révolte. Le sens liturgique était émoussé, hébété, perdu. On ne tenait compte en matière de rites, ni de l'autorité, ni de l'antiquité, ni de l'unité.

Tout était sacrifié à la rhétorique, et cette rhétorique
était trop souvent janséniste ou gallicane : il y avait dans
tout cela une odeur de Port-Royal ou de 1682. Cette antique, cette grande, cette sainte Liturgie romaine, qui
avait, depuis Charlemagne jusqu'à Louis XIV., retenti
sous les voûtes de nos cent cathédrales, on s'en moquait
volontiers avec une vilaine moue railleuse, et l'on plai-
gnait ces pauvres prêtres italiens, allemands ou espagnols
qui étaient forcés de subir le Bréviaire romain. Certain
diocèse, que je pourrais nommer, avait jusqu'à trois liturgies à la fois. Le catholique, qui était forcé de voyager,
n'entendait nulle part la voix de la même prière, et le pis
était que l'on croyait partout à l'antiquité de ces liturgies
de la veille. C'était la Liturgie romaine qui, aux yeux de
presque tous les prêtres de ce temps-là, paraissait « en-
tachée de jeunesse. » Le mal était profond ; il était presque
sans remède.

C'est alors qu'apparut Dom Guéranger, et l'on peut véritablement le regarder comme un médecin providentiel.
Il vit que les intelligences et les cœurs étaient également
malades, et résolut de les traiter les uns après les autres.
Avec ses *Institutions liturgiques* il persuada les entendements ; avec l'*Année liturgique* il convertit les cœurs.
C'est, à la vérité, la plus grande œuvre et la *dominante* de
sa vie ; c'est par là qu'il demeurera célèbre dans l'Église
de Dieu. Oui, si, le 2 février par exemple, tous les
catholiques de France peuvent dans toutes leurs cathédrales assister maintenant à ce même et unique office
de la Purification, qui est si merveilleusement beau ; s'ils
peuvent tous, avant d'allumer les cierges symboliques de
la Chandeleur, entendre ces mêmes oraisons splendides
et dire à Dieu d'une seule voix : *Pater, qui omnia ex nihilo*

creasti et, jussu tuo, per opera apum, hunc liquorem ad perfectionem cerei venire fecisti ; s'ils peuvent, dans leur lumineuse procession, entonner tous la même antienne : *Adorna thalamum tuum, Sion ;* si nous avons aujourd'hui la joie d'aller de Cambrai à Marseille et de Quimper à Strasbourg en voyant partout nos prêtres jeter jusqu'à Dieu le cri sacré de la même prière et interpréter dans le même langage la foi de la société chrétienne ; s'ils lisent partout le même bréviaire que leurs frères d'Allemagne, que les missionnaires de l'Océanie et que le Souverain-Pontife à Rome ; si l'antiquité liturgique est restaurée, si l'autorité liturgique est respectée, si l'unité liturgique est de nouveau fondée, beaucoup de gloire en revient à l'illustrissime et révérendissime abbé de Solesmes. C'est le monument qu'il a élevé, et l'airain est moins solide. Jusqu'à la fin des temps, ce noble édifice demeurera vivant : car le dernier jour du monde trouvera parmi nous quelque prêtre occupé à lire cet office romain que Dom Guéranger a remis en gloire. *Exegit monumentum.*

Si auguste qu'ait été cette mission, le Père Abbé n'a pas eu que celle-là. Le jour vint, où, entreprenant le récit de la conversion du monde romain par l'Église empourprée du sang de ses martyrs, un célèbre écrivain fit à l'élément naturel une part trop large et au surnaturel une place trop étroite. Sans doute, M. de Broglie était sincère alors, comme il le fut depuis dans ces luttes politiques où nous n'avons pas eu la joie de combattre toujours près de lui ; mais enfin il y avait péril à le laisser s'engager dans cette voie du naturalisme, et surtout à permettre qu'il y engageât avec lui toute une portion de la grande école catholique. Dom Guéranger le comprit : il

s'arracha à ses chères études et se fit journaliste pour répondre à cet historien. Qui ne se souvient de ces vingt-
quatre articles contre M. de Broglie, qui ont été naguère
la gloire du journal *le Monde?* L'illustre champion du surnaturel prit en main la défense du Miracle : il prouva que
la conversion du monde ne saurait s'expliquer par des
événements purement humains, et que ces événements
sont bien loin d'y jouer un rôle aussi considérable que
l'école libérale semblait se l'imaginer. La discussion fut
des plus vives, mais des plus courtoises : car c'est à coups
de textes que Dom Guéranger avait accoutumé de frapper ses adversaires. Ses articles, nourris de faits, de-
vinrent aisément un beau livre, qui fut véritablement décisif. Mais ses ennemis, un moment étonnés, allaient
bientôt reformer leurs rangs contre lui. Les deux Écoles,
en effet, se séparaient de plus en plus, et prenaient soin
de creuser un abîme entre elles. Il y eut des « ultramontains » et il y eut des « libéraux », et la belle unité de
l'ancien parti catholique, qui avait commencé à se rompre
depuis plusieurs années, parut alors brisée pour toujours.
Nous ne jugeons pas : nous racontons.

« Il se passa alors un fait des plus étranges et que les
historiens des doctrines religieuses devront un jour mettre
en lumière. Un certain nombre de « libéraux », qui avaient
débuté par aimer passionnément Rome et les doctrines
romaines, tournèrent peu à peu à ce gallicanisme dont
ils avaient jadis abhorré l'étroitesse. Ils se firent gallicans
par excès de libéralisme. Le mécontentement et la méchante humeur où ils étaient de voir Rome se prononcer
contre eux les poussa à revenir aux propositions de 1682.
Et, de fait, ils y revinrent. Lorsque s'ouvrit le Concile du
Vatican, leurs journaux nous surprirent par la vivacité

de leur gallicanisme : tous les arguments de Bossuet
furent alors remis en circulation. Nous eûmes la douleur
de voir de grands, de généreux catholiques, chercher
d'une main jalouse, dans toute l'histoire de l'Église, les
pages où l'on pourrait assister à de prétendues défaillances de la sainte Église romaine. Ils mirent autant
d'ardeur à chercher ces scandales que les pêcheurs de
perles peuvent en mettre à trouver les trésors cachés de
l'Océan. De toutes parts, on n'entendait plus que ces
mots : « Tel pape s'est trompé en telle circonstance, en
telle année. Honorius a été hérétique. Vigile a été hérétique. Libère a été hérétique. » Une plus rude épreuve
nous était réservée. L'École de nos adversaires eut alors
pour chef un saint prêtre, au vaste cœur et au large entendement, et qui avait eu sur la jeunesse de nos écoles
une action vraiment providentielle. Le P. Gratry écrivit
alors ces fameuses *Lettres* qui troublèrent tant d'esprits.
Il se fit un grand silence et l'on se tourna vers Solesmes.

« La *Monarchie pontificale* répondit à cette attente universelle, et Dom Guéranger y affirma de nouveau l'unité
romaine. Son principal honneur et le résumé de sa vie
sont là : il a aimé l'unité et l'a fait aimer. On ne saurait
s'imaginer une érudition plus puissante sous une forme
plus modérée. Des faits, des dates, des textes. Et puis encore des textes, des dates, des faits. Cette tranquillité
sûre d'elle-même, cette sérénité triomphante fut d'un
heureux augure. Les bons livres abondèrent, et l'argumentation ultramontaine devint de plus en plus serrée.
Les Papes furent vengés ; Libère, Vigile et Honorius
furent lumineusement justifiés ; l'infaillibilité fut démon-
trée par la science avant d'être proclamée par l'autorité.
Dom Guéranger fit aux catholiques comme un merveil-

leux escalier par où ils purent aisément remonter du
temps présent jusqu'au premier siècle de l'Église, et chacun des degrés de cet escalier était un texte en faveur de
l'infaillibilité romaine. On sait le reste ; on sait comment
tous les catholiques se soumirent au décret du Concile,
et quelle mort admirable fit le regretté Père Gratry.
Nous nous persuadons que la *Monarchie pontificale* ne fut
pas étrangère à ce dénouement, et que ces deux grandes
âmes sont réunies là-haut aux pieds de Dieu, pour s'y entretenir éternellement de l'Infaillibilité victorieuse [1]. »

III

L'auteur des *Institutions liturgiques*, du *Naturalisme
dans l'histoire* et de la *Monarchie pontificale* est mort en
laissant un grand exemple aux catholiques. Je ne vois pas,
en effet, que cet illustre chef d'école ait jamais fait à la
politique la part que nous lui faisons aujourd'hui dans
notre activité fiévreuse ; et je vois, d'autre part, qu'il a
mis constamment la science au service de la foi. Apprenons de lui à faire estime de cette science que nous mé-
prisons trop, et à nous élever au-dessus de ces petits ho-
rizons politiques qui ne sont décidément faits ni pour nos
yeux ni pour nos ailes. Ce que Dom Guéranger a fait durant cinquante ans, sachons le faire, nous aussi, et donnons la meilleure part de notre temps à la théologie, à
l'histoire, au droit, aux sciences et à l'économie sociale.
Nous planerons ainsi au-dessus de tous les partis, au lieu

[1] Les deux alinéas qui précèdent sont littéralement empruntés à notre
Littérature nationale et catholique. Ils ont été écrits au lendemain même
de la mort de Dom Guéranger.

de ramper près d'eux, et nous conquerrons une indépendance qui nous permettra bientôt d'exiger du pouvoir,
quel qu'il soit, le respect de tous nos droits. L'avenir est
là, et n'est pas ailleurs.

Voici cependant qu'ils s'en vont l'un après l'autre, tous
ces chefs du vieux parti catholique. Mgr Parisis est mort ;
Montalembert et Lacordaire sont morts ; Louis Veuillot
est mort ; le Père Abbé est mort.

Jetons les yeux sur ces vaillants, et prions Dieu de nous
envoyer des hommes de leur taille.

GUIZOT

GUIZOT [1].

———

L'homme d'État s'est recueilli. Brusquement éloigné des affaires publiques par le souffle d'une Révolution, il n'a pas cru que l'heure du repos eût sonné pour lui, et il lui est venu cette sage pensée de consacrer à la défense de l'immuable Vérité le reste de ces forces qu'il avait trop rapidement usées dans la défense d'idées politiques sans élévation, sans solidité, sans certitude. Il a cru qu'il lui restait encore ce noble moyen de donner une couronne à ses cheveux blancs, dont la majesté avait peut-être été compromise au milieu des tumultes politiques : il l'a cru, et il a bien fait de le croire. Se réfugiant dans la méditation, l'homme d'État y est devenu plus respectable et plus grand qu'il ne l'avait été dans la plus vive ardeur de sa période active : vaincu, il a commandé certaines admirations, que, vainqueur, il n'aurait jamais inspirées. L'auteur des *Méditations sur l'essence de la religion chrétienne*, quelle que soit l'étendue de nos réserves, est plus grand que le jeune professeur de 1820 et que le premier ministre de 1840. Il est plus grand, par la simple raison

[1] *Méditations sur l'essence de la religion chrétienne.* — Si nous plaçons ici M. Guizot parmi les Apologistes, c'est à raison de toutes les vérités qu'il a vaillamment défendues dans ce livre, et malgré les erreurs auxquelles il est trop souvent resté fidèle.

qu'il est plus près de Jésus-Christ. On nous a jadis raconté une belle légende chrétienne que nous avons plus
haut résumée sous une autre forme et que nous nous plai-
sons à appliquer ici à M. Guizot. Un jour, dans certain
pays catholique, Jésus-Christ apparut sur le sommet d'une
montagne et invita d'une voix douce tous les habitants à
venir à lui. Ils se mirent en marche; mais il se fit alors
un beau miracle : à mesure qu'ils s'avançaient vers Celui
qui est la Lumière et la Vie, ces pauvres gens sentaient
leur taille grandir, grandir, grandir de plus en plus. Au
bas de la montagne, ils étaient comme des pygmées ;
parvenus aux pieds de Jésus, c'étaient des géants. Malheureusement, M. Guizot n'est encore qu'à moitié route.

Certes, parmi les colères que le livre de M. Renan a
soulevées sur toute la face de la terre, il en est peu d'aussi
nobles, d'aussi belles que celle de M. Guizot. Ce vieillard,
naturellement froid, a senti à cette lecture la rougeur des
saintes fureurs lui monter à la face. M. Guizot, pour la
première fois peut-être, s'est profondément indigné. Il a
saisi d'une main ferme cette plume trop souvent occupée
à nous mettre au courant de sa vie intime, ou à nous
donner des traductions de l'anglais ; et avec une foi
presque mystique, avec une netteté de pensée et de style
qu'on n'attendait pas de cet homme jadis trop habile, il
s'est mis à défendre la divinité de Jésus-Christ : oui, à la
défendre sans ambages et sans restriction. « J'ai passé,
dit-il, trente-quatre ans de ma vie à lutter dans une
bruyante arène pour l'établissement de la liberté politique et le maintien de l'ordre selon la loi. J'ai appris dans
les travaux et les épreuves de cette lutte ce que valent
la foi et la liberté chrétiennes. Dieu permet que, dans le
repos de ma retraite, je consacre à leur cause ce qu'il me

conserve encore de jours et de force. C'est la plus salutaire faveur et le plus grand honneur que sa bonté me
puisse accorder[1]. » Nous ne craindrons pas de le dire,
au risque de scandaliser certaines âmes : ces quelques
lignes valent toute l'*Histoire de la Civilisation ;* elles seront d'un plus grand prix aux yeux de Celui qui jugera
l'auteur ; elles étaient nécessaires, d'ailleurs pour expier
la faute qu'a commise M. Guizot en patronant le livre
plusieurs fois athée de M. Taine. Puisse cette expiation
contenter la divine justice !

Nous allons étudier le livre de M. Guizot, et nous allons
l'étudier sans chercher à nous défendre d'un respect et
quelquefois même d'une admiration qui ne sont jamais
inopportuns avec un adversaire tel que l'auteur de ces
Méditations. Mais nous l'étudierons aussi avec une sincérité rude. M. Guizot est chrétien et affirme nettement la
divinité de Jésus ; de là de grandes lumières et de grandes
vérités dans son livre. M. Guizot est protestant et repousse
la tradition catholique : de là de grandes lacunes dans son
esprit, qui est condamné à être perpétuellement incomplet ; de là surtout de grandes erreurs dans son intelligence, qui, semblable aux globes qu'on présente à la lumière, a tout un côté dans les ténèbres. Ce sont ces
vérités, ces lacunes et ces erreurs que nous allons tour à
tour signaler à l'attention de nos lecteurs dans un ordre
et d'après un plan facile à saisir.

I

C'est un beau spectacle que celui d'un homme dont le
nom a retenti dans toute l'Europe, venant sur le déclin

_____
[1] *Préface*, pages XXVII-XXVIII.

de sa vie incliner sa tête blanche devant les vieilles vérités, les saluant gravement l'une après l'autre, puis ren-
versant avec une gravité énergique les vieilles erreurs et
les vieilles idoles remises nouvellement en honneur. On
se rappelle involontairement ces chrétiens des premiers
siècles qui entraient dans les temples païens et abattaient
les statues des faux dieux. Une confession si claire de la
divinité de Jésus-Christ peut d'ailleurs sembler presque
courageuse de la part d'un protestant, si l'on se rappelle
que la plupart des protestants lettrés ne professent plus
cette croyance. Quand un Coquerel tend la main à M. Renan, un Guizot retire la sienne.

M. Guizot consacre une de ses plus longues *Méditations*
à l'étude des *dogmes chrétiens*, et il entend principalement par ces mots : « la création, la providence, le péché
originel, l'incarnation, la rédemption ; » mais à ces articles de foi il convient d'ajouter, d'après plusieurs autres
Méditations, la croyance au surnaturel, à la révélation,
à la divinité de Jésus-Christ. Tel est, à ses yeux, l'ensemble des vérités nécessaires, des vérités qui soutiennent
le monde. C'est un honneur pour lui de n'avoir pas dis-
cuté l'existence de Dieu.

De même que l'Église catholique et grâce à l'Église
catholique, M. Guizot ne peut s'expliquer ce monde où
nous vivons que par le dogme élémentaire de la création.
Les vieux arguments lui suffisent en faveur de ce dogme.
Comme le dernier des paysans chrétiens, il regarde le
ciel et s'écrie : « Cela ne s'est pas fait tout seul. » Et,
comme le paysan, il s'agenouille et dit à Dieu : « Mon
Créateur ! » Je cherche en vain le côté faible de cet argument, et ne puis le trouver. J'écris ces lignes au bord
d'une eau courante, tout enfoui dans la verdure : cette

verdure et cette eau me crient qu'elles ont été créées par une Intelligence souveraine. Il est vrai qu'on a voulu tout expliquer par la génération spontanée. M. Guizot fait justice, avec sa froide sévérité, des partisans de ce système : « Se figure-t-on, dit-il, le premier homme naissant à l'état de la première enfance, vivant, mais inerte, inintelligent, impuissant, incapable de se suffire un moment à lui-même, tremblottant et gémissant, sans mère pour l'entendre et le nourrir? C'est pourtant là le seul premier homme que le système de la génération spontanée puisse donner. Évidemment, ce n'est pas ainsi qu'est venu sur la terre le genre humain. » La doctrine de la génération spontanée ne méritait pas de fixer si longtemps l'attention d'un esprit tel que celui de M. Guizot ; elle ne méritait pas cet excès d'honneur. Ils sont là, vingt ou trente, qui cherchent à prouver que le bon Dieu n'est pas nécessaire en ce monde, et que la créature, après tout, peut bien se créer toute seule. Voyez-les à l'œuvre : ils s'agitent, ils se travaillent, ils sont en sueur ; mais, enfin, un sourire éclaire la figure de ces révolutionnaires qui veulent détrôner le Créateur. Ils nous appellent, ils ouvrent devant nous je ne sais quel bocal immonde, et nous montrent du doigt « la créature qui s'est créée elle-même. » Hélas ! hélas ! c'est un ver imperceptible et hideux, c'est un infiniment petit qui fait mal à voir. La science, la vraie science arrive, et l'on se convainc bientôt que les horribles petits monstres sont nés d'une génération réelle, et non pas spontanée. La vie générative envahit, malgré nos savants, les réceptacles qu'ils croyaient le mieux fermés : il lui faut un chemin, elle se le fait. Et d'ailleurs, que prouveraient vos vermisseaux? Mettez-vous donc à l'œuvre, misérables Prométhées, et fabriquez un homme à l'œil sublime, au front élevé, au beau sourire, un homme qui regarde le ciel, un homme qui comprenne le Vrai, fasse le Bien, aspire au Beau ! Rallumez vos fourneaux, rentrez dans vos officines, et n'en sortez plus.

De même encore que l'Église catholique, et grâce à l'Église catholique, M. Guizot s'agenouille devant cette Providence qui est, depuis l'origine du monde, si amoureusement penchée vers l'humanité ; qui ne croit pas déroger en s'occupant de nous ; qui nous dirige sans cesse parce qu'elle nous aime toujours. Le père qui conduit son fils le long de terribles précipices a soin de lui tenir fortement la main : et que ne dirait-on pas de ce misérable s'il lâchait la main de son enfant ? Comment davantage s'imaginer un Dieu qui abandonnerait l'homme, qui lui retirerait l'appui de sa main, qui se croiserait les bras devant notre faiblesse ! Dès que l'on croit à Dieu, il faut croire à son amour ; dès que l'on croit à son amour. il faut croire à sa providence : la Providence, c'est l'amour de Dieu s'occupant de l'homme. Ces principes sont d'une incontestable rigueur : on ne peut échapper à leur étreinte. M. Guizot les a remarquablement exprimés : « Par cela seul qu'il est, Dieu assiste à son œuvre et la maintient. La Providence, c'est le développement naturel et nécessaire de l'existence de Dieu. C'est la présence constante et l'action permanente de Dieu dans la création. » Il n'y a du reste qu'un seul système à opposer au dogme de la Providence qui, depuis six mille ans, a été le dogme le plus universellement professé sur notre terre ; qui, depuis six mille ans, a fait ployer presque tous les genoux humains ; qui, depuis six mille ans, a ouvert presque toutes les lèvres humaines à la prière : ce système menteur, c'est le fatalisme. M. Guizot en a fait justice avec un dédain

mérité ; mais surtout il a formulé la vérité chrétienne
avec un rare bonheur d'expressions : *La Providence divine assiste à la liberté humaine et en tient compte.* Voilà
pourquoi toutes les générations humaines ont prié : toute
prière est une preuve contre le fatalisme. Cette honteuse
doctrine a véritablement contre elle l'assentiment de tous
les peuples, de ceux mêmes qui ont cru au pouvoir du
Destin ; car leur conduite a toujours éloquemment démenti
leur croyance. Mais un argument non moins fort est celui
que Dieu a caché au fond de notre conscience, dans l'intime de notre intime. Si je descends en ce sanctuaire, je
me connais libre, et rien ne peut m'arracher ce sentiment très vif de mon libre arbitre. Je n'étends mon bras
que si je le veux ; je ne fais le mal que si je le veux. Il y a
en moi des énergies qui ne sont pas volontaires, cela est
vrai ; mais j'ai le devoir, j'ai la mission de lutter contre
elles, et je les distingue aussi nettement de mon énergie
volontaire que mes yeux matériels distinguent le soleil
de l'ombre.

De même encore que l'Église catholique, et grâce à
l'Église catholique, M. Guizot fait dériver tous les dogmes
chrétiens de ces deux principes primordiaux : la providence de Dieu, le libre arbitre de l'homme. Dans une
dissertation un peu longue et diffuse, l'auteur des *Méditations* établit que le péché originel n'est qu'un acte de
la liberté humaine, et que le châtiment de ce péché devait
être héréditaire : « L'hérédité, dit-il, prend place dans
l'ordre moral aussi bien que dans l'ordre matériel. »
Représentons-nous nos premiers parents après l'accomplissement de leur crime : ils brûlent des mauvais feux
de la concupiscence, leurs pieds sont tout ensanglantés
d'épines, ils craignent la mort, ils doivent un jour en

éprouver l'horreur. Et vous voudriez que ces êtres soumis si profondément à la douleur, au désir du mal, à la mort, enfantassent des êtres immortels, immaculés, impassibles, d'une beauté sans ombres, pareils à l'Adam de la première heure, rois joyeux de tout l'univers obéissant, possesseurs incontestables d'une terre qui ne connaît pas les épines ? Nous le demandons : une telle génération ne serait-elle pas plus étonnante que notre génération réelle dans le péché, dans la douleur et dans la mort ? Non, non, nous ne sommes pas seulement des êtres faillibles : nous sommes les enfants d'un être qui a failli. Seulement, Dieu, qui avait voulu nous conduire tout blancs dans le ciel où ne pénètre que la blancheur, Dieu, voyant son premier plan brisé par l'abus de la liberté, voulut nous y conduire blanchis par sa mort et lavés dans son sang. De là l'incarnation ; de là surtout la rédemption ; de là cette inénarrable splendeur du grand Plan divin. Dieu saisit de ses mains la douleur, la mort, les apparences mêmes du péché ; il en tisse, pour ainsi parler, un manteau, et ce manteau est notre chair : *Trabea carnis indutus est*. Ainsi vêtu, Jésus-Christ se pose au milieu du monde comme un type géant sur lequel il faut nous régler. Plus nous aimerons à son exemple la douleur, la mort, les humiliations qui nous proviennent involontairement du premier Adam, plus nous aurons de titres à la gloire, à la béatitude éternelles. La douleur devient ainsi le plus grand élément de notre joie ; la mort devient la porte aimable et terrible du bonheur qui ne finira pas. D'après le premier plan, si Adam eût été soumis à la loi de Dieu, nous fussions, à travers un bonheur terrestrement héréditaire, parvenus à une félicité célestement héréditaire. D'après le second plan, l'IMITATION DE JÉSUS-

Christ remplace la transmission par le sang, et lui est infiniment supérieure. Et voilà pourquoi l'Église chante à pleins poumons : *Felix culpa !*[1].

De même encore que l'Église, et grâce à l'Église, M. Guizot admire, dans la Rédemption, ces harmonies du plan divin. Il faut en convenir : il n'y a rien dans ses *Méditations* qui soit profondément original; mais ce qui est beau, c'est ce ton de respect, c'est l'attitude de ce vieillard à genoux. Il ressemble ainsi à ces donateurs pieux qui sont peints sur les antiques verrières et qui considèrent mains jointes le crucifiement de Jésus-Christ. La rédemption, en effet, a retenu longtemps les regards de notre philosophe. Il n'a pas craint de reproduire la profonde doctrine de Joseph de Maistre sur les Sacrifices, cette doctrine que les esprits médiocres sont condamnés à trouver étrange. « Les hommes ont cru, dit-il, que la faute pouvait être expiée par d'autres que par son auteur, et que des victimes innocentes pouvaient être offertes pour fléchir Dieu et sauver le coupable. » C'est bien pensé, mais froidement écrit. M. Guizot, néanmoins, méritait d'être théologien : il a de singulières délicatesses d'oreille. Il entend très distinctement la voix de toute l'humanité disant à Dieu : « Voilà des torrents de sang animal, voilà des fleuves de sang humain : lave tous nos crimes dans ces flots. » Et il a entendu non moins nettement la voix de Jésus-Christ répondant à l'humanité, et lui disant : « Je vais, pauvre enfant, prendre ta place et expier tous les péchés ; tu vas prendre la mienne et goûter toute ma béatitude. » C'est cette double substitu-

---

[1] « Sans le péché originel, dit M. Guizot, il faut accepter le mal comme naturel, éternel, nécessaire, dans l'avenir aussi bien que dans le passé, comme l'état normal de l'homme et du monde. » (Page 57.)

tion, c'est cette solidarité divine qui a sauvé le monde [1].

De même enfin que l'Église, et grâce à l'Église, M. Guizot ne peut concevoir la nature sans le surnaturel : « La croyance au surnaturel, dit-il, est un fait naturel. » Ce philosophe a l'âme grande encore, malgré les contractions et les rapetissements de l'hérésie. Il ouvre les yeux, et croit au miracle. Il croit à la révélation, qui n'est que le miracle dans l'ordre intellectuel et, sans craindre de passer pour traditionaliste, il raconte les premières conversations de Dieu et de l'homme dans l'Éden. On croit parfois entendre dans ces pages la voix du P. Ventura, et nous croyons en effet nous rappeler que M. Guizot fut, à Paris, un des auditeurs les plus zélés de l'illustre Théatin. Étant donnée la faiblesse de l'homme, M. Guizot ne peut croire que Dieu se soit refusé le pouvoir de donner surnaturellement quelques forces à sa petite créature : de là le miracle. Étant donnée la courte vue de l'intelligence humaine, M. Guizot ne peut croire que Dieu se soit refusé le

---

[1] M. Guizot, commentant le texte évangélique : *A fructibus eorum cognoscetis eos*, compare les incarnations des faux dieux et les doctrines des grands philosophes à notre doctrine chrétienne et à l'incarnation de notre Dieu : « A considérer l'ensemble des faits et malgré toutes les révolutions politiques et matérielles qu'elles ont subies, la Chine après Confucius, l'Inde après Bouddha, la Perse après Zoroastre, la Grèce après Pythagore et Socrate, sont restées dans les mêmes voies, sur les mêmes pentes où elles étaient avant eux. Bien plus, chez ces nations si diverses, la décadence s'est bientôt établie au sein de l'immobilité. Où en sont-elles aujourd'hui, après plus de deux mille ans, depuis l'apparition de ces glorieuses figures dans leur histoire ? Quels progrès considérables, quelles métamorphoses salutaires s'y sont accomplis ? Que sont-elles, quand elles se trouvent en comparaison et en contact avec les nations chrétiennes ? En dehors du christianisme il y a eu de grands spectacles d'activité et de force, de brillants phénomènes de génie et de vertu, de généreux essais de réforme, de savants systèmes philosophiques et de beaux poèmes mythologiques ; point de vraie, profonde et féconde régénération de l'humanité. » (Pages 64-65.)

pouvoir d'éclairer surnaturellement son imparfaite créature ; de là la révélation. Encore une fois, tout s'explique
par la bonté de Dieu. L'auteur des *Méditations* le constate ; mais surtout il n'oublie pas quel est le but principal
de son livre. Il confesse sa ferme croyance à la divinité
de Jésus-Christ ; il accumule les textes, il entasse les arguments ; cette chaleur inusitée fait un noble effet sur ce
visage pâle où l'indignation ramène le sang. Écoutez plutôt
ces nobles paroles qu'il adresse très vivement à M. Renan
et qui peuvent être considérées comme sa conclusion suprême : « L'histoire, dit-il, repose sur deux bases : les documents positifs sur les faits et les personnes, les vraisemblances morales sur l'enchaînement des faits et l'action des
personnes. *Ces deux bases manquent également à l'histoire
de Jésus-Christ telle qu'on la raconte, ou plutôt qu'on la
construit aujourd'hui :* elle est en contradiction évidente
et choquante, d'une part avec les témoignages des gens
qui ont vu Jésus-Christ ou qui ont vécu avec ceux qui
l'avaient vu ; d'autre part avec les lois naturelles qui
président aux actions des hommes et au cours des événements. CE N'EST PAS LA DE LA CRITIQUE HISTORIQUE : *c'est
un système philosophique et un récit romanesque mis à la
place des documents matériels et des vraisemblances morales ;* c'est un Jésus-Christ faux et impossible, fait de
main d'homme, qui prétend détrôner le Jésus-Christ réel
et vivant, Fils de Dieu. »

Telles sont les vérités que confesse l'auteur de ces
Méditations, sans fausse honte et sans bravade, sans cacher sa foi et sans l'étaler [1]. Nous n'avons pas craint de

---

[1] M. Guizot ne craint pas de se séparer des écoles protestantes, notamment en ce qui concerne la fameuse thèse du Pétréisme et du Pau-
linisme, soutenue par l'école de Tubingue. Contre les hypercritiques de

rendre à l'un de nos adversaires toute la justice que méritent sa sincérité et son courage; nous n'avons même pas dissimulé notre émotion, notre respect. Il nous est difficile d'entendre sans frémissement la confession de notre foi sur les lèvres même d'un hérétique.

Mais il nous reste à adresser une question à M. Guizot.

Avec clarté, avec fermeté, cet homme illustre vient de parler, comme un catholique l'aurait fait, de la plupart des dogmes chrétiens. Ce qu'il a dit de la Création, du Péché originel, de la Rédemption, un de nos théologiens aurait pu le dire à peu près dans les mêmes termes. D'où vient donc cette science toute traditionnelle à un homme qui repousse la tradition?

Oui, nous le demandons à M. Guizot, nous lui demandons très instamment, nous ne cesserons de lui demander où il a puisé toute la substance de ces *Méditations,* qui contiennent tant d'éclatantes vérités?

Est-ce dans son propre esprit, libre et abandonné à lui-même, qu'il a puisé le trésor de ces considérations théologiques? M. Guizot n'oserait le prétendre, et nous le nions très formellement. Il n'est PAS UNE SEULE des pensées de notre philosophe qui ne se trouve mille et mille fois dans la collection précieuse des Pères de l'Église et des écrivains ecclésiastiques. Nous nous déclarons prêt à accepter sur ce terrain une discussion critique, une lutte coups de textes.

Serait-ce dans la prédication de ses pasteurs que

notre temps, il établit ailleurs que le monothéisme des Sémites ne peut pas expliquer toute l'histoire du peuple de Dieu, puisque « plusieurs nations sémitiques ont été polythéistes. » Et nous pourrions citer encore beaucoup d'autres hommages à la Vérité catholique.

M. Guizot aurait été recueillir un à un la moisson de ses arguments? Si M. Guizot voulait en convenir, nous n'en serions pas peu joyeux : car alors *il y aurait pour lui une Autorité et une Tradition religieuses sur la terre.* Le dernier des protestants qui admet les idées de son pasteur croit à l'Autorité, croit à la Tradition. Donc il n'est pas logique, rejetant en théorie ce qu'il accueille en pratique. Mais M. Guizot n'a même pas la ressource de cette mauvaise argumentation : toutes ses idées sur Dieu, sur Jésus-Christ, sur le Plan divin, sont empruntées presque littéralement à des écrivains qui ont vécu avant Luther, avant Calvin, avant les premiers pasteurs de l'Église prétendue réformée. Toutes ces idées avaient cours, toutes ces idées étaient une partie vivante de la tradition antérieurement au xvi⁰ siècle.

Or, ces idées mêmes, que la Réforme a trouvées si profondément gravées dans les intelligences et dans les cœurs, elles sont aux yeux de M. Guizot, comme aux nôtres, la Vérité même, la Beauté suprême et le Bien absolu. Je marche rigoureusement, cruellement à mes conclusions. Il résulte de tout ce raisonnement facile à suivre que *c'est l'Église catholique qui a conservé dans le monde toutes ces vérités pendant quinze siècles.* Eh bien! d'après ce seul fait j'affirme que l'Église catholique est la seule, la véritable Église. Il est absolument impossible que Dieu ait confié à une Église fausse, ou en d'autres termes à l'Erreur, la conservation de la Vérité sur la terre. Dieu ne peut confier la Vérité qu'à la Vérité. Et, d'un autre côté, il est absolument contraire à la bonté de Dieu que, pendant quinze cents ans, il ait laissé parmi nous sans défense, sans gardien, sans organe enfin, cette Vérité qu'il avait voulu léguer aux hommes au prix de tout son sang répandu. Nous sommes ici en pleine logique, et nous sommons respectueusement M. Guizot de tirer les conséquences de ses principes.

Dans un de ses livres qui auront le plus de solidité contre le temps, dans *le Tailleur de pierres de Saint-Point*, M. de Lamartine fait professer par un pauvre artisan un Cours magnifique de théodicée naturelle. Or quand, dans ce célèbre *Dialogue sur la nature et sur Dieu*, l'un des interlocuteurs demande au paysan-philosophe : « Comment savez-vous qu'il existe seulement un Dieu? » le tailleur de pierres allègue sans doute les droits et les énergies de la raison, mais il commence par faire un touchant aveu à celui qui l'interroge : « Ah! Monsieur, dit-il, d'abord notre mère nous l'a bien dit; et puis après, quand j'ai été grand, j'ai connu de bonnes âmes qui m'ont conduit *dans les maisons de prière où l'on se rassemble pour l'adorer et le servir en commun, et pour écouter les paroles qu'il a chargé ses saints de révéler aux hommes en son nom.* » Il est un mot qui eût suffi au tailleur de pierres : « Si je ne déraisonne pas sur le bon Dieu, c'est grâce a l'Église. »

En vérité, il y aura une grande joie dans le ciel et sur la terre le jour où M. Guizot, voyant plus loin et surtout plus haut, vaincu décidément par la Vérité contre laquelle il lutte, s'écriera enfin, dans un dernier accès de bonne foi et de générosité que nous attendons de cette âme élevée : « Tout ce que je sais sur Dieu, sur Jésus-Christ, sur la vie présente et sur la vie future, je le dois à la sainte Église catholique, apostolique, romaine! »

En attendant ce cri si désirable, il nous reste à indiquer les lacunes et à relever les erreurs que M. Guizot a laissées dans ces *Méditations sur l'essence de la religion chré-*

tienne. A côté de l'éloge tempéré par l'amour de la vérité, il doit y avoir place pour la critique tempérée par la charité.

II

On peut signaler deux genres de lacunes dans le livre de M. Guizot. Quelques-unes proviennent uniquement de son ignorance en théologie; certaines autres, plus graves, ne peuvent s'expliquer que par ses préjugés protestants. C'est ainsi, pour bien faire saisir notre pensée, que l'auteur de ces *Méditations* a été on ne peut plus incomplet sur l'économie de la nature humaine, sur les harmonies de l'Incarnation et sur l'essence de la vie future, parce qu'il n'a pas lu saint Thomas, parce qu'il ne connaît pas les scolastiques. Mais il n'a pas dit un seul mot de l'Église catholique, ni de l'Eucharistie, ni de la Vierge Marie, parce qu'il est encore trop attaché aux erreurs, aux aveuglements de Calvin. Ah! qu'il est bien vrai que l'erreur ressemble à la robe de Déjanire : quand on veut s'en dépouiller, il faut terriblement ensanglanter sa chair, et la douloureuse enveloppe reste longtemps attachée par quelques points au corps même qui s'en est presque entièrement délivré. M. Guizot n'aurait qu'à faire deux ou trois énergiques efforts pour se débarrasser tout à fait du vêtement fatal et reconquérir son indépendance dans la vérité. Mais ces efforts libérateurs quand les fera-t-il ?

M. Guizot sait mal dissimuler son dédain pour les théologiens : ce dédain ne lui a point porté bonheur. Qui ne s'étonnera, en effet, que dans ces *Méditations* il n'y ait

pas un chapitre intitulé : *L'homme?* Singulier oubli dans
une exposition de la foi chrétienne ; singulier oubli, et
qu'un théologien n'aurait jamais commis ! Pour être vraiment complet sur une question, il faut avoir passé par la
théologie. Les philosophes, d'ailleurs, possèdent peu la
clef de la nature humaine, et ont accumulé les plus
épaisses, les plus déplorables ténèbres autour de cette
question si bien éclairée avant eux. Ils se sont divisés en
deux bandes : les uns n'ont tenu compte que du corps,
les autres n'ont vu que l'âme. Les uns et les autres ont
coupé l'homme en deux, et n'ont pas eu la notion de l'unité humaine. Seule, la théologie catholique a tenu
compte à la fois de l'âme et du corps ; seule, elle n'a point
partagé l'être humain ; seule, elle en a reconnu l'indisso-
lubilité profonde. De là d'admirables lumières, non seulement sur la nature humaine, mais sur l'incarnation du
Verbe, mais sur nos destinées futures ; car ces trois questions sont inséparables, et il ne faut pas séparer ce que
Dieu a uni.

Si M. Guizot avait eu davantage les théologiens en
estime, s'il avait davantage pratiqué la théologie, il n'eût
pas oublié de nous montrer les causes qui décidèrent,
pour ainsi parler, l'Intelligence divine à la création de
l'homme. Lorsque se leva sur le monde nouveau la belle
aurore du sixième jour, ce monde présentait sans doute
dans sa première fraîcheur un magnifique spectacle ; mais
(on ne saurait trop le répéter) il était évidemment incomplet. La maison n'était pas finie ; l'architecte ne pouvait pas
se retirer. Par millions, par milliards, l'œil de Dieu pouvait contempler dans les cieux immatériels les esprits angéliques, dont chacun forme une espèce, et qui sont par-
tagés en neuf chœurs ; par millions, par milliards, l'œil

GUIZOT

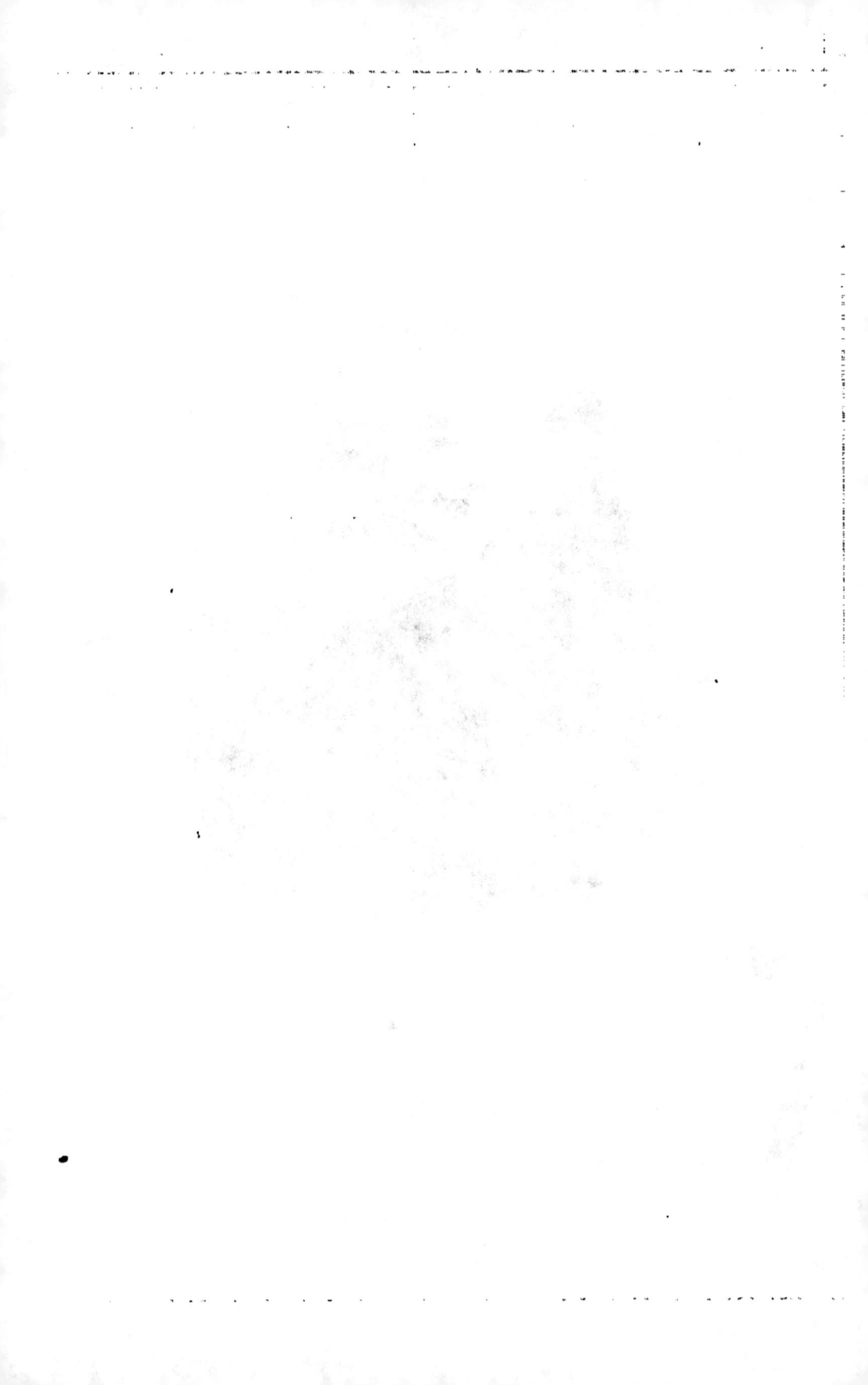

de Dieu pouvait contempler sur la terre les créatures matérielles partagées en tant d'espèces, elles aussi, et éclatant sous la magnificence nouvelle du soleil. A la droite,
à la gauche de Dieu, s'étageaient ces deux hiérarchies
d'êtres distincts ; mais combien cette distinction était
profonde ! Dans le ciel, c'étaient des intelligences qui
fixaient sur Dieu des regards mystiques, qui entraient en
Dieu, qui se pénétraient de lui ; c'était un cantique intelligent et libre, c'étaient des hommages libres et méritoires.
Mais sur la terre c'étaient des êtres dont la beauté n'était
pas intelligente, dont la splendeur ne chantait à Dieu aucun cantique volontaire et libre, dont les voix muettes ne
rendaient à Dieu aucun hommage méritoire. Entre les
deux parties de la création, il y avait un abîme que devait
combler et qu'a comblé la Bonté de Dieu. Dieu fit alors
un être singulier, un être unique, qui fut la soudure des
deux mondes, ou, pour mieux dire, le résumé complet
des deux univers, matériel et invisible. Il prit dans ses
mains et pétrit ensemble de la terre et du ciel : l'homme
naquit, représentant et renfermant en lui la nature angélique et la nature matérielle. Dès qu'il ouvrit la bouche,
ce fut en quelque manière la terre qui ouvrit la bouche
et qui, pour la première fois, chanta à son créateur un
hymne volontaire. Le rôle de l'homme est d'être l'organe
intelligent de la création inintelligente, et ce rôle, il le
doit à son corps, il le doit à l'unité intime et profonde
de son âme et de son corps. C'est ainsi que Dieu éleva
l'ordre visible, l'univers matériel, jusqu'à la gloire et à
l'intelligence de la création immatérielle. C'est ainsi que,
par le règne humain, il éleva le règne terrestre jusqu'aux
splendeurs du règne angélique.

Si M. Guizot avait eu davantage les théologiens en es-

time, s'il avait davantage pratiqué la théologie, il n'eût
pas oublié de nous montrer comment à son tour le règne
humain fut élevé par Dieu jusqu'au règne divin. De même
que l'homme avait été le trait d'union entre l'animal et
l'ange, de même Notre-Seigneur Jésus-Christ fut le trait
d'union entre l'homme et Dieu. Il y a analogie entre
l'union de notre âme et de notre corps dans l'harmonie
de notre nature, et l'union des deux natures humaine et
divine dans la personne de Jésus-Christ. Par le premier
Adam, Dieu avait donné de l'intelligence à la terre
muette ; par le second Adam, Dieu divinisa l'humanité
misérable. Ce sont là les deux grands mouvements as-
censionnels : la terre élevée dans l'homme jusqu'à l'intelligence ; l'homme élevé en Jésus-Christ jusqu'à la divinité. Il y a eu deux moments véritablement solennels dans
l'histoire : c'est quand Adam s'agenouilla pour la première fois devant Dieu et agenouilla en même temps que
lui l'univers visible tout entier ; et c'est, en second lieu,
quand Jésus-Christ s'agenouilla pour la première fois devant son Père, et agenouilla en même temps que lui le
monde humain et le monde divin lui-même, Dieu glorifiant devant un Dieu glorifié, Dieu adorant devant un Dieu
adoré. Ces deux *agenouillements* sont les deux principaux chapitres de l'histoire du Culte sur la terre, et il est
plus qu'étonnant que de telles vérités n'occupent aucune
place dans un ouvrage comme celui de M. Guizot. J'ajou-
terai que l'auteur a remplacé l'exposition nécessaire de
cette grande doctrine par de pauvres et vulgaires considérations : son chapitre sur l'Incarnation est véritablement faible. Voulez-vous savoir au juste quelle différence
il y a entre un théologien et un philosophe? Comparez les
pages de ces *Méditations*, où M. Guizot parle de Jésus-

Christ, avec les magnifiques paroles que prononçait der-
nièrement, dans un incomparable discours, un de nos
évêques dont nous avons plus haut esquissé le portrait :
« Le Verbe de Dieu, s'étant adjoint l'humanité, n'entend
plus jamais s'en séparer. Il a pu consentir un moment à
ce qu'elle fût humiliée, conspuée, flagellée, crucifiée en
lui-même ; il a paru même se la laisser arracher ; on l'a
jetée dans les ténèbres de la tombe, on l'y a scellée ;
mais là et à la croix aussi, il était avec elle ; l'Époux em-
brassait l'Épouse, et au troisième jour on l'a vu, comme
un géant, la saisir, l'emporter dans les airs, et après l'a-
voir montrée quarante jours toute resplendissante à la
terre, l'installer au ciel sur un trône d'or [1] ! »

Si M. Guizot, enfin, avait eu davantage les théologiens
en estime, s'il avait davantage pratiqué la théologie, il
n'aurait pas oublié dans son livre tout ce qui concerne la
vie future. Il aurait parlé comme il convient de la résurrection de la chair ; il nous aurait montré le grand rôle
que les chrétiens ont toujours attribué au corps. C'est, en
effet, grâce à notre corps que nous sommes ici-bas le
résumé du monde et les chantres intelligents de la création terrestre ; c'est grâce à notre corps que nous serons
éternellement, sous le regard de Dieu, les représentants
de tous les mondes matériels que Dieu aura brisés. Car
enfin il convient et il faut qu'à tout jamais cette belle
création matérielle soit représentée près de Dieu ; et
c'est nous qui devons remplir cette fonction. Unifiés avec
Jésus-Christ lui-même, nous serons autant de dieux ado-
rants devant un Dieu adoré, et cela durant toute l'éternité. Certes, voilà de grandes doctrines : la belle intelli-

[1] Mgr Berteaud, Discours prononcé au mariage de M. de Chamborant.

gence de M. Guizot était digne de s'élever jusqu'à elles.

Quant aux lacunes qui proviennent de l'éducation protestante de M. Guizot, elles sont ici trop naturelles, et nous ne voulons pas nous y arrêter longtemps. Rien sur l'Eucharistie, rien sur l'Église, rien sur la Vierge Marie. M. Guizot a écrit un beau chapitre sur la femme : contrairement à mille petits sophistes, il y établit noblement que, si la femme veut considérer son véritable libérateur, elle doit fixer ses regards sur Jésus-Christ. Mais, ô prodige d'aveuglement ! ce grand philosophe ne prononce même pas le nom de Marie. Imaginez cependant ce qu'aurait de grâce, de beauté, ce nom sacré sur les lèvres de M. Guizot ; quel effet produirait ce lis dans cet automne ! L'auteur des *Méditations* croit naïvement que Jésus-Christ n'avait qu'à bien *parler* de la femme pour la réhabiliter dans le monde. Sans doute, les paroles d'un Dieu sont un poids qui finit par tout entraîner ; mais la Toute-Puissance sait tenir compte de notre liberté. Il fallait plus que des paroles pour relever la femme de son grand abaissement. Il fallait la production dans notre monde d'un type réel sur lequel toutes les femmes auraient à se régler, et ce type, c'est la Vierge Marie. Il fallait surtout que Dieu naquît d'une Vierge immaculée pour que la femme reconquît ici-bas la pureté, et par la pureté le respect.

Quant à l'Eucharistie, il est trop facile de professer ce dogme générateur de la piété chrétienne dès que l'on croit à l'Incarnation. L'Eucharistie, c'est une incarnation personnelle de Dieu en chacun de nous, et l'Église n'est elle-même, comme l'a dit Mœhler, que l'incarnation permanente du Fils de Dieu au milieu de l'humanité. Tous ces dogmes s'enchaînent inévitablement ; mais nous avons cru remarquer que M. Guizot, comme tous les

protestants, évite de tirer les conséquences les plus
simples et les plus rigoureuses des principes admis par
lui. Étant donnée, par exemple, la mission des Apôtres,
comment n'admettre pas l'infaillibilité de l'Église? M. Guizot ressemble à certains compositeurs qui laissent ina-
chevées les mélodies les plus délicieuses. Tout à coup la
mélodie s'arrête : on devine aisément quelle en serait la
suite ; mais le musicien ne veut pas aller plus loin, et ses
auditeurs éprouvent une sorte de malaise. C'est ce malaise que nous avons éprouvé quelquefois en lisant ces
Méditations.

III

Les erreurs de M. Guizot sont plutôt dangereuses par
leur gravité que par leur nombre ; mais la plus grave de
toutes est celle-ci : M. Guizot n'a pas la notion de l'Unité.
Il est vraiment regrettable qu'un esprit aussi distingué ait
les yeux obstinément fermés à une aussi considérable
vérité. L'auteur des *Méditations*, croyant être très généreux et très élevé, déclare s'adresser « à tous les chrétiens, *quels que soient leurs dissentiments particuliers* ET
LES FORMES DE LEUR GOUVERNEMENT ECCLÉSIASTIQUE. »
Un peu plus loin, il ajoute que *les dissidences entre les
Églises chrétiennes sur des questions spéciales, ou les diver-
sités de leur organisation et de leur gouvernement, devien-
nent des intérêts secondaires.* Enfin, « c'est toute l'Église
chrétienne, et non pas telle ou telle des Églises chrétiennes, qui est maintenant et radicalement attaquée. »
Voilà, en réalité, les lignes qui nous ont inspiré le plus de
tristesse dans le livre de M. Guizot ; voilà où il cesse

d'être grand ; voilà où se trahit la mesquinerie de l'idée
protestante [1].

Rien ne révolte l'esprit de notre philosophe dans le
spectacle de ces milliers de sectes qui se déchirent entre
elles et qui déchirent les entrailles de la vérité. Si nous
ne nous trompons, M. Guizot n'est pas scandalisé de cette
multiplicité de confessions chrétiennes. Il y voit sans dé-
goût la manifestation libre de la pensée religieuse sous
mille formes diverses; il écrit sans trembler le mot *Église*
au pluriel : « les Églises chrétiennes ! » Il n'y a pas dans
tout son livre un regret pour l'ancienne unité, ni surtout
un soupir vers l'Unité future. Il ne voit pas d'inconvé-
nient à ce que la fragmentation, la pulvérisation actuelle
continue toujours ; il ne se dit pas : « Mon Dieu ! quand
donc le monde sera-t-il un comme vous êtes un ? » Eh
bien ! entreprenons, malgré notre faiblesse, de raisonner
contre cet ennemi de l'unité.

Dieu est un : donc le gouvernement divin doit être un ;
tel est le résumé de notre argumentation. Le gouvernement divin doit être un, et il l'est réellement en tout ce
qui touche l'administration du monde matériel. Est-ce
que les lois qui règlent cet univers visible, est-ce que ces
lois sont doubles? est-ce qu'elles ne sont pas d'une simplicité absolue? est-ce qu'il y a des sectes parmi les animaux et parmi les plantes, des espèces qui ne sont pas
soumises au même oxygène et au même soleil, surtout à
la même providence de Dieu? Et dans le monde moral,

---

[1] M. Guizot dit ailleurs : « Parmi les protestants, quand il s'en est
rencontré qui n'ont pas trouvé dans l'Église protestante soutenue par
l'État la pleine satisfaction de leurs convictions, ils n'ont pas hésité à
s'en séparer *et à fonder avec leurs seules forces des Églises libres* »
(page xv). Cette négation de l'Unité est encore plus violente que les
autres. Où s'arrêter sur cette pente?

est-ce que cette Providence ne gouverne pas tous les hommes dans l'unité? est-ce qu'il y a des lois morales secondaires qui sont légitimes pour les uns, illégitimes pour les autres? Si maintenant nous arrivons au règne surnaturel, c'est donc là que nous commencerions seulement à trouver, non plus la variété dans l'unité, mais la multiplicité contre l'unité! M. Guizot nous répondra que « les Églises chrétiennes » sont d'accord sur les « vérités principales ». Cet accord n'a jamais existé et n'existera jamais. Bien des sectes protestantes ne croient plus à la divinité de Jésus-Christ, et c'est pourtant là une « vérité principale. » Et de quelle autorité d'ailleurs M. Guizot fait-il une distinction, un triage entre les vérités principales et celles qui ne le sont pas? De quelle autorité déclare-t-il que le sacrement Eucharistique, la Communion des saints, le Purgatoire, l'Immaculée Conception de la Vierge Marie sont des « questions spéciales »? Ah! n'évoquez pas ce mauvais argument. Il n'y a pas de petites vérités : toutes sont également dignes de notre respect. On ne tranche pas la vérité en morceaux comme du pain. Et d'ailleurs, si ce classement n'était pas impossible, s'il n'était pas sacrilège, il faudrait encore une autorité sur la terre, et une autorité *une,* pour déclarer au monde quels sont les dogmes de première ou ceux de seconde catégorie. Toujours, partout, il en faut venir à l'Unité.

Dieu est un ; donc le gouvernement divin doit être un. Que se propose Dieu, si ce n'est de se *refléter* le plus possible dans sa création? il a créé l'homme, mais il a aussi créé l'Église à son image et ressemblance. L'Église doit être *une,* puisqu'elle est le miroir d'un Dieu *un.* Ce ne sont pas là des figures : ce sont des raisons qui nous paraissent sans réplique. Nous serions désolé de dépasser, dans le ton de cette discussion, les limites que l'immense mérite et la grande âme de M. Guizot nous imposent ; mais nous voulons nous adresser ici à son propre jugement. Nous lui demandons si l'état actuel de la société chrétienne, au seul point de vue de la multiplicité des Églises, lui paraît conforme à l'idéal divin. Est-ce que Dieu peut voir sans douleur ces déchirements cruels de l'unité, ces sectes, ces *communions* différentes ? Communions ! encore un nom que les protestants écrivent au pluriel. Dieu ne connaît qu'une communion, celle de tous les hommes entre eux et avec lui. Dieu n'a pu avoir qu'un plan et qu'un idéal : c'est que tous les chrétiens récitassent exactement le même *Credo*, se prosternassent sous les mêmes temples, fondissent tous leurs cœurs dans une seule et même prière, et se missent à genoux devant son unique représentant. Unité toujours, unité partout ; pas de barrières ; pas de frontières pour la vérité. Sur un trône unique, au centre du monde, l'unique suppléant d'un Dieu unique gouverne une Église unique, qui, à travers les aspérités de l'unité présente, s'élance jusqu'à la béatitude de l'unité future. Telle est l'idée catholique. Nous demandons une dernière fois à la haute raison de M. Guizot s'il ne la préfère pas aux dissentiments particuliers et aux différentes formes du gouvernement ecclésiastique : c'est lui demander s'il préfère la lumière à la nuit et la haine à l'amour.

En comparaison de la grande erreur que nous venons de relever, les autres erreurs de M. Guizot ne paraîtront pas mériter une réfutation si étendue. Nous ne pouvons pas cependant laisser passer sans quelque protestation les lignes où M. Guizot, non content d'estimer à sa juste valeur le mariage chrétien, voit en lui le fondement « sur laquel repose tout le sort moral des femmes. » C'est la virginité surtout qui, à nos yeux, a fait progresser rapidement dans le monde la condition de la femme. Nous renvoyons volontiers M. Guizot à saint Paul. Où l'auteur des *Méditations* a-t-il pris que les catholiques font un dogme de l'immobilité et nient le progrès [1]? Nous croyons, en réalité, au progrès, mais dans l'Église et par l'Église. Nous sommes assurés qu'il est donné à chaque siècle de tirer sans cesse de nouvelles conclusions dans l'ordre religieux, dans l'ordre politique et dans l'ordre social, dans tous les ordres enfin, et de les tirer catholiquement des mêmes principes immuables, des mêmes textes divins, des mêmes traditions infaillibles. Un immense mouvement se fait sans cesse au sein de l'Église immobile. Et tout mouvement dérive ici-bas de ce mouvement, tout progrès de ce progrès.

Il nous est dur d'avoir à relever, en terminant, une calomnie sans doute involontaire de M. Guizot. L'ancien homme d'État est d'une remarquable bienveillance pour ceux qu'il appelle les « catholiques libéraux ». C'est fort bien, et nous nous résignons à ne pas avoir les préférences de M. Guizot. Mais fallait-il aller plus loin, et déclarer que, seuls, les catholiques libéraux sont l'espoir et le salut de l'Église? « Les catholiques libéraux de nos jours sont *les plus zélés défenseurs des traditions et des institutions fondamentales du catholicisme.* » Et ailleurs : « Il y a, dit M. Guizot, il y a des catholiques qui comprennent leur temps et le nouvel état social, et qui acceptent franchement ses libertés politiques et religieuses : *et ce sont*

[1] « Les uns (les catholiques) croient que, parce que la foi religieuse a des points fixes, la société religieuse ne comporte pas le mouvement et le progrès » (p. 12).

précisément ceux-là qui ont le plus hardiment témoigné leur attachement à la foi catholique, qui ont réclamé avec le plus d'ardeur les propres libertés de leur Église et défendu avec le plus d'énergie les droits de son chef. » M. Guizot n'a-t-il plus de mémoire? Nous nous imaginions que tous les catholiques avaient, en ces belles occurrences, fait preuve du même courage, sinon du même talent. Nous croyions qu'on ne pouvait sans injustice accuser le zèle ni des uns, ni des autres, et que tous les enfants du Père commun s'étaient placés avec la même ardeur devant le trône paternel pour lui faire un rempart de leurs corps. Il nous semblait même qu'un journal avait été frappé, qu'une bonne plume avait été brisée, et, en consultant bien nos souvenirs, nous pensions nous rappeler que ces victimes n'appartenaient pas tout à fait à l'école libérale. Mais trève à ces revendications. Nul ne désire autant que nous la réconciliation de tous les catholiques, et si nous déplorons aussi vivement les accusations de M. Guizot, c'est précisément parce qu'elles nous paraissent de nature à retarder cette paix désirable.

IV

En résumé, malgré ces lacunes et malgré ces erreurs, le livre de M. Guizot est l'œuvre d'une grande intelligence et d'une âme noble. Ce livre fera du bien. Il augmentera singulièrement le respect dont M. Guizot était déjà entouré; il sera son meilleur titre devant les hommes et devant Dieu. Nous n'avons pu le lire sans éprouver nous-mêmes un frémissement de respect pour l'auteur. S'il nous est échappé dans cette discussion quelque pa-

rôle trop vive, c'est que l'ardeur de la lutte emportait
notre pensée : mais jamais nous ne nous sommes départi
d'une profonde déférence envers le vieillard, envers le
penseur, envers le chrétien. « Seulement, nous permet-
trons-nous de lui dire, relisez votre livre et tirez-en rigoureusement toutes les conclusions. Vous passez pour un
grand logicien : faites preuve de logique. Vos cheveux
sont blancs; l'âge ne vous courbe pas encore, mais vous
use au dedans ; à un esprit tel que le vôtre, on peut sans
imprudence annoncer les approches de la mort. Eh bien !
dans vos dernières méditations, les plus augustes, les
plus sacrées de toutes, demandez-vous si l'Église catholique n'est pas la Vérité. Une petite cloison vous sépare
seulement de cette Église : quelle est cette cloison? Je le
sais, mais vous le savez mieux que moi. Brisez-la d'une
main courageuse, et tombez aux genoux de votre Mère.
L'Église vous attend : ses bras sont tendus et son cœur est
ouvert ! »

LASSERRE

HENRI LASSERRE.

Henri Lasserre a écrit un beau livre. Et ce livre n'est, à vrai dire, que le « procès-verbal d'un miracle ».

Cette œuvre nous manquait, et l'originalité en est profonde, bien qu'elle paraisse tout d'abord d'une étonnante simplicité. Je me propose de faire voir quel en est à mes yeux l'élément le plus nouveau.

Que de fois n'avons-nous pas entendu dire autour de nous, que de fois n'avons-nous pas dit nous-mêmes : « Parmi les milliers de miracles *certains*, qui sont la richesse constante de l'Église, UN SEUL, mathématiquement prouvé, suffirait pour entraîner la certitude et pour provoquer la conversion du monde. » C'est la preuve de ce miracle unique, choisi entre mille, qu'Henri Lasserre nous a voulu fournir. Il s'est attaché obstinément à un seul fait, fermant les yeux à mille autres splendeurs pour n'en contempler qu'une seule. Il a eu la noble patience de n'étudier qu'une étoile dans un ciel constellé de tant d'astres radieux. Mais cette étoile, qui la connaît mieux que lui ? qui l'a mieux fait connaître aux hommes ?

Ne vous attendez pas à trouver dans *Notre-Dame de Lourdes* un de ces petits livres de rhéteurs, plein de ces phrases mielleuses qui sont propres à la fausse mysticité

de notre temps. Non, ce n'est pas là ce qu'on appelle
« un bon petit livre ». C'est une œuvre nerveuse, virile
et forte. Elle fera des hommes. Tout y est vigoureux ;
surtout, tout y est prouvé. Henri Lasserre est un juge et
non pas un conteur : c'est un magistrat qui prononce gravement, du haut de son tribunal, un arrêt provoqué par
de bonnes raisons, très mûrement pesées. Ce n'est pas
un de ces narrateurs de seconde ou de vingtième bouche.
Ce livre, si bien écrit, est un livre scientifique. C'est une
série de théorèmes revêtus d'une forme splendide.

Une telle étude n'a pas demandé peu de travail. L'auteur a voulu voir de ses yeux le théâtre du miracle ; il a
voulu entendre de ses oreilles tous les témoins du prodige. Il a cherché le bien avec cette sorte de passion que
tant d'autres mettent à chercher le mal. Vous connais-
sez cette obstination méticuleuse et utile qui caractérise
un magistrat quand il prépare un réquisitoire. Il se met
à la piste d'un crime, il le suit à pas prudents, il le flaire
en quelque sorte, il se jette à droite, il tourne à gauche,
il revient sur ses pas, il regarde, il inspecte, il s'excite,
et enfin, d'une voix triomphante, il s'écrie : « Ευρηκα ;
voilà le crime ! » C'est ainsi qu'a procédé Henri Lasserre ; non pas, il est vrai, pour découvrir un crime, mais
pour révéler un miracle. Il a fait vingt voyages ; il a in-
terrogé cent, deux cents témoins ; il a entendu ses adversaires ; il a hanté les archives, il a compulsé les dossiers,
il a constaté les prodiges, il a réfléchi, il a raisonné, il
s'est mis de nouveau en quête et enfin, convaincu, en-
flammé, l'œil et l'âme en feu, il s'est écrié : « Ευρηκα ;
voilà le miracle ! »

Ce livre résulte de ce cri, c'est un Ευρηκα en cinq cents
pages ardentes et inspirées. Ce qui le rend digne de

rester comme le modèle du genre, c'est, avec une étonnante exactitude, une charmante variété de tons. J'aime à me dire que cette variété n'a sans doute rien de préparé, ni rien d'artificiel, mais qu'elle a été fort naturellement amenée par la fécondité du sujet et la vivacité très souple du talent de l'auteur. Je suis de ceux qui aiment avant tout la littérature spontanée et me défie involontairement des livres qui sentent l'huile. Chez Henri Lasserre, on ne sent pas l'effort du travail ; il n'est pas de ceux qui étalent trop volontiers les échafaudages, la charpente extérieure de leurs œuvres : eh! Messieurs, c'est la maison que nous voulons voir. *Notre-Dame de Lourdes* est une maison bien bâtie, avec de nobles matériaux, riante et sévère à la fois, d'une physionomie complexe et toujours aimable. Ouvrez ce livre, et ouvrez-le au hasard. Voici une description imagée, véritable œuvre de peintre aux couleurs riches et merveilleusement fondues : tournez la page, et vous aurez sous les yeux un portrait fin, philosophique, profond. Puis, le ton du procès-verbal est repris avec une heureuse clarté; puis, c'est quelque récit rapide, dialogué, vivant ; puis, quelques discussions théologiques où se révèlent la science et l'élévation d'un rude et doux chrétien. A quelques traits vigoureux et parfois dignes de Juvénal, succède tout à coup une prière ardente. Tous ces genres, d'ailleurs, se fondent et ne se heurtent jamais. Ce n'est pas criard, mais harmonieux. C'est la variété : ce n'est pas le désordre.

Henri Lasserre était connu principalement par de spirituels et mordants petits livres, auxquels on s'était trop plu à donner le nom de pamphlets. On se rappelle l'*Évangile selon Renan*, le *Treizième apôtre* et les *Serpents*. Au succès rapide qu'il avait conquis, Lasserre put croire un

instant que c'était là sa vocation. Il put s'écrier : « J'ai
trouvé ma voie ; j'y reste. » Et, au premier abord, il
semblait en effet posséder les premières qualités du
genre ; vif jusqu'à la violence, spirituel jusqu'au calem-
bour, concis, ferme, coloré, indigné, indignant. Il avait
le *trait*, et ce trait, qui jamais chez lui ne fut empoison-
né, était très finement aiguisé. Il entrait très avant dans
la chair, et, faut-il le dire? trop avant. L'auteur des *Ser-*
pents possède le don de Dieu, la foi dans toute sa plénitude, dans toute son ardeur. Il croit à la Vérité comme
un enfant, et la défend comme un soldat. Mais, au milieu
de la mêlée, le soldat perd quelquefois la tête, et le chrétien, lui, ne doit jamais perdre cette belle modération indignée qui est son caractère particulier. Bref, les catholiques s'attendaient à voir dans leurs rangs un nouveau
Timon, plus profondément entré que le premier dans la
beauté du dogme catholique. Cette attente a été trompée,
et qu'on me permette de le dire après avoir lu ces belles
pages de *Notre-Dame de Lourdes*, elle a été heureusement
trompée.

Au lieu d'un pamphlétaire qui se serait fait redouter,
nous possédons un historien qui fera aimer l'Église :
nous avons gagné au change. *Notre-Dame de Lourdes* est
à nos yeux un livre très supérieur à l'*Évangile selon Re-*
nan ; c'est l'œuvre d'un plus vif amour. L'*Évangile selon*
Renan est l'affirmation d'une âme indignée ; *Notre-Dame*
de Lourdes est l'affirmation d'un cœur aimant. Les deux
livres font honneur à leur auteur. Mais ne vous étonnez
pas si le second convertit plus d'âmes que le premier.

Et voilà comment les plus belles intelligences se mé-
prennent parfois sur leur vocation dernière. Dieu nous
tourne où il veut. Vous voulez être soldat, il fait de

vous un missionnaire. Vous voulez combattre avec l'épée, il vous ouvre les lèvres, et vous dit : « Parle et convertis. »

II

Le livre d'Henri Lasserre pourrait se diviser en trois parties : *les Apparitions ; les Miracles ; la Critique ;* mais au lieu de se suivre, ces trois parties se pénètrent l'une l'autre. On peut dire que l'histoire du Prodige a été racontée heure par heure, et parfois minute par minute. Nos lecteurs sont trop instruits des choses sacrées, pour que nous ayons à leur rappeler en détail cette suite de miracles dont a été témoin une petite ville des Pyrénées, désormais illustre entre toutes les villes. Il arriva qu'un jour, une pauvre petite fille du peuple, innocente, ignorante, se trouva tout à coup en face d'une figure éblouissante, d'une apparition splendide. Entre cette enfant si dédaignée du monde et la Vision céleste, il s'établit soudain toute une suite de conversations miraculeuses. La porteuse de lumière ne méprisa pas la porteuse de haillons, et c'est aux seuls yeux de Bernadette Soubirous qu'il fut permis de voir la face radieuse de la Vierge immaculée. La petite jouissait *seule* de ce divin spectacle, alors même qu'elle était entourée de plusieurs milliers d'autres témoins ; mais il fut donné à ces témoins de voir sur la face de la Voyante le reflet de l'invisible Apparition, et comme le rejaillissement de la gloire céleste.

Dès que Bernadette apercevait la Vierge, il se passait en elle une transformation merveilleuse. Une lumière extraordinaire entourait son front, ses lèvres s'ouvraient à l'extase, ses traits s'*élevaient*, « elle ne se ressemblait pas à elle-même, » dit un témoin oculaire qui fut long-temps incrédule. Elle souriait à un être invisible. Autour de cette enfant qui sortait des splendeurs de son extase pour rentrer aussitôt dans les banalités de la vie com-mune ; autour de cette pauvresse en haillons, s'empres-saient des foules, l'œil ardemment fixé sur elle, et ne perdant aucun de ses mouvements. Il y avait là des sa-vants et des simples, des pauvres et des riches, des ma-gistrats et des paysans. Tous rivalisaient d'anxiété de-vant le Prodige. Je ne puis jamais lire une description de ces extases de Bernadette sans penser au beau tableau du Titien qui est à Venise, à la *Présentation*. La Vierge Marie, que le peintre a figurée à l'âge de quatre ou cinq ans, est toute, toute petite au milieu d'une multitude qui, jetée sur le premier plan, a des proportions beaucoup plus considérables. C'est ainsi (et sans aucune comparai-son morale) qu'apparaissait la Voyante de Lourdes, humble et petite, parmi ces milliers de pèlerins ou de curieux. Mais tous ceux-là n'étaient que la circonférence dont elle était le centre.

La première apparition avait eu lieu le jeudi 11 fé-vrier 1858.

Après plusieurs autres manifestations et épiphanies miraculeuses, la Vierge, dès le 23 février, confia à Ber-nadette une mission et un secret particuliers. Le 25 fé-vrier, la source de Lourdes jaillissait surnaturellement du rocher qui avait été préparé par les seules mains de Dieu.

Le 25 mars, enfin, interrogée obstinément par la pauvre petite fille du meunier Soubirous, qui lui deman-dait et lui redemandait son nom, la Corédemptrice du

genre humain, la mère de Dieu et des hommes, celle qui
a consenti à l'incarnation et s'est tenue debout pendant la
rédemption, répondit : « Je suis l'Immaculée Conception. » Cependant la source coulait toujours. Le petit filet
d'eau jaillissant s'était peu à peu changé en beau et fécond ruisseau. Des milliers de croyants se jetaient sur
ces eaux libératrices : les paralytiques y retrouvaient le
mouvement, les fiévreux y éteignaient leurs fièvres, les
mourants y puisaient la vie. Les incrédules riaient de tant
de foi, et ne daignaient pas scruter tant de miracles ; la
magistrature et la police se scandalisaient de tant de prodiges pour lesquels on ne leur avait demandé aucune pa-
tente. Et la foi, la foi augmentait toujours. Bien plus
abondante, sans aucun doute, que les eaux mêmes de la
source miraculeuse, elle avait débordé des vallées pyré-
néennes et envahissait toute la chrétienté. C'était un déluge destiné à féconder la terre.

Tout est digne de remarque en ce miracle, qui,
certes, peut être considéré comme un type admirable.
Observons d'abord la physionomie de celle que Dieu
choisit comme le « sujet du miracle ». Ce n'est pas un
grand de la terre, ce n'est point un savant. Non, c'est
une sorte de rebut du monde, une enfant, une petite
fille, une paysanne sans considération, sans éclat, aussi
ignorée qu'ignorante. Nous avons toujours affaire au système divin qui consiste à faire les plus grandes choses
avec les plus vils instruments, afin de bien attester que
tout vient de Dieu et que rien n'est dû aux hommes.
Considérons encore la nature du miracle lui-même. Il
contient deux éléments : l'un qui commande la foi, l'autre
qui la sollicite. Il renferme d'une part l'évidence, et de
l'autre le mystère. La transformation lumineuse de Ber-

nadette a lieu devant des milliers d'hommes assemblés : mais Bernadette toute seule a vu Marie. Merveilleuse fusion qui laisse à notre libre arbitre une occasion de s'exercer quelque temps, même devant un prodige, et qui nous fait peut-être un mérite de notre premier acte de foi lui-même. Toutefois, il convient que le miracle prenne plus fortement possession de l'intelligence humaine : car il doit finir par s'imposer. C'est alors que le prodige surna-turel revêtit une nouvelle, une complète et mathématique évidence. C'est alors que Lourdes assista à ces guérisons que la science humaine fut forcée d'enregistrer ; c'est alors que Louis Bourriette fut en une seconde guéri d'une amaurose incurable ; c'est alors que Blaisette Souprenne sentit ses paupières retournées se redresser soudain et sa vue s'éclaircir en moins de temps que nous n'en mettons à raconter ce prodige ; c'est alors que le petit Jean-Ma-rie Tambourné sentit subitement sa jambe paralytique entrer en mouvement et put courir dans les bras d'un père ivre de joie ; c'est alors que madame Rizan, à l'ago-nie, désespérée, et sentant déjà la sueur froide de la der-nière heure, se leva aussitôt, s'habilla tranquillement après avoir bu de l'eau de la source, et s'écria : « Je suis guérie. » C'est alors surtout qu'une femme pleine de foi et vraiment digne des plus beaux âges de l'Église, voyant son enfant condamné par les médecins, dont on prépa-rait déjà le linceul, et qui n'avait pas une heure à vivre, se décida à l'emporter brusquement entre ses bras de mère, et à le plonger durant un quart d'heure dans l'eau glacée de la source, en plein mois de février. Et il fut gué-ri sur l'heure.

Et un professeur de la faculté de Montpellier, un sa-vant, un de ceux que le monde écoute, dut constater loyalement le miracle et écrire que cette guérison avait eu lieu « sans convalescence et d'une façon toute surnaturelle ».

Et douze autres guérisons, ou plutôt cent autres ne s'imposèrent pas moins vivement à la foi universelle. Il ne s'agit pas ici de nier sans preuves, ni de hausser les épaules sans raison. Nous sommes ici, nous sommes réellement en plein domaine scientifique. Nous pouvons interroger les témoignages, faire des enquêtes contradictoires, consulter la médecine, la physique et la chimie, nous entourer de lumières, ne prononcer qu'en connaissance de cause. Mais, enfin, en homme d'honneur et en homme d'intelligence, IL FAUT nous prononcer. Prenez un seul fait : la guérison de Bourriette ou celle de l'enfant Bouhohorts, et essayez de l'expliquer naturellement. Nous vous en défions.

Mais les miracles de Lourdes donnent lieu à bien d'autres considérations. Ce qu'il faut peut-être y admirer le plus, c'est la conduite de l'Église. Il y a là de quoi émouvoir toute âme noble et ravir toute intelligence qui a le sens pratique des choses. Cette femme dont nous parlions tout à l'heure, et qui plongeait son fils demi-mort dans l'eau glacée, cette femme, supérieure à toutes celles de Plutarque, n'est rien si on la compare à l'Église. L'Église a de magnifiques élans de folie sainte ; mais elle a en même temps une prudence peut-être plus étonnante encore. Étudiez plutôt les commencements de cette histoire de *notre* miracle. Pendant longtemps les prêtres se sont tenus à l'écart, plus défiants peut-être, et à coup sûr plus circonspects que la plupart des fidèles. L'évêque, appuyé paisiblement sur son bâton d'or, a longtemps attendu le moment de parler et d'agir. Il a tenu les yeux

tranquillement fixés sur le miracle, en se demandant si
c'était bien là l'œuvre de Dieu. Il y eut même un instant
où le peuple chrétien s'attrista de ce silence de l'Église.
La prudence n'a en effet rien de populaire, et les foules
se passionneraient plus volontiers pour la témérité. Cependant l'Église se faisait lentement sa conviction sur le
prodige. Dès que cette conviction fut définitivement formée, elle ouvrit les lèvres et parla ; mais ce ne fut pas
encore pour proclamer l'existence et le triomphe du Surnaturel à la grotte de Lourdes. Non, ce fut uniquement
pour ordonner une enquête longue, minutieuse, scientifique. Les témoins ne devaient parler que sous la foi du
serment : on les avait choisis dans tous les rangs de la
société, mais plus volontiers parmi les savants. Ils par-
lèrent, ils déposèrent gravement leur témoignage loyal,
ils dirent avec netteté : « Ici, voici la nature ; et là, voilà
le miracle. » Alors, mais alors seulement, l'Église se prononça, et d'une voix majestueuse s'écria : « Dieu a véritablement agi, et la Vierge a fait véritablement jaillir
cette source. » Mais autant l'Église avait apporté jusque-
là de prudence et de lenteur à discuter le prodige, autant
elle mit d'énergie à le proclamer et à le défendre, dès
qu'on en eut publiquement vérifié et prouvé l'authenticité
victorieuse. C'est ainsi que l'Église agit à Lourdes, c'est
ainsi qu'elle agit toujours.

III

A ce tableau, j'aurais à en opposer un autre, qu'Henri
Lasserre a peint d'une main courageuse et ferme : j'aurais à étudier, après la conduite de l'Église, celle du Pou-

voir. Mais le jour s'est fait sur les événements de Lourdes ;
les hostilités et les défiances sont depuis longtemps éteintes ; le chemin de la grotte est libre et honoré ; la lutte
est apaisée. Je ne veux pas la réveiller, et me tais. Après
le livre de Lasserre, c'est ce que j'ai d'ailleurs de mieux
à faire. Je viens d'écrire, sous la plus vive impression de
son témoignage, quelques pauvres pages décolorées et
mortes. Mais le témoin vivant, c'est lui. Mais la richesse,
la couleur et la vie, c'est dans son œuvre qu'il les faut
chercher. Ce beau livre pourrait être intitulé : *Ce que
c'est qu'un miracle*. Et nous savons aussi, en le lisant, ce
que c'est qu'un bon écrivain et un grand chrétien.

Un des plus illustres compatriotes d'Henri Lasserre, le
poète Jasmin, avait conservé durant toute sa vie une reconnaissance singulière à l'Église qui l'avait élevé et nour-
ri. Il parcourait les campagnes et les villes, quêtant obstinément pour toutes les œuvres catholiques, et répétant
ces admirables vers : « L'Église, je m'en souviens, m'a
vêtu bien des fois lorsque j'étais petit ; homme, je la
trouve nue : à mon tour je la couvre. Oh ! donnez, donnez
tous, afin que j'éprouve la douceur de faire une fois pour
elle ce que tant de fois elle a fait pour moi. »

C'est ce même sentiment de reconnaissance qui a conduit la plume, et surtout inspiré le cœur d'Henri Lasserre. Miraculeusement guéri par Notre-Dame de Lourdes, il lui consacre ce livre. C'est un ex-voto, c'est un
bouquet de fleurs parfumées qu'une main pieuse dépose
au bord de la Source miraculeuse. Mais ces fleurs ne se
flétriront jamais, et leur parfum est immortel !

ARMAND RAVELET.

I.

L'Église vient de perdre [1] un de ses plus vaillants soldats ; les catholiques de France, un de leurs meilleurs
capitaines ; et nous, un ami.

Peu de physionomies ont été aussi aimables que celle
d'Armand Ravelet, et ceux qui ont eu la joie de le connaître ne l'oublieront jamais. Le spectacle de cette âme
pure et grande devait ravir le regard de Dieu et de ses
Anges. Son sourire charmant attestait une bonté profonde
et candide ; ses yeux, vifs et éclatants comme un beau
feu qui ne sait pas s'éteindre, étaient l'image exacte de
cette belle intelligence qui fut toujours active et toujours
enflammée. Je ne crois pas, en effet, qu'on puisse aisément rencontrer, dans les annales mêmes de l'Église,
l'exemple d'une telle activité, si noblement, si chrétiennement dépensée. Il nous en a fait vivre, hélas! et il en
est mort.

Ce grand catholique est mort à quarante ans, si j'en crois
les certificats officiels ; mais j'atteste qu'il a bien donné à
la sainte Église de Dieu plus de quatre-vingts années de
labeurs, de pensées, de services, d'expérience et de vie

---

[1] Écrit le lendemain de la mort d'Armand Ravelet (2 juin 1875).

réelle. Il a doublé son existence par un héroïque effort
qui a précipité sa fin. Que de vieillards, même illustres,
ont moins vécu que cet intrépide chrétien !

Il était bien jeune quand il fut jeté par la vie au milieu
de cet effroyable Paris. Seize ans ! Un cœur ardent et
qui resta toujours neuf, une intelligence sans cesse en
éveil, de grands yeux ouverts devant ce spectacle d'une
corruption qui est parfois gracieuse et toujours déce-
vante. Il arrivait à Paris, avec mille illusions et naïvetés
qui pouvaient facilement devenir dangereuses. Il était
fort épris de littérature et d'art, et cherchait le Beau du
même regard que le Bien et le Vrai ; mais, en raison
même de tous ces périls, Dieu veillait sur celui qu'il des-
tinait à être un jour l'un des plus solides défenseurs de
l'éternelle Vérité. Sur le chemin de cet adolescent, il plaça
un saint religieux, qui était en même temps un vaste entendement et une illustre parole. La cellule du P. Lacordaire eut, par bonheur, la première visite d'Armand Ravelet. Cet excellent ami me racontait, il y a quelques
mois, cet épisode décisif de sa vie, et il me le racontait
d'un ton profondément ému. Dans les rudes polémiques
de notre époque, il n'oublia jamais la très salutaire influence de Lacordaire et lui garda au fond du cœur une
reconnaissance qui fut toujours élevée et délicate, comme
l'étaient tous ses autres sentiments : « La première fois
que je vis le Père, me disait-il, il me fit tout d'abord tomber à genoux devant son crucifix, et, pour me prêcher
plus vivement l'humilité, me mit son pied sur la tête. »
Hélas ! je ne sais si notre ami eut, à seize ans, des mouvements d'orgueil ; mais tous ceux qui l'ont vu de près
peuvent affirmer que l'humilité a été le caractère de toute
sa vie. Je ne lui ai jamais connu cette vanité littéraire, si

commune chez tous ceux qui tiennent une plume. Il ne disait jamais *je*, ni *moi*; il se taisait sur ses livres et sur lui. Jamais la fleur d'humilité n'a exhalé un plus délicieux parfum.

C'est alors que je le vis, et que Dieu le plaça sur mon chemin comme une bénédiction et comme un modèle. Dans tout le petit groupe d'amis qui s'était formé autour de lui, c'était chose connue et reconnue que ce jeune homme avait à la fois le charme de la vingtième année et l'expérience de la maturité. On commençait dès lors à le consulter sur toutes choses, et l'on peut dire que cette magistrature n'a cessé qu'avec sa vie. Il réalisait merveilleusement cet idéal de « l'avocat des pauvres » que l'Église a placé sous nos yeux durant les siècles de foi. Seulement, les pauvres c'étaient tous ses amis, c'était nous. Que de fois nous avons grimpé dans cette humble petite chambre de la rue du Jardinet! Que de fois, dans le silence de ce sanctuaire, nous avons raconté à l'ami que nous pleurons nos grosses peines avec nos gros secrets ! Bien qu'il sût admirablement parler, il savait écouter encore mieux, et c'était le plus sage et le plus indulgent des « écouteurs ». Quand nous avions fini de lui conter nos chagrins et de lui exposer nos doutes, il réfléchissait quelques minutes, et nous donnait posément un de ces bons conseils où la théorie n'était jamais contraire à la pratique. Et dire que nous n'entendrons plus cette bonne voix aimante, et que nous avons perdu cet admirable conseiller !

Donc, c'était en 1853. Studieux comme il l'a toujours été, Armand Ravelet se levait à cinq heures, et faisait du droit l'étude obstinée de sa vie. Il faut tout dire : les temps étaient alors meilleurs qu'ils ne le sont aujourd'hui. Il y avait, dans la jeunesse catholique, une sève vigoureuse et charmante que nous ne connaissons guère plus que par ouï-dire. Nous étions des fous, dans le plus noble sens de ce mot, et nous nous précipitions dans tous les chemins, le drapeau catholique au poing, nous imaginant entraîner tout le siècle sur nos pas. Chacun de nous, avec une naïveté que j'admire encore, s'était donné la mission de christianiser une fonction ou une science. Oui, nous nous étions proposé ce but que nous appelions, en assez mauvais français, mais en vrai langage chrétien, « la christianisation des fonctions ». Bref, nous formions un petit groupe très chauvin et très uni qui s'était donné le nom de « famille O'Connell ». Tous les samedis soir on se réunissait, non pour pérorer, mais pour travailler. La prière ouvrait ces longues séances dont je me souviendrai toute ma vie, et où l'on faisait tour à tour du droit, de l'histoire, de l'économie sociale, et même de la théologie. Pendant l'année 1854, nous étudiâmes ainsi le dogme de l'Incarnation. Et je vois encore Armand Ravelet, assis près d'Henri Lasserre, près de cet inséparable, et discutant toutes les objections avec cette clarté victorieuse qui a toujours été la parure ou, pour mieux parler, l'essence de sa parole. Le lendemain on courait, en bataillons pressés, aux Conférences de Notre-Dame ou à celles de l'Oratoire. C'était l'époque où le P. Gratry possédait en maître, en triomphateur, tous les jeunes esprits de la rive gauche, et où l'on parlait pendant huit jours de son homélie sur la Samaritaine ou sur les ouvriers « qui manquaient à la moisson déjà blanchissante ». Armand Ravelet était là, qui se laissait charmer et qui prenait des notes. Mais il avait rapidement compris que ces joies délicates de l'entendement ne sauraient suffire à protéger une jeunesse qui veut demeurer chrétienne, et il s'était jeté héroïquement dans les œuvres. La Société de Saint-Vincent-de-Paul, qui est la plus modeste de toutes ces œuvres, était bien faite pour plaire à ce chrétien modeste, et il n'eut pas de peine à se pénétrer intimement de son esprit. Il ne pensa pas, d'ailleurs, qu'il fût suffisant pour lui d'escalader les mansardes et d'y faire pénétrer la lumière de Jésus-Christ : il voulut se consacrer à un labeur plus spécial. Les enfants l'attiraient, surtout les enfants des ouvriers. Durant de longues années, il fut le président du Patronage Sainte-Anne, et fit, dans un milieu plein de nuit, rayonner la vérité, qu'il rendait aimable. La tâche était lourde ; tous les dimanches du jeune avocat étaient consacrés à ces petits. Que de soucis ! Que de discours ! Et surtout que de parties de barres ! Mais cette joie allait bien à Armand Ravelet, et, parmi tant d'enfants, Dieu ne voyait peut-être pas d'âme plus enfantine et plus blanche que la sienne.

II

Dieu ne conduit pas toujours les âmes par le plus court chemin, au but qu'il leur a éternellement marqué. Et voici que nous arrivons, dans la vie d'Armand Ravelet, à une époque de transition, j'allais presque dire de tâtonnements. Mais pourquoi, après tout, pourquoi n'avouerions-nous pas que ce généreux esprit s'est un jour demandé quelle était sa vocation, et qu'il a cherché très loyalement sa voie. A coup sûr, il n'a jamais hésité sur l'accomplissement de son devoir, et il donnait à ce mot un

sens plein de délicatesses infinies. Dans ce corps frêle, il
y avait une vigoureuse et noble fierté, qui lui fit dédaigner à plus d'une reprise les magistratures et les gran-
deurs officielles. Il se dit, en relevant la tête, qu'il y avait
place au barreau pour un avocat sincèrement et profondément chrétien, et que cette indépendance n'était pas
sans quelque charme austère. D'ailleurs, ses goûts étaient
simples, et il y a toujours eu du cénobite en lui. De 1856
à 1865, il continua de vivre en sa chère solitude, plaidant,
étudiant, veillant et entassant, d'une main jalouse, les
matériaux de ses livres futurs. Il ne se doutait guère que
la main de Dieu le conduisait au journalisme catholique ;
il ne savait même pas que c'était là sa réelle et intime
vocation ; mais aucune de ses heures de travail ne fut
alors inutile à la tâche providentielle qui lui était réservée d'en haut. Il s'entêtait à travailler, donnant par là
un grand exemple à ces prétendus publicistes de nos
jours, qui s'imaginent volontiers qu'on s'improvise journaliste en quelques heures, et que l'on peut, sans préparation aucune, entretenir le genre humain de politique et
d'économie sociale. Je voyais Ravelet à cette époque,
penché toujours sur quelque livre de droit ou de science
économique. Il ne dédaignait pas les sciences naturelles,
qu'il connaissait bien et savait faire aimer. Nul ne s'entendait comme lui à voyager scientifiquement, et nous
l'avons vu souvent faire un herbier avec cette même aisance qu'il mettait à discuter une théorie de Bastiat ou
à traduire une lettre de saint Bernard. Où sont les jeunes
catholiques de nos jours qui s'imposent de tels sacrifices
et qui mettent une telle obstination à apprendre leur mé-
tier d'écrivain ? Armand Ravelet, lui, s'est préparé au
journalisme par dix ou douze ans d'études supérieures.

Il en est bien peu qui consentiraient aujourd'hui à s'inspirer de son exemple.

Les indécisions intellectuelles d'Armand Ravelet ne devaient plus être de longue durée. En 1865, il entra à la
rédaction du *Monde*, et dès son premier article on put se
dire : « Il a trouvé sa vocation. » C'est ce jour-là, en réalité, qu'a commencé la troisième et dernière période de
sa vie ; celle-là même qui, suivant nous, a été voulue de
Dieu ; celle qui a été certainement le plus utile à l'Église
de Jésus-Christ, et dont il nous reste à parler.

III

Sans qu'il osât s'en douter, il était depuis longtemps
un excellent journaliste. Il possédait, *sans le savoir*, les
qualités les plus exquises et les plus rares entre toutes,
celles qui sont nécessaires pour cette très noble et très
nécessaire fonction. Il avait la pénétration, il avait la facilité, il avait la fécondité. Certes, il m'a été donné de voir
et d'étudier de près un grand nombre de belles et fécondes
intelligences ; mais je n'en ai jamais vu où les idées
abondassent et surabondassent à ce point. Elles lui mon-
taient au cerveau comme un flot magnifique, dont il fallait seulement régler l'impétuosité. Lui soumettait-on
une question politique ou religieuse, d'un premier coup
d'œil il apercevait tous les côtés du problème, il en dé-
couvrait tous les corollaires, il en prévoyait tous les développements. Une idée incomplète et à peine ébauchée,
qu'on lui exposait par hasard, devenait sur-le-champ,
dans son esprit, la source de cent autres idées qui étaient
complètes et claires. Au point de vue administratif, il

n'était pas doué moins richement qu'au point de vue littéraire ou philosophique, et l'on peut dire qu'il y avait en lui l'étoffe ample d'un homme d'État. Durant les dernières années de sa vie, nous l'avons vu, avec une admiration douloureuse, faire au *Monde* l'office d'administrateur et celui de rédacteur en chef. Ses frêles épaules courbaient matériellement sous ce double fardeau ; mais l'âme forte et radieuse prenait le dessus et planait, et il souriait en se sacrifiant. Nous voulions l'arrêter, et ce bon sourire avait toujours l'air de nous dire : « Vous voyez que ce n'est rien, et que je ne me fatigue pas. » Hélas !

Il se faisait une très haute idée du journalisme catholique, et nous l'avons entendu bien des fois nous exposer chaleureusement ses idées à ce sujet : « Eh quoi ! nous disait-il, le *Times*, qui est simplement un journal de marchands anglais, a conquis une importance œcuménique, et nous, les hommes de la grande Église universelle, nous ne pourrions pas arriver à donner à nos journaux le caractère d'une véritable et profonde universalité ! » Et il s'indignait. Car cette âme égale et douce, que j'ai si bien connue, n'a jamais perdu le sens de l'indignation contre tous les ennemis de la sainte Église. J'ai eu la joie de le voir s'indigner bien souvent, et c'est là, certes, un de mes meilleurs souvenirs.

Néanmoins, sa vertu dominante était la bonté. Toutes les fois que je lis la *Bonté*, cet admirable traité du P. Faber, je pense à notre ami. Les hommes, en effet, se divisent trop souvent en deux groupes : les fielleux et les colères. Armand Ravelet, lui, n'appartenait à aucune de ces deux vilaines catégories, et jamais un mot de rancune n'est sorti de cette bouche, que la fureur n'a jamais déshonorée. Alors même que l'on parlait devant lui de la

plus légère de toutes les infortunes ou de la moins immé-
ritée, il ne manquait jamais de jeter un de ces cris sincères de commisération qui trahissent l'homme profondément bon. Bref, il avait la passion de la miséricorde, et
voulait en faire l'essence même de la presse catholique.
Cent fois nous avons parlé ensemble de cette question de
la charité et j'ai tout lieu d'espérer, en me rappelant ces
chères conversations, que Dieu fera sortir du tombeau
d'Armand Ravelet une vertu qui fera triompher l'esprit
de la miséricorde parmi nous.

Au service de sa pensée, qui fut toujours à la fois conci-
liante et ferme, notre ami avait un style large, abondant,
nuancé, facile, lumineux. Il était véritablement très français, et la parole, écrite ou orale, était chez lui un cristal
à travers lequel on apercevait très exactement la pensée.
Pas de nébulosités ; pas de coloris excessif ; pas de phrases
à effet. La parfaite simplicité de l'âme produit ici la
parfaite simplicité du style. Les observations vraies et les
mots fins pullulent. Une certaine pointe gauloise se fait
délicatement sentir et pique sans blesser. Les nuances les
plus imperceptibles de l'idée sont exprimées avec une
étonnante fidélité. Sa conversation, du reste, ressemblait
à son style, mais elle était plus tendre avec ceux qu'il
aimait, et l'on peut bien dire qu'il y avait quelque chose
de maternel dans toutes ses affections. D'ailleurs, il en
revenait toujours à son plus cher amour, qui était la
Vérité catholique. Chacun de ses entretiens, comme chacun de ses articles, était une admirable et excellente plai-
doirie. Le client, c'était l'Église.

Jusqu'à quel point cette âme unique aimait l'Église, je
ne saurais le dire. C'était sa passion, c'était sa fièvre, c'é-
tait sa vie. Cet homme de vaste entendement avait la foi

d'un tout petit enfant et la piété d'une Carmélite. Pendant
une saison de deux ou trois semaines au Mont-Dore, nous
eûmes ce bonheur de l'entendre tous les jours réciter la
prière du soir, et nous n'oublierons jamais l'accent intime, pénétrant, indicible, avec lequel il prononçait ces
magnifiques oraisons de la *Journée du chrétien* : il semblait que cette voix ne partait pas de la terre. Aussi est-il
à peine besoin de dire quelle fut l'attitude de cette intelligence souverainement droite et pieuse durant tous les
événements qui se déroulèrent de 1865 à 1875. Oh ! les
dix affreuses années! Armand Ravelet eut alors à combattre et combattit tour à tour les hypocrisies et les vio-
lences d'un césarisme dévoyé, les ignorances et les mala-
dresses d'une république inavouée, les persécutions d'un
vainqueur brutal. Il eut à juger Sadowa ; il eut à flétrir
les haines injustes dont le grand Concile du Vatican fut
l'objet ; il eut à expliquer ces inénarrables désastres de la
guerre de 1870 et de la Commune de 1871. Jamais il ne
manqua à son devoir ; jamais il ne cessa d'affirmer les
droits éternels et imprescriptibles de l'Église. Ne croyant
pas qu'il fût suffisant de se battre à coups de premiers-
Paris, il se battit à coups de livres. Aux envahisseurs des
libertés et des biens ecclésiastiques, il jeta son *Traité des
Congrégations religieuses* et son *Code des lois civiles ecclésiastiques*. Puis, avec son esprit admirablement pratique,
il comprit qu'une des objections les plus perfides contre
l'Église était ce reproche, cet inepte reproche d'obscu-
rantisme, dont nos adversaires ont l'audace de ne se lasser jamais. Alors il prit la plume et écrivit sa belle *Histoire du Vénérable J.-B. de la Salle,* qui demeurera son
chef-d'œuvre et dont les cent premières pages sont consacrées à une histoire de l'instruction primaire. Il ex-

cellait surtout dans les Mémoires juridiques, et c'était peut-être la forme la mieux adaptée à la nature de son esprit. Mais il avait fort légitimement conçu de plus hauts désirs ; il brûlait d'écrire une *Histoire de l'Église* et un *Traité complet de droit ecclésiastique*. La maladie elle-même n'avait pas de prise sur cette volonté de fer, et, sur son lit de mort, il écrivait encore d'admirables pages pour défendre et venger Louise Lateau. Il faut espérer qu'on réimprimera ces dernières pages de notre ami, et nous les conserverons comme les reliques de cette noble intelligence, qui fut toujours en pente vers le surnaturel.

Pauvre cher ami (voici qu'en finissant je me prends à converser avec toi comme je l'ai fait tant de fois), tu nous as quittés au moment même où nous allions avoir le plus grand besoin de toi. Oui, le plus grand besoin de ta main ferme pour nous conduire, et de ta voix douce pour nous encourager. Si, comme nous en avons l'espérance et le pressentiment, tu es déjà entré dans la gloire et dans la joie de Dieu, obtiens-nous d'aimer, d'un amour encore plus viril et plus actif, cette plénitude absolue de la Vé-rité qui réside dans le magistère du Pontife romain. Ob-tiens-nous de devancer, par notre soumission et notre amour, les arrêts de l'infaillibilité romaine, sans en rien travestir, sans en rien atténuer, sans en rien cacher. Mais obtiens-nous surtout de communiquer cette vérité à nos frères avec une infatigable miséricorde et « en ayant pitié des âmes. »

R. P. FABER

LE P. FABER.

I

Les paradoxes ont aujourd'hui la permission de circuler partout : ils se pavanent, ils se carrent librement dans nos journaux et dans nos livres ; ils s'épanouissent, ils triomphent. Mais il n'en est peut-être pas un seul qui ait été mieux accueilli que le suivant : « Le dix-neuvième siècle n'a pas de mystiques ; il ne saurait en avoir. » Pour notre part, nous avons bien entendu répéter cette sottise cent fois. C'est comme si l'on disait : « Le dix-neuvième siècle ne peut aimer Dieu ; l'amour lui est expressément interdit. » C'est encore comme si l'on affirmait que les catholiques de notre temps ont une cervelle, et pas de cœur. Cet affreux paradoxe tendrait à mutiler l'Église.

Que ne nous refusait-on pas depuis le commencement de ce siècle ? On nous refusait la poésie : nous eûmes Châteaubriand. On nous refusait l'éloquence : O'Connell, Ventura, Lacordaire, ouvrirent la bouche et ravirent les multitudes. On nous refusait la philosophie : Bonald et Balmès montèrent en chaire. On nous refusait le roman : Wiseman raconta *Fabiola*. On nous refusait l'histoire : l'abbé Gorini écrivit sa *Défense de l'Église* et Franz de Champagny publia ses *Césars* et ses *Antonins*. On nous refusait le journalisme : Louis Veuillot tailla sa plume.

14

« Vous n'avez plus de grands évêques : » et nous répliquâmes en montrant nos grands évêques d'Arras, de Perpignan, de Poitiers, d'Orléans, de Tulle, de Nîmes, de
Montauban, et tant d'autres, dignes des premiers siècles
de l'Église, orateurs, théologiens, soldats. « Mais, enfin,
vous avez beaucoup de talents, et je ne vois pas de génie. »
Parais, Joseph de Maistre.

Toutefois, on n'osa pas dire que nous n'avions plus de
grands Papes. On s'en dédommagea en prétendant,
comme nous l'observions tout à l'heure, que nous n'avions
plus de mystiques.

C'est contre cette dernière opinion que nous venons
protester aujourd'hui. Ravis, enthousiasmés, délicieusement perdus dans la lumière, nous venons de lire et de
relire les dix volumes qui composent l'œuvre du P. Faber. Après une telle lecture, nous n'hésitons pas à proclamer que l'Oratorien de Londres est le plus grand
mystique de notre siècle, et qu'il est légitimement comparable à tous les mystiques des âges de la foi. Nous allons le prouver.

Nous nous attacherons d'abord à préciser nettement
la physionomie de ce grand homme, à faire le portrait
de son intelligence et de son style. Puis nous exposerons
sa doctrine, et nous lui emprunterons le plus souvent ses
propres paroles, que nous avons soigneusement recueillies. Il se peindra lui-même, et n'en sera que mieux
peint.

II

Le P. Faber s'est tellement assimilé la substance de
tous les grands mystiques et des théologiens de tous les

temps, qu'il n'a rien de particulièrement anglais. Il
donne par là un démenti puissant aux théories de M. Taine,
qui, dans l'histoire de toute littérature, donne la première place au climat, à la race, au tempérament. C'est
chose admirable de voir comment la Vérité catholique
relègue au second rang toutes ces influences pour mettre
en leur place sa seule influence qui vaut mieux. Les saints
et les mystiques de tous les siècles se ressemblent, et,
s'ils ont certains traits caractéristiques, ils ne les em-
pruntent que fort rarement à leur patrie. Lisez saint Anselme, Hugues de Saint-Victor et saint Bonaventure, et
vous serez aisément persuadé de cette ressemblance essentielle. Essayez de deviner la patrie d'un mystique :
vous y aurez toujours quelque peine. Sa première patrie,
c'est le ciel.

Pour en venir à notre Oratorien, le premier trait dis-
tinctif de son talent, c'est une belle originalité, pleine de
puissance et même de fougue. Nul écrivain n'est moins
banal. Dans ses livres, où les lieux communs devraient
abonder, il n'est peut-être pas une seule page vulgaire,
et je ne saurai jamais l'en louer assez. Un des grands ennemis de la pitié, c'est la banalité. Qui ne connaît ces
petits livres pleins d'un faux sucre et d'un faux miel, ces
Mois de Marie sans doctrine et sans style, contre lesquels
s'est justement élevée l'indignation d'un Louis Veuillot ?
Voilà ce qu'il s'agit de repousser loin de nous, mais surtout voilà ce qu'il s'agit de remplacer. Ouvrez les livres
du P. Faber [1] ; la médiocrité n'y a jamais pénétré. Cet

---

[1] L'œuvre du P. Faber se compose des volumes suivants : *Le Précieux
Sang.* — *Bethléem.* — *Le Saint Sacrement.* — *Conférences spirituelles.* —
La Bonté (Extrait des *Conférences spirituelles.*) — *Le Créateur et la Créa-
ture.* — *Tout pour Jésus.* — *Progrès de l'Ame dans la Vie spirituelle.* —

homme a trouvé le secret des Saints. Il dit d'une façon
puissamment nouvelle les choses qui sont le plus antiques ici-bas, les choses de l'Église. Il ressemble à tous
les docteurs, et il ne ressemble à aucun. Il a une ortho-
doxie très originale, ou, si vous l'aimez mieux, une originalité très orthodoxe ; il est dans la Vérité d'une manière hardie et qui n'appartient qu'à lui. Si, pour la
méthode, il ressemblait à quelqu'un, ce serait à Catherine
Emmerich. Son inspiration suit à peu près les mêmes
chemins et le conduit au même but que les visions de
la béate du Tyrol. Tous deux ont le même « style ».
Dans l'Écriture, dans la Tradition, il est certains domaines presque inexplorés : ce sont ces domaines où pénètrent le P. Faber et l'auteur de la *Douloureuse Passion*.
Ainsi, nous savons peu de choses sur l'enfance de Jésus ;
mais, avec les lumières de la théologie, les mystiques
ont *découvert* sur ce sujet de merveilleux détails. Lisez
plutôt, lisez dans *Bethléem* ces admirables premiers chapitres où l'illustre Oratorien étudie « les occupations de
Jésus pendant les temps qui précédèrent sa naissance ; »
où il essaye de « construire la biographie du Verbe éternel durant ces quelques mois[1] ; » où il le montre « occupé à adorer le Père, à gouverner le monde entier, à sauver
les âmes et à juger les hommes[2]. » Jamais la théologie
ne s'est élevée plus haut. Dans le récit de la Passion, le
P. Faber rivalise encore avec la sœur Emmerich : si l'on
plaçait en regard leurs deux narrations, on y trouverait
aisément un grand nombre de points communs. Le souffle,

Le Pied de la Croix. — *De la Dévotion au Pape.* — *De la Dévotion à
l'Église*, etc.

[1] *Bethléem*, t. I, 121 et suiv. — [2] *Ibid.*

d'ailleurs, est le même : ces deux grands cœurs étaient brûlés des mêmes flammes.

Le P. Faber a connu son siècle : il a vu très nettement que ce siècle, dès qu'il s'agissait de doctrine, et surtout de théologie, était profondément endormi. La cause en était dans l'indifférence religieuse, et aussi dans ces méchants petits livres dont nous parlions. Notre grand religieux a entrepris de *réveiller* ses contempora: s. Et quels contemporains en particulier ? Des Anglais. Rude besogne. A cet effet, il ne manque jamais de présenter sous une forme toute neuve les vieilles vérités qui soutiennent le monde. Veut-il exposer le dogme de la Rédemption ? veut-il esquisser l'histoire de notre salut ? que fait-il ? Il laisse de côté les procédés vulgaires et, pour saisir très vivement l'entendement engourdi de ses lecteurs, il leur raconte longuement ce qu'il appelle « la procession des Décrets divins, la pompe magnifique du précieux Sang. » En vingt pages, il fait ainsi toute l'histoire du monde dans ses rapports avec le Rédempteur [1] ; il raconte la création, la chute, l'incarnation, le Calvaire, l'eucharistie, le ciel. Mais que nos paroles sont froides pour résumer une doctrine aussi ardente ! Il faut tout au moins citer quelques lignes de ces admirables pages qui sont trop peu connues :

« Suivons encore notre procession. A partir du jour de la Pentecôte, nous pouvons assister à sa marche progressive pendant tous les siècles. L'histoire nous présente ici des montagnes sauvages et des contrées fertiles, des vallons et des plaines, des forêts et des déserts, des cités et des solitudes, des côtes gracieuses sur le bord de la mer et des bandes longues et grisâtres de mélancoliques campagnes. A travers ces paysages si variés, la

---

[1] *Le Précieux Sang*, pages 186-216.

procession du précieux Sang s'avance. Sa marche est toujours visiblement progressive ; elle va de l'Orient à l'Occident. Bientôt, sa capitale n'est plus la même : ce n'est plus Jérusalem, c'est Rome. Sa magnificence, d'ailleurs, est plus grande que jamais. Les chœurs des Anges marchent encore à sa suite, mais nous avons en outre sous les yeux une hiérarchie humaine resplendissante, copie des hiérarchies du ciel, émanation du sacerdoce éternel de Jésus. A sa tête apparaît l'immortel Pierre, le prince des apôtres et le vicaire de son Maître ; en même temps qu'à ses côtés veille sans cesse le glorieux saint Michel, le chef des armées de Dieu et le jaloux défenseur de son honneur. Au-dessus, dans le sein de la gloire et de la plus pure lumière, plane la Colombe éternelle. Ainsi la procession s'avance, portant dans les airs les vaisseaux des Sacrements, cette étrange invention divine ; elle s'avance, accompagnée de cette suite merveilleuse. Elle s'adapte à toutes les époques ; elle s'harmonise avec toutes les scènes. Son aspect martial n'est pas déplacé dans l'obscurité des catacombes, et elle se trouve à l'aise au milieu des cours impériales. Elle illumine des siècles qui, sans elle, eussent été plongés dans les ténèbres. Elle sait revêtir d'ornements qui leur sont appropriés les institutions les plus vénérables par leur antiquité, et c'est avec une égale convenance que, dans des âges de progrès, elle inaugure des nouveautés jusque-là inconnues, d'une manière aussi calme que si elle y était habituée depuis des siècles. Dans les déserts de la Thébaïde et parmi les temples d'Athènes, sur les blanches places d'Iconium et sur les bords des mille ruisseaux de Damas, au milieu des marais de la Bulgarie et des mosquées de Grenade, dans les forêts sacrées de la Scandinavie ou dans les collèges de Paris, sur les marchés des villes flamandes ou sur les rives de la Plata, elle est partout une lumière surnaturelle embellissant la nature. Nous avons vu tout cela : car tout cela se passe à la clarté de l'histoire [1]. »

Et c'est au hasard, véritablement au hasard, que nous venons de citer cette page éloquente et sublime. Comme second exemple de cette originalité qui nous occupe, nous pourrions signaler ici ce magnifique tableau

[1] Le Précieux Sang, pages 211-213.

de l'univers, « à onze heures du soir, le 24 décembre, une heure avant la naissance de Jésus à Bethléem [1]. » Le savant mystique (en vérité, l'association de ces deux mots lui convient bien) parcourt du regard toutes les parties de l'univers en ce moment solennel ; il décrit le monde romain, le monde grec, le monde barbare ; il nous apprend ce qui a dû en ce moment se passer au purgatoire, dans les limbes, dans l'enfer : « Arrêtons-nous sur le penchant de la colline, considérons la nuit qui s'épaissit, et pensons à la vaste surface de la terre qui s'étend, aux environs et bien loin de ce sanctuaire nouveau et obscur que Dieu va sanctifier. » Tout d'abord, voici les Romains : « Une grande partie de la terre est occupée des affaires de Rome ; les courriers se pressent de tous côtés sur les grandes routes de l'Empire. Les intérêts des grandes colonies donnent de l'emploi et de l'occupation à un bon nombre d'hommes d'État. D'immenses armées, véritables républiques, se lèvent rapidement pour être bientôt les capricieuses maîtresses du monde. Mais nulle part dans la vaste étendue de la politique romaine, on n'aperçoit la trace de la grotte de Bethléem ; aucune ombre prophétique n'apparaît au-dessus de la scène. Toutes choses portent l'apparence de l'instabilité ; le système, quelque vaste qu'il soit, agit comme une machine parfaitement construite. Personne ne se doute de quoi que ce soit. » Quant à la Grèce, elle en est toujours à chercher la vérité : « Il y a là bien des têtes qui bâtissent des systèmes : Il y a bien des hommes qui trouvent la vie suffisamment remplie par l'intérêt que leur offre un stérile éclectisme. Le vent murmure à travers les plaines dépouillées de

---

[1] *Bethléem*, I, 171-190.

feuilles, au milieu desquelles coule l'Illyssus, mais lorsque minuit arrivera, personne ne pensera que le Dieu inconnu des écoles d'Athènes est en ce moment un petit enfant muet sur la terre [1]. Les Juifs regardent dans toutes les directions plutôt que de se tourner vers la grotte de Bethléem, et ce peuple déchu n'a pas d'yeux pour reconnaître la splendeur céleste de cette nouvelle tactique qui ne remporte des triomphes que dans les profondeurs de l'humiliation [2]. » Là-bas, tout là-bas, ce sont les Barbares. « Cette même nuit du 24 décembre, nos propres ancêtres, le corps peint de mille couleurs, étaient renfermés dans leurs huttes de terre, au milieu de leurs fougères et de leurs forêts de houx que la lune éclairait de ses pâles rayons. Cette même nuit, les tribus mexicaines erraient le long du golfe de Californie à travers la boue et sur les dunes sablonneuses, revêtues de la peau des bêtes et des plumes des oiseaux, imitant leurs cris, et honorant ainsi la veille de la grande fête de la nativité du soleil qu'elles célébraient le 25. Mais elles n'entendaient pas dans les cieux cette musique angélique qui devait un jour adoucir leur férocité et faire trembler leurs membres vigoureux au doux contact des ondes du baptême [3]. » Il faut s'arrêter. Nous n'avons pas coutume de citer aussi longuement, mais nous n'avons pas coutume aussi de trouver sur notre chemin de tels torrents de poésie et d'éloquence [4].

Nous venons de prononcer une belle parole : « poésie, »

[1] *Bethléem*, pp. 171-173.
[2] *Ibid.*, p. 174.
[3] *Ibid.*, p. 177.
[4] Voir encore le beau portrait de l'âme de Marie avant l'instant de la Nativité (*Bethléem*, I, pp. 147-149), et dans le même livre (pages 53-70), la magnifique doctrine sur Jésus-Christ avant l'Incarnation.

et tous nos lecteurs auront déjà salué dans le P. Faber un grand poète. Oui, un *poète*, bien qu'il n'ait pas souvent écrit en vers. Pourquoi trouvons-nous sans cesse sur notre chemin cette ridicule définition de la poésie, qu'on s'obstine à confondre avec la versification? Tout récemment encore, on publiait avec un soin vraiment très consciencieux un Traité du siècle dernier, où l'on enseigne aux jeunes intelligences qu'en poésie il faut dire « un coursier » et non pas « un cheval, » où l'on donne sentencieusement les règles de l'idylle et du rondeau ; où l'on rabaisse la poésie en voulant l'enseigner. Eh ! la poésie, la vraie poésie, c'est l'emploi de grandes et vives images dans une langue harmonieuse et pure, pour exprimer de grandes pensées et conduire les âmes à Dieu. La poésie, ce n'est pas le sonnet, le triolet, le poème épique ; ce n'est pas même le vers, quoique le vers lui ajoute un élément musical qui la relève et l'embellit. UT PICTURA POESIS, UT MUSICA POESIS, voilà la vraie définition, et, pour qu'elle soit complète, il faut ajouter : AD MAJOREM DEI GLORIAM. C'est en ce sens que l'auteur du *Précieux Sang* et de *Bethléem* est un grand poète : on en a pu juger par les morceaux qui précèdent ; mais il est peu de pages, dans ses œuvres, où n'éclate une aussi vigoureuse, une aussi brillante poésie... Au moment même où il arrive devant la crèche de l'Enfant divin, au moment où il va raconter la Nativité, le P. Faber s'arrête tout à coup : sa joie est un instant suspendue, il s'attriste, il pleure. A quoi peut-il penser, grand Dieu ! sur le seuil d'un mystère aussi joyeux ? Quoi ! des larmes, des larmes de tristesse devant Marie qui est tout enveloppée de lumières, devant saint Joseph qui se recueille délicieusement, devant les chants des anges et la musique des bergers ! Oui, ce grand ami de Dieu est triste : c'est qu'il a jeté un regard sur son pays, sur l'Angleterre ; c'est qu'il a pensé « à cette île de l'Occident avec son empire aussi vaste que le monde, mais aussi avec ses cœurs vides de foi et ses intelligences dépourvues de la vraie lumière :

« Il fut un temps, dans les siècles de foi, où le pays ne serait pas demeuré silencieux, comme il l'est aujourd'hui, la veille du 25 mars. La suave et religieuse harmonie des cloches sans nombre annoncerait les Vêpres de la glorieuse fête de l'Incarnation. De l'Orient, du centre de la foi, de Rome, la grande nouvelle viendrait vers le déclin du jour, de cités en cités, de villages en villages. Elle descendrait les pentes des Alpes, traverserait les flots azurés des mers ; elle passerait par-dessus les forêts encore dépouillées de feuilles et les monceaux de neige encore gelés sur les montagnes incultes de la France. Les vagues glacées se couronneraient d'une brillante écume au moment où le carillon joyeux traverserait l'étroit canal qui nous sépare. A un instant donné, la première cloche d'Angleterre n'aurait pas encore retenti. Puis, Calais aurait annoncé la nouvelle à Douvres ; et l'église et les chapelles n'auraient pas tardé à la communiquer joyeusement à l'antique métropole saxonne de Cantorbéry. De là, semblable à une tempête d'harmonie, la nouvelle de ce décret éternel du Dieu d'où émane toute la création se serait répandue sur toute la surface de l'île chrétienne. Les saints « dans leurs lits » se réjouiraient de l'entendre : Augustin, Wilfrid et Thomas à Cantorbéry ; Edouard à Westminster, notre chevaleresque premier martyr, toujours sous les armes, parmi les prés fleuris dans sa grande abbaye de Saint-Alban ; Osmond à Salisbury, Jean à Beverley, tout un chœur de saints. Et les anges, depuis les contrées où l'Arun et l'Adur versent leurs eaux dans la mer du Midi jusqu'aux rives escarpées entre lesquelles mugit la Tweed, n'entendraient sortir de l'âme de toute une nation, des chœurs de nos églises sans nombre et de nos milliers de beffrois retentissants, qu'un seul *Magnificat* redit et prolongé au loin [1]. »

Essayez, après de telles pages, essayez de lire les vers

[1] *Bethléem*, I, 80-84.

de Jean-Baptiste Rousseau ou de Lefranc de Pompignan[1]!
Non, non, on ne peut plus lire que la poésie supérieure
du Psalmiste et d'Isaïe. Quand on a vu la grande mer, on
ne sait plus se plaire aux étangs.

Et notez que chez le P. Faber la Poésie se concilie merveilleusement et se fond avec la Théologie. Un rapproche-
ment se présente à mon esprit. Je disais tout à l'heure
qu'on ne saurait rien lire après l'auteur de *Bethléem*. Il
est quelqu'un qu'on pourrait entendre après lui ; c'est
notre évêque de Tulle. Ces deux vastes intelligences ont
d'étonnantes ressemblances. Tous deux sont théologiens,
et tous deux sont poètes ; tous deux ont voulu prouver
par leur parole l'union qui doit régner entre la théologie
et la poésie ; tous deux ont jeté sur les épaules de la théologie la pourpre et l'or d'une poésie éblouissante. Ils dif-
fèrent cependant. L'Oratorien anglais est un théologien
mystique, l'évêque français est un théologien scholas-
tique[2]. Le premier suit toujours un plan plus ou moins
rigoureux ; dans ses discours le second jette à l'aventure
sur ses auditeurs émerveillés la pluie de diamants d'une
parole qui ne connaît pas de règle. Mais (j'aime à revenir
sur les belles analogies de ces deux éloquences) ils sont
tous deux amis des grandes images, et des récits saisis-
sants, et de la vie dans le style. Tous deux, enfin, portent
le même amour aux champs, aux prés, aux astres, aux
oiseaux, à la création matérielle, à la nature.

Le P. Faber, notamment, est un grand paysagiste. Que
de charmants tableaux dans ses livres ! quels paysages

---

[1] V. encore le crucifiement dans le *Pied de la Croix*, et le Couronnement d'épines dans le *Précieux Sang*. Nous citons plus loin ces deux remarquables morceaux.

[2] Tous deux encore sont plutôt scotistes que thomistes.

frais, verts, séduisants, où coulent de belles eaux et que dominent de belles montagnes! « Gravissons, dit-il, le sommet de cette colline. Le soleil brillant et l'air pur nous versent des flots de vie et de joie, tandis que nos pensées sont élevées vers Dieu et que nos cœurs s'ouvrent à l'amour. Devant nous se déroule cette belle plaine avec ses masses de sombres feuillages qui s'étendent sous les rayons du soleil, tournant du vert au bleu, selon la disposition et les ombres des nuages. D'autre part, à nos pieds, est la gigantesque cité, ressortant comme une découpure d'ivoire sous le rideau entr'ouvert de ses fumées perpétuelles. Tout près de nous, l'air est rempli du chant joyeux des oiseaux et du délicieux bourdonnement des insectes qui boivent les rayons du soleil et entrelacent les mille méandres de leur danse capricieuse en faisant résonner leurs petites trompettes. Les fleurs exhalent leurs douces senteurs, et les feuilles des arbrisseaux sont tachetées de brillantes petites créatures revêtues de couleurs étincelantes et d'armures dorées. Cependant la sphère d'azur s'étend au-dessus de nos têtes, plus profonde et plus bleue que de coutume, et retentit des accents vifs et joyeux d'alouettes invisibles, et les clochers de la ville retentissent pour annoncer les victoires de la nation. De bien loin, le cours du fleuve nous apporte le retentissement du canon, et là, tout près, dans le bassin, une flotte de jeunes perches nagent au soleil, lentement, sans se troubler, comme si elles jouissaient avec gravité de leurs petites existences. Quelle scène pleine à la fois de Dieu et de l'homme! Que d'éclat, que de beauté, que de variété, que de calme[1]! » Il y a mille tableaux de ce goût

---

[1] *Le Créateur et la Créature*, pp. 40 et 41. Il faut encore citer les passages suivants : Les Astres (*Précieux Sang*, p. 25) ; — L'aspect de la Créa-

dans l'œuvre du P. Faber, et je ne sais comment le remercier d'avoir ainsi procuré à mon âme, à mes yeux fatigués, un repos et une jouissance incomparables. Hélas !
faut-il le dire, il arrive souvent que, dans nos luttes pour
la défense de l'Église, nous oublions la nature et ses
charmes puissants. La polémique, religieuse ou politique,
nous empêche parfois d'admirer les astres et les bois autant que nous devrions les admirer. Nous vivons dans une
haletante et légitime indignation contre des adversaires
qui nous harcèlent, les yeux fixés sur l'éternelle Vérité
pour laquelle nous souhaitons vivre et mourir. Et, fiévreusement, nous passons de la lecture d'un journal à la lecture d'un livre : nous vivons dans le papier imprimé, nous
sommes envahis par l'encre. Le soir, épuisés par la lutte,
nous n'avons pas la force de contempler avec enthousiasme l'armée des mondes lumineux, le ciel bleu, la
belle lumière. Eh bien ! à ce grand mal il y a un grand remède : apprenons du P. Faber à mener de front les deux
amours de la nature et du surnaturel. Ce grand homme
passe de l'un à l'autre avec une facilité ravissante. Après
une page sur la vision béatifique, vient immédiatement
la description charmante d'une fleur, d'une vallée, d'un
beau soir. Et partout « c'est la douceur du Dieu caché,
c'est la joie de la vie, c'est le sourire de la nature, c'est
la consolation partout présente à la souffrance[1]. »

N'est-ce pas l'instant de dire que l'amour de la Beauté
est un des traits caractéristiques de notre grand mystique ? Il n'est peut-être pas de mot qui revienne plus

tion au premier jour (*Bethléem*, I, 22, 34) ; — Beauté de l'univers (*le
Créateur et la Créature*, p. 74 et suiv.) ; — L'alouette (*Bethléem*, I, 19) ; —
Dieu caché dans la nature (*Conférences spirituelles*, p. 18), etc., etc.

[1] *Conférences spirituelles*, La Bonté, p. 18.

souvent sous sa plume, sur ses lèvres. C'est chez lui une
véritable passion, et, si je puis parler ainsi, une manie
sublime. Il aime innocemment le Beau partout où il le
trouve et, encore ici, il nous est d'un grand exemple.
Combien d'esprits éminents et de grands cœurs ont cessé
parmi nous d'aimer le Beau, tant ils sont occupés à défendre le Vrai? A force d'étudier l'astre, on en vient à ne
plus admirer son rayonnement et sa splendeur visible. Et
cependant je dis que le devoir strict de tout catholique
est d'aimer, comme le P. Faber, toute beauté pure et
vraie : d'abord celle de l'ordre surnaturel, qui dépasse et
pénètre toutes les autres : puis celle de la nature elle-
même, qui est moins vive et moins admirable. Dans ces
deux mondes se reflète le Créateur, qu'il faut chercher,
atteindre et adorer partout.

D'ailleurs, cet amour de la Beauté nous paraît le signe
d'une grande âme ; je dirai plus, d'une âme bonne. Chez
le P. Faber, au moins, rien n'est plus vrai. Il est essentiellement bon, non pas d'une bonté banale et niaise,
mais d'une bonté substantielle, surnaturelle, austère. Je
ne pense pas que, dans tous ses livres, il y ait une seule
attaque personnelle. C'est qu'il n'est point condamné,
comme nous le sommes, aux devoirs d'une polémique
journalière, à ces âpretés trop souvent nécessaires. Certes,
on voit quelles sont ses sympathies intimes ; on aperçoit
très facilement toutes ses pensées à travers le cristal de
son âme ; il ne pactise jamais, il ne sait pas faire une
seule concession. Il ne peut notamment parler de Rome
et du Pape sans qu'aussitôt on ne sente à l'émotion de sa
voix, au battement de son cœur, à l'éclair de ses yeux,
combien il est profondément attaché aux doctrines que
nous avons l'honneur de défendre. Ce génie est très ul-

tramontain ; mais il n'a pas rencontré sur son passage
d'adversaire direct, et sa bonté éclate librement.

L'auteur de la *Bonté* a eu d'autant plus de mérite à se
montrer plein de mansuétude et de pardon, qu'il avait
l'esprit très finement aiguisé. C'était un observateur des
plus subtils ; il connaissait l'âme humaine dans toutes ses
défaillances, dans toutes ses petitesses. Dans ses homé-
lies sur les « Aspects de la mort », il a raconté « l'histoire d'un mourant » avec une vérité de détails véritablement effrayante [1]. On ne peut se dérober aux regards
perçants de ce prêtre, qui voit les âmes comme nous
voyons les corps. On est pris de tremblement, on a peur.
Rassurez-vous : il est si bon ! Il ne vous dévoile que pour
vous sauver, et, s'il vous scrute jusqu'à l'intime de votre
intime, c'est pour vous jeter dans les bras de Dieu. Il est,
comme nous le verrons bientôt, un partisan déterminé
de la facilité du salut ; il est l'adversaire de la doctrine
exagérée du petit nombre des élus ; il vous montre la
béatitude, il veut vous y précipiter. C'est un homme
d'esprit, sans doute ; mais c'est le seul homme d'esprit
peut-être qui ait été sincèrement charitable. Ses écrits si
doux sont pleins de mots très piquants, qui sont en même
temps des mots très miséricordieux. Écoutez plutôt [2] :

* On dirait que nous venons au monde sans peau, tant les
moindres frottements no .s causent de souffrances.

* Un homme qui se laisse surcharger de trop de choses est toujours insensé, s'il n'est pas criminel. Il sera dévoré par ses affaires,
comme Actéon par ses chiens.

* L'âge ne fait que masquer nos enfantillages : il ne les change
pas. Hélas ! les années n'emportent que la candeur, et les défauts
de l'enfance nous restent.

[1] *Conférences spirituelles*, pp. 65-69.
[2] *Ibid.*, pp. 53, 86, 90, etc.

* Un secret une fois lancé ramasse le péché véniel dans sa course, comme la boule de neige qui grossit en chemin. Combien peu de choses ont réellement besoin d'être tenues secrètes !

* J'ai l'idée que les anges se pressent autour de l'homme de bonne humeur, comme les cousins autour de leurs arbres de prédilection.

* Il est rare, hélas ! que la modestie soit persuasive.

* Quelques auteurs nous disent que, si nous accordons à nos sens la jouissance d'une odeur délicieuse, nous commettons un acte d'immortification considérable. Et cependant nous voyons sainte Madeleine de Pazzi, qui, en se promenant dans un jardin, y cueille des fleurs, jouit de leurs parfums et s'écrie : « O Dieu infiniment bon, Dieu infiniment aimable, de toute éternité vous avez destiné cette fleur à me procurer ce plaisir, à moi, indigne pécheresse ! »

* L'homme d'esprit a beaucoup à faire pour être charitable en paroles : il a une de ces tentations qui semblent presque irrésistibles, celle de faire de l'esprit. Or les paroles spirituelles sont rarement bonnes, dans toute la force de ce mot, sans une goutte d'acide ou d'amer qui en fait le montant. Je crois que si nous voulions renoncer une bonne fois à faire de l'esprit, nous arriverions bien plus vite dans le chemin du ciel.

III

Le P. Faber réunit en lui certaines facultés de premier ordre qui feraient aisément la gloire de plusieurs grands esprits. Une originalité puissante et voisine de la hardiesse, sans jamais aller jusqu'à la témérité ; une poésie riche, abondante, orientale ; un sentiment de la nature exquis ; une théologie profonde et empruntée aux meilleures sources ; une érudition presque universelle et qui ne prend jamais le soin de s'étaler ; un amour obstiné de la Beauté qui, tout naturellement, se trahit dans chacune de ses pages ; une éloquence familière, calme, sans grands mouvements, sans grandes phrases, qui pénètre

à la façon de la lumière et de la chaleur, et qui, à force
de douceur, finit par vous passionner étrangement, tellement que j'ai quelque peine à me figurer le degré d'enthousiasme où ont dû se monter les auditeurs de ses Conférences spirituelles ; une science aimable de la causerie
où il atteint sans s'en douter les plus hauts sommets de
l'éloquence ; une observation admirable du cœur humain, qui, chose merveilleuse, ne l'empêche pas d'estimer l'homme ni surtout de l'aimer ; de la finesse, de la
subtilité, de la profondeur, et surtout de l'élévation ; et,
par-dessus toutes choses, un sens incomparable du surnaturel, l'habitude de pénétrer tout de Jésus-Christ, de
tout tremper dans Jésus-Christ, de tout christianiser ici-
bas ; une sévérité très douce, une miséricorde très austère, de beaux regards perpétuellement jetés vers le ciel
et des bras opiniâtrement tendus vers le Père qui est là-
haut : tel est le P. Faber. Qu'il ait des défauts, j'y consens. Oui, quelquefois sa poésie l'emporte. Il oublie son
plan ; il quitte le grand chemin pour se jeter en vingt
petits sentiers charmants ; mais il revient bientôt à la
vraie route, et nous y ramène fidèlement avec lui. Je
sais encore qu'il abuse de sa poésie, qu'il nous dégoûte
presque de l'or et des perles à force de nous les prodi-
guer ; qu'il se noie trop volontiers en de longues descriptions, et que sa subtilité le conduit parfois à des longueurs
d'analyse qui fatiguent un peu son lecteur. Je sais tout
cela, et cependant j'avoue que ce génie me passionne, et
qu'il est peu d'intelligences, à travers tous les siècles
chrétiens, qu'on pourrait légitimement rapprocher de la
sienne.

Il est temps d'examiner sa doctrine.

IV

Le P. Faber serait un théologien très audacieux s'il
n'était pas un théologien si instruit. A tout instant on serait effrayé de ses admirables témérités si l'on n'était en
même temps rassuré par son admirable érudition. On se
demande comment tant de poésie a trouvé place dans le
même entendement à côté de tant de science. Il a tout
lu, il connaît tout. Il cite avec une sorte d'ingénuité
charmante tel petit traité de casuistique qui a paru à Mo-
dène en 1757, ou telle dissertation publiée par un théologien espagnol en 1624. Quant à nos grands écrivains
français, il semble les « savoir par cœur, » et les cite avec
de beaux éloges qui ne nous ont pas laissé indifférent.
Le P. Faber aimait passionnément l'Angleterre : il nous
sera permis d'aimer notre pays comme il aimait le sien.

L'auteur de *Tout pour Jésus* n'a jamais voulu se laisser
glisser sur les pentes dangereuses de l'ontologisme con-
temporain. Il n'a pas suspendu l'Être entre ciel et terre,
comme une grande abstraction sans attributs. Il ne sépare point en Dieu l'être et la miséricorde, par exemple,
ou l'être et la justice. Dans la plus célèbre de ses œuvres[1],
il y a un « portrait de Dieu » que l'on peut seulement
comparer à celui de saint Augustin, dont le P. Ventura
nous avait donné une si merveilleuse traduction dans ses
conférences de l'Assomption : « Dieu est simple, il n'a
point de corps, point de parties distinctes. Il est simple,
parce qu'il n'a rien d'acquis. Il est bon sans qualité, grand

---

[1] *Tout pour Jésus*, chap. VIII, § 4 : *Connaissance et Amour des perfections
divines.*

sans quantité ; il crée tout et n'a besoin de rien ; il est
partout sans occuper d'espace. Il est infini dans la multitude de ses perfections, dans leur intensité, dans leur
magnificence. Il est immuable : son éternité le met à l'a-
bri des vicissitudes du temps, son immensité ne l'entraîne
point à changer de place, sa sagesse ne lui donne pas
lieu de revenir jamais sur les arrêts qu'il a portés. Il est
éternel : il jouit constamment et parfaitement de la plénitude de son être. Il subsiste en raison de l'incomparable unité de sa nature parfaite, et cette même unité est
le bonheur suprême de tous les hommes. Son nom est le
Dieu ineffable. » Et ailleurs, dans ses Conférences sur la
Bonté, il s'écrie avec un enthousiasme poétique : « Dieu
est caché partout, et sa douceur se fait jour à travers
les ombres épaisses qui le dérobent à la vue ; elle se répand à la surface, elle déborde, elle envahit doucement
l'univers. Cette présence est comme la lumière quand
nous ne voyons pas la face du soleil ; comme la lumière,
tantôt se versant entre les rochers dans les hautes montagnes, ou se glissant entre les nuages déchirés, ou se
frayant, par échappées, un passage à travers la voûte
mobile des forêts, ou se jouant en traits argentés jusque
dans le profond azur des mers, parmi les rochers et les
herbes marines. Cependant toute chose n'offre pas un
passage également facile au rayon divin [1]. » Ce ne sont là
que des images, direz-vous. Sans doute ; mais les images,
c'est de la poésie, et la poésie, c'est la Beauté reflétant
la Vérité. Il faut se défier de ceux qui se défient de la
poésie.

[1] *Conférences spirituelles*, p. 18. V. aussi *le Créateur et la Créature*,
p. 84.

Il paraît superflu de signaler ici celle des perfections divines que l'illustre Oratorien a le plus volontiers mise en lumière, et sur laquelle il se plaît à revenir le plus fréquemment. Tous nos lecteurs ont nommé la Bonté. Le P. Faber a complété l'œuvre de saint Alphonse de Liguori. Ce vieux jansénisme maussade, odieux, effrayant, tyrannique, il a achevé d'en dégoûter l'humanité. Certes, il n'a jamais songé à rabaisser la Justice éternelle et, d'un doigt indigné, il montre parfois la face terrible du Dieu des vengeances. Mais il n'est pas alors dans son vrai rôle, ou plutôt dans sa vraie nature. Cet apôtre de la miséricorde manie la foudre avec des doigts inhabiles ; ces mains sont faites pour bénir, ces lèvres pour sourire, cette voix pour prononcer de douces paroles. Il aperçoit partout la Bonté, avec la même facilité que nous apercevons partout la lumière matérielle ; et, de même que nous aimons cette lumière, il aime la miséricorde. « Dieu est bon : » voilà le résumé de ses œuvres complètes. Il a la passion, la folie de la bonté.

C'est encore par là que le P. Faber s'est montré profondément *actuel*, s'il m'est permis de parler de la sorte. Notre siècle, plus qu'aucun des siècles précédents peut-être, ne saura jamais résister aux séductions de la bonté. S'il monte en chaire des orateurs inspirés qui disent d'une voix douce aux peuples incertains : « Dieu vous « aime. Ah ! vous ne savez pas combien Dieu vous aime ! » oui, si l'on tient ce langage à nos générations égarées, elles reviendront à la voie, à la résurrection et à la vie. Loin de moi cette pensée hérétique, cette pensée fausse et dangereuse qu'il faille, suivant un mot célèbre, *éteindre* l'enfer, c'est-à-dire n'en jamais parler et en atténuer les rigueurs. Mais il ne faut pas non plus le trop allumer, ni

souffler sur ces terribles flammes pour leur donner un
épouvantable accroissement. Je me défie presque au
même degré de ceux qui nient l'enfer et de ceux qui en
dilatent les affreuses frontières. J'aime le P. Bridaine,
faisant entendre à ses auditeurs éperdus le bruit terrible
du balancier éternel : « Toujours, jamais ; jamais, toujours. » Mais je ne puis aimer ces livres qui parlent de
la réverbération CHÉRIE des flammes éternelles, ni ces
paroles véritablement effrayantes : « Il manquerait un
élément à ma béatitude si je n'avais pas au ciel la joie de
contempler l'enfer. » Qu'on puisse parler ainsi dans un
sens strictement orthodoxe, je le veux bien ; mais laissez-
moi préférer le P. Faber, qui a été « le Bridaine du paradis. » Laissez-moi lire vingt fois et relire d'une voix
très émue ces magnifiques, ces incomparables paroles :
« Comment, s'écrie notre grand théologien, comment
parler de vous, ô merveilleuse miséricorde de notre Dieu?
C'est la miséricorde qui semble le mieux nous faire comprendre Dieu. La miséricorde est le calme de sa toute-
puissance, le charme de son omniprésence, le fruit de
son éternité, la compagne de son immensité, la principale satisfaction de sa justice, le triomphe de sa sagesse,
la patiente persévérance de son amour. Partout nous
rencontrons la miséricorde de notre Père céleste : douce,
active, vaste, profonde, sans limites. Le jour, elle éclaire
nos travaux ; la nuit, nous dormons sous sa protection ; la
cour du ciel resplendit des rayons de cette bonté féconde,
la terre en est couverte et devient comme le lit de cet
autre Océan [1]. » Et ailleurs : « En vérité, s'écrie-t-il, la
création tout entière flotte dans cet océan de l'amour de

---

[1] *Le Créateur et la Créature*, p. 172, et aussi p. 87.

Dieu. Son amour est la cause de tout ce qui existe : il en est la fin, le repos et le bien. Sans lui, rien n'aurait reçu l'existence ; sans lui, rien ne la conserverait durant une heure seulement. L'amour explique toutes les énigmes de la nature, de la grâce et de la gloire, et *la réprobation est, en pratique, le refus positif qu'une créature libre fait de partager l'amour du Créateur.* L'amour est la merveilleuse interprétation de Dieu. La lumière n'est pas aussi considérable que l'amour ; car l'amour est dans l'obscurité aussi bien que dans la lumière. La vie est moins forte que l'amour : car l'amour est la victoire sur la mort, et il est lui-même une vie immortelle [1]. » Ici, le P. Faber redevient poète, et, par une hypothèse étrange, suppose que Dieu en vient à détruire un jour l'air de notre atmosphère respirable : « Qu'arriverait-il alors ? Des myriades d'existences vives et joyeuses s'éteindraient dans une courte et hideuse agonie. La parure verdoyante de la terre sécherait, et le globe, naguère si charmant, ne roulerait plus dans l'espace qu'une masse grossière de matière décolorée. Eh bien ! ce tableau de destruction n'est qu'une faible image de ce qui arriverait si Dieu se retirait dans la gloire qui suffit aux joies divines et rappelait à lui l'océan d'amour qu'il épanche gratuitement sur toute la création [2]. » Je sens que je cite beaucoup, et cependant je ne cite pas assez. Triste condition de la critique : elle est souvent obligée, pour faire comprendre la beauté d'une statue, de faire passer sous nos yeux quelques fragments de marbre, quelques membres épars où la beauté sans doute est encore visible, mais où elle est

---

[1] *Le Créateur et la Créature*, p. 142-143.

[2] *Ibid.*, p. 143. Voir aussi *Tout pour Jésus*, chap. III, § 1er.

odieusement fragmentée. Voyez plutôt, voyez et admirez la statue tout entière... et lisez tout le P. Faber.

Tel est l'illustre Oratorien, quand il parle de Dieu, et nous n'avons rien exagéré en le représentant comme un amant obstiné de la miséricorde; mais il ne ferme point les yeux aux autres attributs divins. La beauté de Dieu ne le ravit guère moins que sa bonté et, d'ailleurs, il n'est pas *séparatiste ;* il ne met pas ces deux attributs à l'écart l'un de l'autre. « O mon cœur, mon cœur, tu me cries qu'il est temps de m'arrêter, » dit-il après avoir consacré une page sublime au panégyrique de la Beauté éternelle [1]. La vie de Dieu lui cause des éblouissements analogues : « Telle elle a été de toute éternité, telle elle est actuellement. Sa magnificence stationnaire est toujours aussi fraîche que l'aurore, aussi nouvelle que la première création [2]. » Devant la Justice, il a de beaux, de superbes balbutiements qui sont déterminés tour à tour par la crainte et par l'admiration. Mais, avant tout, il demeure et demeurera toujours l'apôtre de la bonté. Ce nom lui restera, et sera le plus beau rayon de sa gloire.

Et je dis que c'est ce caractère même de la théodicée du P. Faber qui en doit rendre la lecture plus chère à tous les prédicateurs de la Vérité. Je répète que notre siècle a des dispositions toutes particulières à se laisser vaincre par la bonté, à tomber aux pieds de la miséricorde.

Un ancien aumônier de prison, un saint prêtre me racontait tout récemment, au sujet du P. Faber et de ses miséricordieuses doctrines, une histoire très simple et

---

[1] *Le Créateur et la Créature,* p. 168.
[2] *Bethléem,* I, p. 35.

dont le principal mérite est de n'être point un conte. Ce
véritable missionnaire arriva dans une prison de femmes
et de jeunes filles en une circonstance véritablement critique : quatre ou cinq prêtres, avant lui, avaient été re-
poussés, méprisés, presque sifflés par les prisonnières. Le
premier dimanche, il monta en chaire ; et là, sans prétentions, sans phrases, avec mansuétude, avec attendrissement, il exposa à ces pauvres âmes les doctrines du
P. Faber, ou plutôt celles de l'Église sur l'infinie bonté
de Dieu. Il leur commenta ces paroles : « Dieu est bon,
et il y a dans vos cœurs des éléments divins, de bons éléments que j'y vois. Dieu vous aime, et vous valez mieux
que le monde ne le pense. Dieu vous aime, et Dieu vous
veut. » Ce dimanche-là, la prédication fut entendue dans
le plus profond silence, et, quelques jours après, le Dieu
eucharistique descendait sur les lèvres et dans l'âme de
celles que je ne veux plus désormais appeler des malheureuses. La bonté leur avait révélé Dieu.

De cette histoire il serait très facile de tirer un apo-
logue. La prison, c'est le dix-neuvième siècle. Si nous
voulons le pousser dans les bras de Dieu, il faut tout d'a-
bord nous dépouiller à son égard de toute rudesse janséniste. Il ne faut pas toujours lui dire : « Craignez la
foudre ; » il faut aussi lui crier : « Aimez l'amour et venez à lui. » Et il viendra.

V

Le dogme de l'Incarnation est celui qui tient le plus
de place dans les écrits du P. Faber. Nous avons déjà
fait pressentir que cette grande intelligence, toute pas-

sionnée qu'elle était pour le génie de saint Thomas, était
en pente vers ce qu'il y a de plus profondément orthodoxe
dans les doctrines de Duns Scot. Tel était aussi parmi nous
le P. Ventura, qui parlait sans cesse de l'Ange de l'école
avec un accent d'enthousiasme voisin du lyrisme, et qui
cependant se montrait scotiste dès qu'il abordait le traité
de l'Incarnation. Et nous n'avons pas besoin d'apprendre
à nos lecteurs que la théorie de Scot se résume en cette
proposition capitale : « MÊME SANS LE PÉCHÉ ORIGINEL,
DIEU SE SERAIT INCARNÉ. »

Mais personne peut-être n'a donné à cette doctrine plus
de profondeur et plus d'éclat que l'auteur de *Bethléem* et
du *Précieux Sang*. « Il est toujours entré dans les des-
seins de Dieu que le Créateur deviendrait, pour ainsi dire,
une partie de sa propre création, et qu'une personne in-
créée prendrait réellement et véritablement une nature
créée, et naîtrait d'une mère créée. C'est ce que nous
appelons le mystère de l'Incarnation, et c'est ce qui donne
à la création une dignité si relevée. La création ne devait
pas être seulement un magnifique objet que Dieu exécu-
terait comme un habile artiste, qu'il placerait en dehors
de lui et qu'il tiendrait à distance afin de pouvoir le contempler, l'admirer, l'aimer et exercer envers lui ses mi-
séricordes. Il a toujours été dans son intention d'en faire
lui-même partie. De sorte que Jésus et Marie auraient
existé quand même il n'y aurait jamais eu de péché. Seulement, Jésus n'aurait pas été crucifié et Marie n'aurait
pas souffert les douleurs [1]. »

Les scotistes, d'ailleurs, ne manquent pas de bons ar-

_____

[1] *Le Précieux Sang*, p. 11. — La théorie scotiste est également exposée
dans *le Saint Sacrement*, t. II, p. 130 et suiv.

guments en faveur d'un système qui n'a jamais été repoussé par l'Église. Ces arguments ont été victorieusement exposés, avant le P. Faber, par le P. Ventura, dans sa conférence intitulée : *La Restauration de l'univers par l'Incarnation du Verbe*[1].

Les scotistes, avec le P. Faber, ont condensé leur doctrine dans ces mots : *Omnia vestra sunt, vos autem Christi, Christus autem Dei.* Ils ont montré que dans l'univers tout entier il y a trois mondes, si l'on peut s'exprimer de la sorte : le monde matériel, le monde humain et le monde divin ; la nature, l'homme et Dieu.

Or, avant la création de l'homme, alors qu'il n'y avait ici-bas que la matière et Dieu, quel spectacle présentait l'univers ? Celui d'une masse magnifique, mais inintelligente, qui ne rendait, qui ne pouvait rendre au Créateur aucun hommage intelligent et libre. Un Être infini et une matière stupide, muette, inerte ; un Créateur vers lequel ne montait aucun hymne des lèvres irraisonnables de sa création ; un Roi qui n'avait que des statues pour sujets et, pour tout dire, UN DIEU QUI NE RECEVAIT PAS DE CULTE. La création n'était pas complète. L'intelligence y manquait. La matière semblait s'agiter et réclamer l'intelligence : non pas jetée, comme chez les anges, en des êtres uniquement spirituels, mais intimement unie à la matière elle-même. Dieu se recueillit et fit l'homme.

L'homme est une unité vivante, où la matière, représentée par le corps, est indissolublement liée à l'esprit, représenté par l'âme. L'homme, c'est la matière devenue intelligente ; l'homme, c'est un microcosme ; c'est le résumé parfait de tout le monde visible et de tout le monde

---

[1] *La Raison philosophique et la Raison catholique*, t. 1.

immatériel ; c'est la nature créée qui est élevée enfin
jusqu'à la dignité sacerdotale, qui prête hommage à Dieu,
qui lui rend un culte intelligent et libre. Désormais il y a
un hymne qui sort de la terre. Toutes les fois que l'homme
s'agenouille devant Dieu, il ne s'agenouille pas seul : il
agenouille avec lui tous les êtres matériels dont il est le
chargé d'affaires, le représentant et le pontife. Toutes les
fois qu'il crie : « Mon Dieu ! » avec ses lèvres de chair,
c'est comme si le monde matériel tout entier criait :
« Mon Dieu ! » et adorait. Entre Dieu et le monde des
corps, le grand trait d'union a été trouvé. Et ce trait
d'union, c'est l'homme.

Et c'est ce qui fait que le chrétien est tenu plus étroitement que tous les autres hommes à aimer la nature, les
champs, les bois, les animaux, les plantes et jusqu'aux
pierres sur lesquelles il marche. C'est pour cela que la
promenade du chrétien au milieu de la campagne ne
peut jamais ressembler à une promenade vulgaire. A
tous les êtres matériels qui l'entourent, il peut crier, il
crie en réalité : « Je suis votre mandataire ; je rends hommage à Dieu pour vous ; je suis votre intelligence et votre
voix. Épanouissez-vous donc en toute liberté et fleurissez
en toute beauté. Je m'agenouille, je prie, j'adore en votre
nom. »

Mais, si beau que fût ce culte, les scotistes, avec le
P. Faber, n'ont pas eu de peine à établir qu'il était im-
parfait, même avant les désastres du péché originel.
Pour que ce culte fût parfait, que fallait-il ? Il fallait,
comme nous l'avons dit ailleurs, il fallait un Dieu adorant devant un Dieu adoré ; un Dieu glorifiant devant
un Dieu glorifié. Redoutable programme, et qui a été
merveilleusement réalisé par le mystère, par le fait de

l'Incarnation. Oui, par la création de l'homme, la matière avait été élevée jusqu'à l'intelligence, mais par l'incarnation de Dieu, la nature humaine a été élevée jusqu'à la dignité divine. Quand Jésus-Christ s'agenouille devant son Père, il accomplit un mystère très auguste : il agenouille avec lui l'humanité, représentée par une de ses natures, et la divinité représentée par l'autre. Il agenouille tous les astres, tous les mondes, et en même temps tous les hommes avec l'Être divin lui-même. Il agenouille l'esprit, la matière et Dieu. Et voilà que le grand problème a reçu sa solution. Il y a un Dieu adorant et un Dieu adoré ; il y a un culte parfait ; il y a une admirable progression de tous les êtres vers l'homme et de l'homme vers Dieu : *Omnia vestra sunt, vos autem Christi, Christus autem Dei.*

Telles sont, en partie du moins, les doctrines des scotistes. On les peut combattre, mais on ne leur saurait refuser le caractère d'une élévation qui est de nature à séduire les grandes intelligences. Il semble que le P. Faber ne pouvait pas ne pas être scotiste.

C'est là son point de départ pour écrire en traits de feu toute l'histoire du monde avant et après la nuit du *Gloria in excelsis.*

VI

On pourrait facilement extraire des œuvres du P. Faber tout un Cours d'histoire qui élèverait singulièrement les jeunes intelligences de notre temps, si souvent condamnées à des livres médiocres. « Dieu (dit notre Oratorien en un de ces beaux résumés auxquels nous voulons

faire allusion), Dieu plante l'Éden pour les créatures auxquelles il vient de donner l'être ; il vient lui-même les
trouver. Les soirées du jeune monde sont consacrées aux
entretiens familiers du Créateur avec ses créatures. Il
éprouve alors leur amour par le plus facile des commandements, et, quand ils l'ont transgressé, la miséricordieuse promesse du Sauveur se fait entendre et domine
les accents prodigieusement affaiblis de la colère divine. Ni le péché ne décourage Dieu, ni l'opiniâtreté ne
lasse la persévérance de cet amour. Ses dons ne lui
semblent ni trop multiples ni trop riches, pourvu que sa
créature consente à les recevoir. Dans les pâturages de la
Mésopotamie comme dans les plaines où son peuple façonnait la brique pour les Égyptiens, sous les palmiers
du désert comme auprès des vignes d'Engaddi ou sur les
rives des fleuves de Babylone, il est toujours le même.
Dieu ne peut se passer de nous, il ne peut supporter la
perte de notre amour, il s'attache à nous, il nous sollicite et, quand il nous punit, c'est pour obtenir l'amour.
Il cherche à toucher nos cœurs par ses plaintes charmantes ; il gémit comme un ami soupçonné ; il nous
appelle avec une sorte d'humilité qui n'a pas son égale
dans l'amour humain. Quelle idée, quelle impression la
Bible tout entière nous laisse-t-elle ? C'est que la passion
dominante du Créateur est de gagner le cœur de ses
créatures [1]. »

Je voudrais que ce passage fût imprimé en grosses
lettres sur la première page de toutes ces histoires de
l'Ancien Testament dont on impose à nos enfants l'aridité et la rudesse déplorables. Le jansénisme y est resté

---

[1] *Le Créateur et la Créature*, p. 129-130.

toujours puissant : car le jansénisme a une sorte de jeunesse
hideuse sous ses rides. L'histoire, je le sais, est pleine du
récit de ces rudes exécutions de la justice de Dieu, de
ces châtiments terribles qu'il inflige tantôt à son peuple,
tantôt aux ennemis de son peuple, de ces grands coups
de fouet dont il flagelle le monde. De là les critiques mes-
quines et inintelligentes de Voltaire ; de là ces reproches de
vengeance et de cruauté que l'*Encyclopédie* a faits à Moïse
et à sa loi ; de là aussi les étonnements de certains chrétiens qui sont presque scandalisés des sévérités divines.
L'amour seul, l'amour explique tout. Si Dieu s'est montré
si souvent dans l'exercice de ses rigueurs, c'est qu'il s'a-
gissait de sauver le monde ; c'est que, pour le sauver, il
fallait préparer le règne de Jésus-Christ ; c'est que le
peuple juif était providentiellement chargé de garder ici-
bas le dépôt de la Vérité, et que, si ce dépositaire était
infidèle, tout le Plan divin allait crouler. Voilà pourquoi
la loi mosaïque a de telles rudesses, des rudesses qui en
réalité étaient très amoureuses ; voilà pourquoi Dieu
frappe tant d'Israélites coupables d'avoir jeté sur l'Arche
un seul regard sacrilège ; voilà pourquoi les Amalécites
et tous ces mauvais peuples sont si formidablement châ-
tiés. Il fallait sauver le plus d'âmes possible, qui ne pouvaient être sauvées que par Jésus-Christ ; il fallait, encore
un coup, que Jésus-Christ fût dignement préparé par le
peuple juif, et que par conséquent ce peuple accomplît
dignement sa mission. C'est ce que le P. Faber a merveilleusement compris, c'est ce qu'il met dans une éblouissante lumière [1]. Et toujours, comme vous le voyez, il fait
de la Bonté le fondement et le sommet de toutes choses.
Faisons comme lui.

----

[1] *Le Créateur et la Créature*, pp. 76, 77, etc.

En résumé, l'Ancien Testament, autant que le Nouveau, est plein d'amour, déborde d'amour : les rudesses divines ne s'expliquent que par le péché de l'homme et la bonté de Dieu. Car « le péché était venu depuis longtemps, et avec le péché ses nombreuses et funestes conséquences. La terre avait été engloutie dans un naufrage complet. Elle continuait sa course, comme d'habitude, sous les rayons du soleil, à travers les espaces. Cependant, aux yeux de Dieu et dans la destinée de ses habitants, quel changement ! Jésus ne pouvait plus venir désormais dans une glorieuse et impassible incarnation [1]. » Mais voici que le moment le plus solennel de la vie de l'humanité est enfin venu. Cette heure suprême de l'Ancien Testament, cette première heure de la loi nouvelle, va bientôt sonner, elle sonne. « Oui, dit l'auteur de *Bethléem,* ce fut un instant solennel. Il était pleinement au pouvoir de Marie de refuser. Jamais créature n'a exercé sa liberté plus librement que Marie pendant cette nuit. Comme en cet instant les Anges ont dû être suspendus dans l'attente autour de la sainte maison ! Avec quelles adorables délices, avec quelle ineffable complaisance la sainte Trinité n'a-t-elle pas attendu l'ouverture des lèvres de Marie, le *fiat* de celle que Dieu avait tirée du néant, ce *fiat* qui devait être maintenant une mélodie si suave à ses oreilles, un écho de la création répondant à cet autre *fiat* dont la douceur irrésistible avait fait jaillir à la vie la création elle-même [2] ! » Après avoir ainsi établi la doctrine magnifique de la corédemption de la Vierge qu'un Français, M. Auguste Nicolas, a si remarquablement développée dans le meil-

---

[1] *Le Précieux Sang,* p. 16-17.
[2] *Bethléem,* I, 109-116.

leur de ses ouvrages [1], le P. Faber, ému, presque trans-
porté au ciel, et ne sachant plus contenir Dieu qui frémit
en son sein, se laisse aller à raconter la scène de l'Incarnation comme on ne l'a jamais racontée jusqu'à ce jour,
avec une sorte d'inspiration divine :

« Marie, dit-il, Marie a fait un signe d'assentiment. Maintenant
Dieu est libre, Marie l'a rendu libre. La créature a donné une liberté nouvelle au Créateur. L'Océan éternel a pénétré tout autour
de la Reine des créatures ; la complaisance divine a fait rouler au-
dessus de sa tête le majestueux murmure d'un tonnerre doux et
mystérieux ; une ombre qui paraît ressembler à Dieu la recouvre
pendant un instant : Gabriel a disparu ; et sans secousse, sans
bruit, sans le moindre frémissement du calme de la nuit, Dieu,
revêtu d'une nature créée, était assis au dedans de son sein maternel. La volonté éternelle était exécutée, et la création était
complète. Bien loin dans l'espace, une immense jubilation éclatait
au milieu des régions du monde angélique. Mais la Vierge ne l'entendait pas, elle ne l'écoutait pas. Sa tête était abaissée sur son
sein et son âme était plongée dans un silence qui ressemblait à la
paix de Dieu. LE VERBE ÉTAIT FAIT CHAIR [2]. »

VII

« Le Verbe s'est fait chair. » Faisons ici une halte nécessaire. Nos lecteurs, sans doute, sont fatigués de tant
de beautés : il ne faut pas les lasser à coups de chefs-
d'œuvre. Nous nous étions proposé d'étudier la théodicée
du P. Faber, sa théorie de la Rédemption et sa doctrine
sur l'Ancien Testament : ces trois points ont été élucidés.
En théodicée, le P. Faber ne sépare pas l'Être divin
de ses attributs : il n'est pas ontologiste dans le sens con-

[1] *La Vierge Marie dans le Plan divin.*
[2] *Bethléem*, I, 110-111.

damnable de ce mot, et, parmi toutes les perfections de
l'Infini, c'est à la Bonté qu'il donne le premier rang.

Il partage sur l'incarnation les idées générales de Duns
Scot, et pose en principe que, sans la désobéissance d'A-
dam et le crime de nos premiers parents, le Verbe se serait incarné.

Enfin, c'est par l'amour qu'il explique toutes les rigueurs de l'Ancien Testament, et si l'Ancien Testament
a pu enfin faire place au Nouveau, c'est qu'aux yeux de
notre mystique, la Vierge Marie est célestement interve-
nue ; c'est que, par son *fiat* sublime, elle a participé à
l'incarnation de Dieu et au salut du monde.

Il nous reste à exposer les doctrines du P. Faber sur les
causes et les effets de la Rédemption, ou plutôt sur l'histoire du Précieux Sang ; car il est bon d'emprunter ici
les expressions favorites de notre théologien. Après la
lecture de ses livres sur la Passion du Christ, il sera
difficile, comme on va s'en convaincre, de ne pas avoir
sans cesse sous les yeux l'image de Jésus couronné d'é-
pines et chargé de sa croix. Et les lecteurs du *Précieux
Sang,* oui, les lecteurs les plus indifférents, seront forcés
de répéter quelque jour cette parole que nous disait jadis
un chrétien dont la vie a été longuement agitée, et qui
n'a pas toujours eu la plénitude de la foi : « Je ne suis
pas un mystique ; quelquefois je perds de vue la Vierge
et les Saints ; mais je vois toujours là, sous mes yeux, la
grande figure de Jésus-Christ tout inondé de son sang et
me tendant les bras ! »

VIII

La Rédemption, ses effets sur l'homme, ses effets sur la société : voilà ce que nous nous proposons de mettre en lumière en empruntant au P. Faber tout le rayonnement de sa doctrine : rayonnement dont rien n'égale la splendeur.

Il y a longtemps, bien longtemps déjà, qu'on a reproché au dix-neuvième siècle de dédaigner un humble petit livre où toute vérité est substantiellement contenue et sans lequel le monde périrait : je dis le monde moral et le monde matériel lui-même dont Dieu ne pourrait plus supporter le scandale. Ce petit livre, c'est le Catéchisme. C'est là que l'on trouve la définition claire, lumineuse, de ce grand dogme de la Rédemption. La Rédemption, c'est LA SUBSTITUTION DE DIEU A L'HOMME. Il n'est pas rare de rencontrer, dans le monde, des intelligences, même vulgaires, qui admirent profondément le trait de saint Vincent de Paul se substituant à un galérien, prenant sa place, acceptant son châtiment. Eh bien ! ce trait n'est qu'une très pâle et très imparfaite copie du chef-d'œuvre de Dieu parmi nous. Dieu a pris RÉELLEMENT notre place, Dieu s'est RÉELLEMENT substitué à nous. Nous étions dans le bagne du péché, chargés de très lourdes chaînes, osant à peine lever au ciel des yeux remplis de larmes ; et voilà que tout à coup un homme vêtu de lumière s'est présenté à la porte de cette prison que sa présence a rendue éblouissante. Ses doigts ont touché nos chaînes : elles sont tombées. Sa main nous a relevés, son sourire nous a guéris. Puis il a dit aux gardiens du

bagne : « Je vais les remplacer, enchaînez-moi. » Et il a
été garrotté pour nous, et il est mort pour nous. Tout cela
s'est littéralement passé sous nos yeux, sur cette terre
que nous habitons, et je regrette d'être forcé d'employer
ici des métaphores qui rendent si médiocrement ma pensée. Sur ces sommets de la métaphysique, l'intelligence
humaine voudrait trouver des mots tout spirituels et
sans corps ; mais elle s'agite en vain, elle est impuissante, elle bégaye.

Nous avons connu un chrétien qui, tous les jours, au
moment solennel de l'élévation de l'hostie et du calice,
aimait à résumer, dans une prière ardente, toute la pensée de l'Église sur le dogme qui nous occupe : « O mon
Dieu, disait-il, je sais que toute faute mérite un châtiment, et je sais encore que, d'après les lois de la justice
naturelle, ce châtiment doit être subi par le coupable.
Mais je sais aussi que, par une adorable décision de votre
miséricorde, un innocent peut se substituer au coupable
qui est par lui-même indigne et incapable d'expier suffisamment. L'Innocent, ô mon Dieu, c'est vous ; mais il
faut, à tout le moins, que le coupable consente à une
substitution aussi salutaire. Pour ma part, j'y consens.
Substituez-vous à moi et à tous les hommes. Mettez-vous
en notre place, mettez-nous en la vôtre, et que votre beau
ciel soit plein d'âmes. » Il nous semble que cette prière
est un très exact résumé de la doctrine catholique. Plus
nous avançons dans l'exposition de ce dogme incompara-
rable, moins nous comprenons les révoltes de la libre
pensée. Vous imaginez-vous le galérien que saint Vincent
de Paul était venu délivrer, vous l'imaginez-vous entrant
dans un accès de folie furieuse contre son libérateur, et
le battant avec ces chaînes mêmes dont le saint voulait

se charger ? C'est à la lettre l'histoire de l'incrédulité contemporaine.

Le P. Faber a consacré tout un livre, *le Précieux Sang*, à l'exposition de la doctrine que nous défendons ; et ce livre est, suivant nous, son chef-d'œuvre [1]. Tout d'abord, il y répond à certaines objections que nous entendons tous les jours répéter autour de nous. Combien de fois n'avons-nous pas entendu dire par des philosophes de vingtième ordre : « Dieu DEVAIT nous sauver ainsi, puisqu'il nous avait laissé tomber dans le péché. » Mais notre grand mystique démontre, avec une éloquente lucidité, que Dieu aurait fort bien pu ne pas nous créer ; qu'en second lieu, il aurait pu nous racheter selon mille autres modes, et enfin, qu'en nous rachetant d'après le mode sublime qu'il a adopté, il pouvait fort bien, au lieu de subir tant d'inénarrables douleurs, ne répandre qu'une larme, une seule larme, une goutte, une seule goutte de son sang qui aurait très surabondamment suffi à laver les péchés de toute la terre, et aussi à laver les péchés de tous les mondes habités. Rien n'est si simple, rien n'est si profond que cette triple démonstration. Mais il faut ici se suspendre aux lèvres de ce grand poète, de ce beau chanteur, comme dirait l'évêque de Tulle : « Reportons notre pensée vers les innombrables étoiles qui peuplent les cieux. Multiplions-les des millions et des millions de fois. Supposons-les habitées, pendant des siècles infinis, par des multitudes de races déchues. Nous n'avons pas de signes qui puissent nous donner une idée du nombre des

---

[1] La seule division de ce livre atteste sa magnifique élévation. Il est partagé en six chapitres, dont voici les titres : I. *Le Mystère du Précieux Sang*. II. *Sa nécessité*. III. *Son Empire*. IV. *Son Histoire*. V. *Sa Prodigalité*. VI. *La Dévotion du Précieux Sang*.

âmes qui s'y trouveraient, et encore moins nous représenter les actes multipliés de péché de toutes ces âmes
ou de tous ces esprits. Mais nous savons ceci : qu'une
seule de toutes les gouttes du précieux sang qui sont dans
le corps glorifié de Jésus aurait été plus que suffisante
pour purifier ces innombrables créatures déchues et pour
absoudre séparément chaque pécheur de ses péchés sans
nombre. Oui, d'une seule goutte auraient pu émaner tous
ces mondes de grâces réparatrices. La valeur d'une seule
goutte du précieux sang est tout simplement infinie [1]. »
Et ailleurs : « Ce ne fut pas la nécessité qui détermina
Dieu à racheter le monde par le précieux sang. Il aurait
pu le racheter de mille autres manières. Sa puissance ne
connaît pas de bornes et sa sagesse est inépuisable. Il aurait pu concilier le pardon du péché avec la pureté sans
tache de sa sainteté, par une foule d'inventions dont ni
nous ni les anges ne peuvent avoir aucune idée. Son pouvoir absolu lui permettait de nous sauver sans Jésus. Même
dans le cas de la rédemption, Notre-Seigneur pouvait se
dispenser de répandre son sang. Il n'y avait aucune nécessité pour lui de le verser. Une seule larme, un soupir
d'un instant, un regard élevé vers le trône de son père,
auraient suffi si les trois divines Personnes l'avaient voulu.
L'effusion de son sang faisait partie de la liberté de son
amour [2]. » A la lecture de ces merveilleuses paroles, il
est vraiment douloureux de penser que certaines intelligences attardées n'y verront que des nouveautés, qu'elles
seront étonnées de ces doctrines, qu'elles iront presque
jusqu'à s'en défier ; tandis que nous sommes ici dans l'in-

[1] *Le Précieux Sang*, pp. 33, 34.
[2] *Ibid.*, p. 35.

time, dans le cœur de la vieille vérité catholique. Les
nouveautés du P. Faber sont dix-neuf fois centenaires.

Après avoir fortement établi la doctrine, l'Oratorien
anglais est amené par son sujet à raconter l'histoire de la
Rédemption. Le théologien du Précieux Sang fait place à
l'annaliste de la Passion. Vais-je ici le résumer froidement? Vais-je analyser les ardeurs de ce style? Oserai-je
disloquer ces magnifiques rayons pour en présenter seulement quelques fragments à mes lecteurs? Non, j'aurai
la très facile et très délicieuse modestie de citer *in extenso*
le plus grand mystique de mon temps. Il a mis en drame
les souffrances du Christ : je choisirai trois scènes dans
ce grand drame qui embrasse à la fois le ciel, la terre et
tous les mondes.....

I. LA SUEUR DE SANG. — Voyons ce qu'au jardin des Oliviers fait
l'âme du Sauveur. Elle réunit autour d'elle tous les péchés, si
nombreux, si variés, si énormes, des hommes. Sa sainteté si belle
se recouvre de ce hideux vêtement qui brûle, semblable à un poi-
son, semblable à une flamme ardente. Ainsi revêtue, elle frémit
toute pénétrée du plus terrible des frémissements humains. Sa vie
ne se conserve que par une puissance miraculeuse. Jamais, sur la
terre, il n'y a eu de pesanteur aussi mortelle, de tristesse aussi
poignante, de dessèchement aussi complet des fontaines de la vie,
de langueur aussi cruelle, d'abattement aussi excessif. Alors cette
âme puissante lève les mains comme si, avec une force plus grande
que celle de Samson, elle allait faire descendre les cieux ; elle attire sur elle-même la redoutable tempête de la justice éternelle et
de la vengeance accablante de Dieu. Le sacré cœur ne peut pas
résister plus longtemps. Il laisse échapper sa vie vermeille, comme
un pressoir le vin qu'il renferme. L'une après l'autre, d'une manière qui n'est point naturelle, les gouttes de sang suintent lentement à travers les pores brûlants de la peau divine. Elles s'ar-
rêtent sur son front, et puis elles roulent le long de sa face. Elles
embarrassent sa chevelure, elles couvrent ses yeux, elles rem-
plissent sa bouche. Elles souillent sa barbe, elles souillent ses
mains, elles coulent sur tous ses membres comme une sueur uni-

verselle de sang. Elles tachent ses vêtements, elles rougissent les racines des oliviers, elles recouvrent la poussière blanche de taches rougeâtres. Certes, si jamais souffrance a été belle — et combien peu de souffrances sur la terre ne l'ont pas été, — c'était bien celle que la lune de Pâques contemplait cette nuit à l'ombre des oliviers de Gethsémani[1].

II. LE COURONNEMENT D'ÉPINES. — Voici la quatrième effusion du sang, voici le couronnement d'épines. C'est la souveraineté de Jésus qui déplaît à ses bourreaux : ils ne peuvent supporter qu'il s'appelle roi. Ils voudraient bien tourner sa royauté en dérision ; mais ils la sentent et ils la craignent. Tant de douceur aigrissait les bourreaux ; elle les abaissait eux-mêmes dans leur propre estime. La mansuétude de son silence était pour eux un reproche. Il y avait quelque chose de si adorable dans ses souffrances, que leur fanfaronnade vulgaire s'en trouvait écrasée : son regard les humiliait : il était si beau ! Ainsi, dans l'aveuglement de leur malice, ils ont opéré un mystère divin, ils l'ont couronné roi... Le soleil et la pluie étaient tombés alternativement sur les ronces verdoyantes que la terre, sans le savoir, avait fait croître pour son créateur. Ces ronces s'étaient étendues sur le gazon ; elles y avaient entrelacé leurs nombreux et vigoureux rejetons. Elles avaient poussé en buissons épais ; leurs pointes flexibles s'étaient durcies sous les rayons du soleil de l'automne, et elles étaient devenues de longues et grosses épines. Peut-être l'abeille s'était-elle posée sur leurs fleurs pour en extraire le suc délicieux ; peut-être le papillon avait-il été attiré un instant par leur parfum aromatique ; peut-être l'oiseau avait-il emporté dans son bec leurs baies dorées ; mais qui aurait jamais imaginé qu'elles devaient encore être teintes du sang de leur Créateur ? Les soldats ont garni leurs mains calleuses de leurs gantelets de cuir, et ils tressent une couronne de ces épines dures et cruelles. Qu'importe si elle n'est point parfaitement ronde ? Qu'importe si elle ne doit pas s'adapter exactement à la tête de leur César de théâtre ? Au milieu des plaisanteries, des jeux de mots et des blasphèmes païens, l'ouvrage informe est bientôt achevé. Alors ils se lèvent et s'approchent de leur roi. Oh ! ce n'est pas de la même manière que nous nous approchons maintenant du Saint Sacrement et que les anges s'approchent du trône de l'Éternel... Jésus est assis sur un banc, et nous osons à

[1] *Le Précieux Sang*. pp. 288-290.

peine le regarder, tant il est divin dans son abjection. Ce corps de
garde se remplit silencieusement de la splendeur de sa divinité.
Est-ce qu'ils ne la voient pas ? Non. Ils enfoncent la couronne sur
sa tête avec une violence brutale. Elle n'est pas ronde, elle ne va
pas : ils font entrer de force les pointes dans sa peau, et le sang
jaillit, noir, lent, avec une peine des plus douloureuses... Jésus
tremble de la tête aux pieds, dans un supplice intolérable. Un
nuage de souffrance recouvre ses yeux si beaux ; ses lèvres sont
devenues livides sous l'excès de la douleur. Mais le visage d'un
enfant endormi n'est pas plus doux que le sien, ni son cœur plus
calme, et il nous apparaît plus beau, maintenant qu'il est couronné. O sang précieux, ô amant de la souveraineté de Dieu,
longtemps tu as eu soif de la royauté. Mais quelles étranges,
quelles saisissantes cérémonies tu avais préparées pour ton couronnement [1] !

III. LE CRUCIFIEMENT. — Ils ont étendu Jésus sur la croix, lit
plus dur que le berceau de Bethléem dans lequel il avait d'abord
été couché. Il se remit entre leurs mains avec autant de docilité
qu'un enfant fatigué que sa mère prépare doucement au repos. Il
semble (et en vérité il en était ainsi) faire sa propre volonté, plutôt que la leur. Beau dans son défigurement, vénérable dans son
ignominie, le Dieu éternel s'étend sur la croix, les yeux fixés avec
douceur vers le ciel. Jamais Marie ne pensa qu'il parût plus digne
d'adoration, qu'il fût plus manifestement Dieu que quand il était
ainsi étendu et couché sur la croix, victime impuissante, mais volontaire. Et elle l'adorait avec la plus profonde vénération. Maintenant les bourreaux étendent son bras droit et sa main sur la
croix. Ils mettent le clou raboteux à la paume de sa main, cette
main d'où découlent les grâces du monde, et le premier coup de
marteau retentit sourdement au milieu du silence. Madeleine et
Jean se bouchent les oreilles : car pour eux ce son est intolérable.
Il leur est plus douloureux que si le marteau tombait au vif sur
leurs cœurs. Marie entend tout le bruit. Et cependant pour elle la
pose des clous n'était pas une action unique : chaque coup lui in-
fligeait un martyre particulier, comme la main du musicien qui
presse tour à tour toutes les clefs de son instrument... La main
droite est clouée à la croix ; la gauche ne peut atteindre sa place.
Ils ont mal mesuré leur distance. Les bourreaux tirent alors le

[1] *Le Précieux Sang*, p. 297.

bras gauche de toutes leurs forces, mais il ne s'allonge pas assez.
Ils appuient leurs genoux sur les côtes que cette violente pression
fait craquer sans les briser, et, en disloquant le bras de Jésus, ils
parviennent à étendre la main jusqu'à sa place. Puis, le bruit sourd
du marteau recommence, changeant de son selon qu'il porte sur la
chair, les muscles ou le bois dur dans lequel le clou s'ouvre un
cruel passage. Dieu soutint Marie : elle continua de vivre. Maintenant on soulève la croix et on la dresse avec Jésus couché
dessus et ayant toujours la même douceur d'expression dans les
yeux ; l'instrument du supplice est porté près du trou creusé pour
la recevoir ; on attire graduellement le pied de la croix au-dessus
du bord de la cavité, jusqu'à ce qu'elle y tombe d'un bond violent
qui disloque tous les os de la victime et détache presque son corps
avec les clous qui le retiennent. Quelques saints contemplatifs
font même mention d'une corde liée autour du corps sacré pour
l'empêcher de se détacher de la croix et serrée si cruellement
qu'elle entrait dans la chair. Ainsi une horreur surpasse l'autre,
fouillant (comme ces feux souterrains qui font trembler la terre)
sous les abîmes du cœur anéanti de Marie, toutes ses facultés
surnaturelles de souffrir. Ne comparons la douleur de Marie à
aucune autre [1].

Telles sont, obscurcies par les ténèbres d'une traduction, les beautés de ce drame écrit par un Shakespeare
mystique, par un Shakespeare qui n'est certes pas au-
dessous de l'autre. Nous ne regretterions pas d'avoir commis une citation si longue, si nos lecteurs devaient tirer
de cette lecture quelques conclusions larges, élevées et
profondes. Tout d'abord, nous voudrions leur avoir persuadé qu'un siècle qui possède des écrivains comme le
P. Faber n'est réellement inférieur à aucun autre siècle.
C'est toujours avec un serrement de cœur que nous voyons
notre époque obstinément placée par certains écrivains
bien au-dessous du siècle de Louis XIV. Joseph de Maistre
est-il inférieur à Bossuet ? Racine est-il supérieur à La-

[1] *Le Pied de la Croix*, pp. 291-294.

martine ? Et le P. Faber ne peut-il pas soutenir la comparaison avec saint François de Sales ou avec Fénelon ? Nous sommes tout prêt à accepter la lutte sur ce terrain ; mais, ici encore, le P. Faber nous est d'une autre utilité. Il aime passionnément le Beau, et il ne sait pas s'écarter un instant de cet amour très pratique. Jamais un mot bas, jamais un *réalisme* ne vient déshonorer ces pages pures comme le cristal. C'est là une grande leçon pour tous les catholiques qui mettent aujourd'hui leur plume au service de la Vérité : ils doivent haïr toute image laide, toute expression triviale, tout ce qui, de près et de loin, peut ressembler à du Courbet.

De tous les passages que nous avons cités, il faut surtout conclure que, dans tous ses livres, notre grand mystique présente la Rédemption comme un effet du libre amour de Dieu, et non point comme une nécessité. En résumé, Dieu AURAIT PU NOUS SAUVER AUTREMENT, MAIS IL NE POUVAIT PAS NOUS SAUVER D'UNE MANIÈRE PLUS SUBLIME. « Oh ! cette pensée, dit le P. Faber, inonde mon cœur de joie. Avoir toujours à reposer sur la libre souveraineté de Dieu au lieu de reposer sur ma petitesse et sur ma misère ; toujours retomber sur la magnificence gratuite de mon Dieu ; être toujours redevable de tout à Jésus (et de quel tout, ô Dieu miséricordieux !) : cette joie est de toutes les joies de la terre celle qui se rapproche le plus de la joie des cieux [1]. »

IX

« L'universalité sans limites, » tel est le caractère de toutes les œuvres de Dieu. Une fois que le sang divin

---

[1] *Le Précieux Sang.* p. 98.

avait été répandu, il devait tout atteindre, tout pénétrer, tout régénérer. Il n'appartient pas aux seuls théologiens de parler de ses conquêtes ; mais l'artiste, le poète, le savant, le politique doivent faire de la Rédemption et du sang de Dieu le centre, le but, l'idéal de leur art, de leur science et de leurs idées sur le gouvernement des hommes. Ce n'est pas ici une parole sonore et retentissante, ce n'est pas ici de la poésie : c'est de la réalité. Sans la Rédemption, il ne peut y avoir, il n'y aura jamais ici-bas de vérité complète, de beauté accomplie, de science parfaite. Enfin, il n'y aurait pas, sans ce sang répandu, de salut possible pour les âmes, et sans lui le ciel ne serait point peuplé.

En nous donnant le sang de son Fils, Dieu nous a fait quatre présents inestimables. Il nous a donné le Vrai que l'Église maintient dans le monde. Il nous a donné le Bien dont les sacrements nous communiquent l'énergie. Il nous a donné le Beau que l'art chrétien ne cesse d'exprimer à travers tous les siècles. Enfin il nous a donné la Béatitude qui ne doit pas finir. Les trois premiers de ces présents sont pour la terre ; le dernier, qui les contient tous, est pour le ciel.

Si cette division que nous venons de soumettre à nos lecteurs n'appartient pas à l'Oratorien anglais, on ne peut se dissimuler qu'elle est implicitement renfermée dans son *Précieux Sang*. Puis, quels torrents de lumière il a répandus sur chacun de ces objets de sa méditation ! Car il est prodigue de lumière, ce grand génie : il ne compte pas les rayons dont il réjouit nos yeux. Tout d'abord, l'Église, pour lui, se résume dans le Pape. Le P. Faber n'appartient pas à ce groupe d'esprits trop exclusivement métaphysiques qui ne prennent pas une part assez vive aux

angoisses temporelles du Saint-Siège. Ce mystique, ce métaphysicien, pendant les dernières années de sa vie, a
suivi avec des battements de cœur toutes les péripéties
de la question romaine. Ce même entendement qui dé-
couvrait les secrets de l'essence divine avait de belles indignations et de chauds frémissements à la nouvelle de
la glorieuse défaite de Castelfidardo. Il avait la plénitude
du sens catholique.

Le Pape, aux yeux du P. Faber, tire du Précieux Sang
toute la puissance de sa juridiction, toute la force de son
infaillibilité : « C'est dans le Pape, dit-il, que se trouve la
paternité de tous les sacrements, et c'est en lui que ré-
sident la juridiction du Précieux Sang et les prérogatives
royales du Verbe incarné. Les Papes administrent l'empire de Jésus : ils sont la tête du Christ rendue visible à
nos yeux. » Et notre grand mystique ajoute que la tiare est
trop souvent « une couronne d'épines, comme le ponti-
ficat est véritablement un martyre [1]. »

Ceux qui continuent ainsi la Rédemption à travers
tous les temps, sont aussi ceux qui continuent l'Infaillibilité. C'est le sang versé du Fils de Dieu qui a mérité sans
doute à l'humanité cette insigne faveur de posséder à
plein le trésor de la Vérité, de le posséder visiblement
et sans interruption. Le Pape est à Rome, comme la lumière sur un candélabre qui domine facilement le monde :
il suffit d'avoir des yeux et de la bonne volonté pour être
largement illuminé. De la bonne volonté, disons-nous.
Oui, car, jusqu'à la consommation, ceux-là qui croient à
la puissance de la Rédemption, et qui imitent le Rédempteur, ceux-là seuls seront admis à la connaissance de

[1] *Le Précieux Sang*, p. 323.

toute la vérité. La source de la vérité, au point de vue absolu, c'est le Verbe, c'est la Raison, le Discours intérieur de Dieu ; mais, au point de vue relatif de notre humanité malade, c'est le Verbe fait homme et répandant son sang, c'est le Verbe continué par l'Église.

Quant à la source du Bien, elle est surtout dans les sacrements, et les sacrements, qu'est-ce autre chose que l'effusion réelle, authentique, du Sang sacré sur les âmes ? Comme le dit le P. Faber avec son originalité habituelle, « ils sont *la continuation des trente-trois années de Jésus sur la terre*. » Je ne dis pas qu'en dehors de la race chrétienne, de la race sacramentelle (si l'on peut parler de la sorte), il n'y ait pas de beaux fragments épars de vertu naturelle, de même qu'en dehors des nations baignées par le Sang divin, on rencontre de beaux rayons épars de vérité. Mais la plénitude du Bien ne sera jamais conquise ici-bas que par ceux qui ont conquis la plénitude de la grâce. Ceux qui boivent le plus souvent aux sources sacramentelles, sont ceux qui sont parmi nous les plus parfaits imitateurs de Jésus-Christ. Or le bien fait ici-bas d'autant plus de progrès que ces imitateurs sont en plus grand nombre.

Supposez, par une hypothèse étrange, que Jésus-Christ incarné vive, souffre, répande son sang visiblement en plusieurs pays à la fois : il en résulterait en apparence une sanctification plus vive, plus directement féconde, et dont le monde entier se ressentirait. Eh bien ! cette hypothèse est presque une réalité ; car les chrétiens sont d'autres Jésus-Christ. Que me parlez-vous de morale indépendante ? Lorsque je sors du sacrement eucharistique, ne suis-je pas disposé à toutes les vertus, n'ai-je pas une horreur plus profonde pour tous les vices, n'accomplirai-

je pas plus aisément tous les sacrifices ? Ma morale dépend du sacrement que j'ai reçu, et en dépend très
étroitement. C'est un fait d'une évidence axiomatique.
D'ailleurs, tout ce qui se fait de grand ici-bas n'est-il pas
inspiré directement par l'esprit de sacrifice ? Le sacrifice
n'est-il pas l'origine de toutes les grandes idées, comme de
toutes les grandes institutions ? Les hommes de sacrifice
seuls peuvent faire au paupérisme, à la maladie, au mal,
une guerre efficace, et il n'y a de ces hommes que parmi
les imitateurs et les adorateurs du Précieux Sang. Toute
charité n'est en réalité qu'une substitution de soi-même à
la misère des autres ; toute charité est une rédemption,
est une copie de la Rédemption. C'est ce que le P. Faber a dit mille fois mieux que nous.

L'Art lui-même, dont on n'a pas coutume de mêler le
nom à ces méditations sur le Précieux Sang, tire de Jésus souffrant sa véritable grandeur. Je dis que les peuples
chrétiens, seuls, ont l'entière notion de la véritable Beauté. Vous m'objecterez les Grecs et la perfection de ces
formes antiques qui s'épanouit si merveilleusement sur
la blancheur des marbres athéniens. Je vous répondrai
que c'est là une beauté de second ordre ; que sans Jésus-
Christ nous aurions été à perpétuité condamnés à ce culte
du muscle, à cette adoration du torse ; mais que depuis
dix-neuf cents ans l'art a été délivré, et qu'il lui a été donné d'exprimer avec la couleur et avec le marbre quelque
chose de supérieur, l'âme. Parcourez, parcourez notre
Musée des antiques ; considérez ces figures merveilleuses ;
ces corps gracieux, ces plis admirables : vous ne rencon-
trerez pas l'âme sur le visage de tous ces dieux et de tous
ces héros. Ces marbres doublement matériels ne prient
pas, ne luttent pas contre le mal, n'adorent pas Dieu. Le

dernier petit statuaire d'un pays chrétien donnera, tout
au contraire, cette vie spirituelle à la toile et à la pierre.
Voyez un saint : quel sujet incomparable de portrait ou
de statue ! Il a ses beaux yeux jetés vers le ciel, il est
brûlé au dedans par de rudes passions contre lesquelles
il se débat rudement, et cette lutte éclate sur son visage
que la victoire va tout à l'heure embellir magnifiquement.
Ne me parlez plus de vos Apollon ni de vos Vénus : je
tiens enfin, je tiens la véritable beauté, et contemple sur
une tête humaine le triomphe visible de l'âme sur le
corps et du bien sur le mal. Ne me demandez rien de
plus beau : car rien de plus beau ne sera jamais vu que
dans le ciel.

Écoutez là-dessus notre admirable P. Faber : « L'Art
chrétien, dit-il, est à la fois une théologie et un culte.
Qu'est-ce que la *Vie de Jésus-Christ* par le B. Ange de
Fiesole, sinon le plus magnifique traité de l'Incarnation
qui ait été composé après celui de saint Thomas. L'ART
EST UNE VÉRITABLE RÉVÉLATION DU CIEL. Il fait apparaître
en Dieu des choses trop profondes pour que la parole
puisse les exprimer. L'Art est né, comme Notre-Seigneur,
à Bethléem ; il y a été bercé avec lui ; IL SEMBLE PRESQUE
TOUCHER A LA GRACE. Dans toutes ses parties, d'ailleurs,
la vie de Jésus-Christ est la représentation du Beau[1]. »
Que ne lisez-vous ces lignes, ô vous qui vous glorifiez du
nom d'artistes ? Elles vous apprendraient la hauteur de vos
fonctions. Elles vous diraient que vous devez tout au Christ.
Les anciens ont pu concevoir et réaliser la froide et régu-
lière perfection du Parthénon; mais les adorateurs de Jésus
crucifié ont voulu, de leurs mains fortes, élever les voûtes

---

[1] *Bethléem*, I, 327 et suiv.

trop basses de cet édifice trop humain, mais ils ont voulu faire de leurs temples l'image du ciel. Les anciens ont pu bégayer les mélodies pures et correctes d'un chant dont nous ne leur avons guère emprunté que la méthode ; mais dans leurs incomparables harmonies, les adorateurs de Jésus crucifié ont su mettre toute la lutte entre le ciel et la terre, entre le Bien et le Mal, entre le Calvaire et l'enfer. Est-ce qu'un ancien eût pu concevoir la *Création* d'Haydn ? Est-ce qu'un ancien eût pu seulement imaginer ce passage célèbre du *Don Juan* de Mozart, où la mélodie peint les plus délicates, les plus vives et en apparence les plus pures tendresses, tandis que l'orchestration exprime la raillerie satanique et la perfidie du séducteur ? Les anciens, enfin, ont pu arriver à rendre, dans toute sa perfection, les traits de la beauté physique ; ils ont fait la *Vénus* de Milo, que je ne crains pas d'admirer ; ils ont fait l'*Apollon* du Belvédère, que je n'ai jamais contemplé sans frémir ; mais les adorateurs de Jésus crucifié ont trouvé mieux : ils ont trouvé cette tête de Jésus-Christ, dont on a découvert la sublime empreinte aux catacombes ; ils ont trouvé « la beauté vraiment artistique et idéale des douleurs de Marie ; ce caractère pathétique et ces tristesses de la Compassion, qui ne doivent pas être séparées des terreurs sublimes et sacrées de la Passion du Verbe incarné[1]. » La figure qui domine l'Art, c'est celle de la Vierge immaculée.

Nous nous arrêtons : car nous n'aurons pas à parler longtemps de ce salut que nous a procuré le sang répandu de Jésus-Christ, après nous avoir procuré, comme nous venons de le montrer, le triple trésor du Beau, du Vrai

---

[1] *Le Pied de la Croix*, p. 21.

et du Bien. N'avons-nous pas dit déjà que le P. Faber
était un partisan déterminé de la facilité du salut pour
tous les hommes? Dans son beau Traité qui a pour titre:
Le Créateur et la Créature, il consacre à l'étude de cette
grande question deux chapitres admirables de candeur,
de bonté et d'érudition [1]. Notre cœur a battu très vivement à la lecture de ces pages que nous voudrions voir
sous les yeux de tous les chrétiens du monde entier. A
la suite d'une dissertation dont on ne saurait trop admirer la science et la profondeur, le P. Faber s'échauffe,
et, soumettant, avec une modestie naïve, tous ses jugements à l'autorité de l'Église, il conclut en ces termes :
« Nous pouvons espérer que la grande majorité des
catholiques seront sauvés [2]. » Il ajoute, avec une rare dé-
licatesse de pensée : « Nous parlons de choses que nous
ne savons pas ; mais il doit nous être permis d'opposer ces
considérations à ceux qui nous donnent sur Dieu des pensées dures et insupportables à notre faiblesse. Ce ne sont
pas des doctrines, ce ne sont pas des certitudes : ce sont
des inductions, des espérances, des théories qui[i] sont certainement, plus que l'opinion opposée, en harmonie avec
ce que nous savons de notre Dieu infiniment juste et infiniment compatissant [3]. » Et il termine ainsi qu'il suit ce
résumé d'une doctrine à laquelle nous nous rattachons
du plus profond de notre cœur : « Nous avons parlé des
catholiques. Que si notre pensée sort de ces limites et va
s'égarer hors de l'Église, nous n'avons pas de profession
de foi à faire au sujet de ceux qui ne sont pas des nôtres,

[1] *Le Créateur et la Créature*, liv. III, chap. i, *Facilité du Salut*; chap. ii,
Le grand nombre des croyants.

[2] *Le Créateur et la Créature*, p. 358.

[3] *Ibidem*.

sinon que Dieu est infiniment miséricordieux pour chaque
âme ; que nul n'a jamais été ni ne sera jamais perdu par
surprise, ou victime de son ignorance. Et quant à ceux
qui peuvent être perdus, je crois avec confiance que Dieu,
pressant pour ainsi dire chaque esprit créé dans ses
bras, a, parmi les ténèbres de sa vie mortelle, fixé sur
lui ses yeux brillants de la lumière de l'amour ; je crois
enfin que, si la créature ne possède pas son Créateur, ce
n'est que par un acte délibéré de sa volonté [1]. » Nous aimons ce noble langage, et nous l'opposons à cette autre
parole qu'on nous citait tout récemment, et qui a été pro-
noncée dans un instant d'erreur par une grande intelligence de notre temps : « Ce que Dieu a fait de mieux,
c'est l'enfer. » Nous protestons contre ce mot, qui a été
horriblement interprété, et qui est d'ailleurs tout à fait
hétérodoxe. En vérité, CE QUE DIEU A FAIT DE MIEUX,
C'EST LE CIEL. Et telle est la conclusion réelle des dix volumes du P. Faber, tel est le résumé de ses œuvres complètes :

« Voir Dieu face à face, tel qu'il est : contempler sans être
ébloui les trois divines Personnes, reconnaissables et distinctes
dans le foyer en flamme de leur inaccessible splendeur ; jouir de
la vue si longtemps désirée de l'éternelle génération du Fils ; en
posséder les joies dans notre cœur sans mourir ; admirer, dans le
ravissement de l'adoration, les merveilles ineffables que révèle
sans cesse le Saint-Esprit dans sa procession du Père et du Fils ;
participer à cette joie des joies, en boire à longs traits les délices ;
scruter avec une liberté triomphante attribut après attribut ; pénétrer dans les océans sans fin des beautés divines... O ma pauvre
âme, que peux-tu connaître de ces merveilles qui seules pourront
satisfaire ton amour en d'éternelles alternatives de respectueux
silence et de cantiques de reconnaissance [2] ! »

---

[1] *Le Créateur et la Créature*, p. 359.
[2] *Ibid.*, p. 257-258.

X

En terminant cette longue étude, nous nous apercevons, hélas ! que nous n'avons pas dit la vingtième partie de ce que nous voulions dire. Sous nos yeux, là, sont de longues notes et de plus longues citations dont nous n'avons fait aucun usage. Nos lecteurs suppléeront à ces lacunes de notre critique en prenant connaissance de toute l'œuvre du grand mystique. Le P. Faber est de ceux qu'on ne lit pas sans que l'âme s'ennoblisse, sans que le corps lui-même prenne une attitude plus digne. Il élève les intelligences ; il les rend plus vastes, plus profondes ; il les dilate. L'âme d'un paysan qui le lirait ne pourrait plus être banale. Il donne à ses lecteurs une vraie grandeur et comme une sorte de génie.

L'Angleterre est une nation puissante, un grand peuple. Elle a une vie politique véritablement puissante ; elle a un Parlement qui discute librement et qui sait discuter ; elle a des colonies qui produisent beaucoup de coton ; elle a je ne sais combien de lieues de superficie sur le bord du grand Océan et sur les rivages de l'Inde ; sa marine n'est comparable qu'à sa fortune ; elle est la reine de la mer... Mais parmi ses lords et ses banquiers, en est-il un seul qui se soit jamais dit à lui-même : « Le plus grand honneur, la plus riche gloire de l'Angleterre, ce n'est pas son argent, ce ne sont pas ses vaisseaux, ce n'est pas son Parlement : c'est peut-être le P. Faber. »

COCHIN

AUGUSTIN COCHIN.

Lorsque meurt un homme qui a aimé l'Église et a traduit cet amour dans sa vie publique, nous lui devons des regrets et un hommage publics. Et il faut que nos adversaires disent de nous : « Voyez comme ils s'aiment. »

Les idées de M. Cochin n'étaient pas les nôtres et nous avons dû souvent nous séparer de lui. Nous ne l'avons jamais fait sans quelque douleur : car il est toujours pénible de combattre une noble intelligence et un cœur honnête. Mais nous avons toujours pris plaisir à reconnaître la très profonde sincérité de ce vrai chrétien. Nous savons qu'il aimait les « principes de 89 » avec la vivacité d'un amour que tous ses amis ne pouvaient partager; mais on nous permettra de dire qu'il les aimait avec une candeur absolue, et il s'était créé, dans son imagination, des « principes de 89 » qui n'étaient point ceux des révolutionnaires. Il avait la bonne foi d'un enfant, et personne n'a jamais pu avoir contre lui quelque chose qui ressemblât à de la haine. Il fallait l'aimer, il fallait serrer cette main loyale. Nous lui disions : « Vous vous trompez; » mais nous l'aimions en le lui disant.

Sa parole était une des plus charmantes que nous ayons jamais entendues. Elle était charmante, parce qu'elle était spontanée. Ce n'était pas un grand orateur :

c'était le plus délicieux de tous les causeurs. Il avait conservé en plein dix-neuvième siècle les traditions de l'antique conversation française. Ce n'est pas en vain qu'il
aimait à se proclamer parisien et qu'il revendiquait ce
« titre » comme une véritable noblesse. Il avait, en effet,
une nature souverainement parisienne : spirituel, aisé, pétillant, clair. Sa phrase se déroulait avec une agréable ampleur, et la longueur n'y nuisait pas à la lucidité. Le *trait*
ne lui manquait jamais et, s'il n'avait pas été avant tout un
improvisateur, on eût pu l'accuser de le chercher un peu
trop. Nous nous rappelons avoir entendu sa célèbre conférence sur Longfellow : c'était un chef-d'œuvre. Au milieu de toutes les charmantes saillies de cet aimable esprit, on était attiré par un charme supérieur, et ce
charme, c'était le cœur. M. Cochin était un homme d'esprit qui avait un grand cœur. Cette définition nous paraît
juste, et il nous serait difficile de lui faire un meilleur
éloge.

Il ne nous est guère permis de parler de sa modestie.
Nous savons une Œuvre d'ouvriers, à Paris, qu'il a soutenue, durant toute sa vie, de sa bourse, de sa voix et de
son âme. Qui le sait? Personne. Il aimait passionnément
les délaissés du monde, et le double objet de son affection
a été surtout l'esclave dans l'antiquité, l'ouvrier dans les
temps modernes.

Tel est l'homme cependant que la Révolution a com-
battu avec rage ; tel est l'honnête, tel est le grand citoyen
dont Paris n'a jamais voulu faire son représentant. Nous
nous rappelons encore la lutte qu'il eut à soutenir contre
un homme politique qu'il nous est aujourd'hui interdit de
juger. Il fut vaincu, et, qu'on nous laisse le dire, cette défaite est son plus beau titre de gloire. Car il ne fut vain-

eu que parce qu'il était catholique. C'est Jésus-Christ, c'est
la sainte Église catholique que l'on voulait atteindre en sa
personne. Un tel souvenir à son lit de mort a dû être une
de ses suprêmes consolations.

Malgré tous nos dissentiments, nous perdons en lui
moins un adversaire qu'un ami et un frère. Tous les catholiques voudront prier pour une âme qui, en des jours
si difficiles, a tant aimé Jésus-Christ et l'Église.

MGR FREPPEL

MGR FREPPEL[1].

I

Un homme vient de mourir, qui était un homme ; un évêque vient de mourir, qui était un évêque.

Il n'y a, parmi les catholiques de France, qu'un cri formé de mille cris : « Qui le remplacera ? »

On cherche déjà, on cherche encore, et nos yeux se reportent toujours sur ce cercueil d'Angers où Mgr Freppel est étendu à visage découvert, vieux soldat frappé au milieu de la grande bataille, fier et menaçant jusque dans la mort.

C'était notre champion, et nous savions tous que, quand on insultait là-bas Jésus-Christ ou l'Église, il y avait une âme qui vibrait, une voix qui protestait, un vaillant qui bataillait.

Ce « militant », qui confondait dans un même amour l'Église et la France, était né dans cette Alsace que l'Allemagne ne peut parvenir à défranciser.

Rien n'est plus charmant que cette petite ville d'Obernai où il naquit le 1er juin 1827. Les archéologues y signalent de nombreuses maisons du Moyen-Age et un bel hôpital du quatorzième siècle ; mais les chrétiens y ont un plus riche trésor. Obernai n'est pas loin de la fameuse « montagne de Sainte-Odile », où d'innombrables pèle-

[1] Écrit le lendemain de sa mort.

rins viennent, encore aujourd'hui, rendre hommage à cette auguste patronne de l'Alsace ; Obernai est comme imprégné du souvenir et des vertus de cette chère sainte que Mgr Freppel a dû prier bien souvent durant les Apretés de sa vie. On peut ajouter, avec certitude, qu'il l'a surtout invoquée depuis 1870.

Dieu avait placé près de son berceau une famille profondément chrétienne. Sa mère était une femme d'élite, qui voulut être le premier professeur de ce fils très intelligent que le Ciel lui avait donné. Alsacienne jusqu'au plus intime de son âme, elle communiqua à son enfant l'amour de l'Alsace française. Elle eut un jour la joie de le voir prêtre ; puis, la joie plus vive encore de le voir, plus tard, la mitre en tête et la crosse en main. Elle fut témoin de ses combats et de sa gloire, et ne demanda à son illustre fils que la permission de vivre auprès de lui dans une humble chambre de ce beau palais épiscopal d'Angers. Tous les Angevins se souviennent de cette femme toute simple et qui traversait si modestement les rues de leur ville. J'ai prié près de sa tombe.

Il y avait un pensionnat à Obernai où le jeune Freppel fit ses premières études. On rappelait, ces jours derniers, que, dans toutes ses classes, « il fut toujours le premier»; j'aime mieux rappeler ici le cri qui lui échappait souvent : « Je veux, je veux être prêtre. »

C'était une sorte de phénomène, d'enfant prodige. Sa mémoire était merveilleuse, son esprit précoce. A dix-sept ans il était bachelier (ce qui était une rareté en cet heureux temps). Quelque temps après, il entrait au grand séminaire de Strasbourg, et était chargé d'enseigner l'histoire au petit séminaire. A vingt-deux ans, il était prêtre.

Nous sommes en 1849.

Tout Alsacien qu'il fût, Paris l'attirait, et il sentait que
c'était là le grand champ de bataille catholique. Son
évêque eut quelque peine à le retenir et n'y réussit que
peu de temps. Ce jeune prêtre, qu'on avait chargé à vingt-
trois ans de la direction d'un grand collège et qui venait
de passer très brillamment ses thèses de docteur en théologie, cet historien, cet orateur tournait toujours vers Paris son regard plein de flammes. Une place de chapelain
vint à vaquer à Sainte-Geneviève : il se précipita, con-
courut, triompha. C'est là, c'est dans la chaire du Pan-
théon rendu au culte que je l'ai vu pour la première
fois. Il partageait avec l'abbé Alix cette rude tâche de
conférencier où si peu ont excellé. L'auditoire qu'il évan-
gélisait était presque uniquement composé de jeunes
gens, et il sut leur plaire. Non pas qu'il y eût chez lui de
ces accents tendres et émus qui font battre le cœur et
monter la larme aux yeux ; mais il triomphait à coups de
science, par l'admirable clarté de son exposition, par la
seule force de sa doctrine. On vit sur-le-champ qu'il était
fait pour être professeur, et on lui confia la chaire d'éloquence sacrée à la Sorbonne. Il était là sur son terrain :
il y régna. Dix volumes, pleins d'érudition et de vie, sont
là pour attester l'étendue et la puissance de ce long enseignement. Il s'attaqua aux Pères apostoliques et ne
s'arrêta qu'à ceux du quatrième siècle. C'est par ces dix
nobles échelons qu'il s'éleva jusqu'à l'épiscopat. Doyen de
Sainte-Geneviève en 1867, il fut sacré évêque d'Angers le
27 décembre 1869.

On était en pleine aurore du Concile, et jamais évêque
ne fut nommé en des conjonctures aussi bien faites pour
le mettre en plein relief. Quel moment ! Et avec quelle
netteté je m'en souviens !

Deux écoles se partageaient alors les catholiques de
France, et à Dieu ne plaise que je réveille ici des passions qui, je l'espère, sont depuis longtemps éteintes.
Mais enfin qu'allait faire le nouvel évêque? Dans quel
camp allait-il combattre? Il passait pour libéral, et n'a-
vait pas été de ceux que l'*Univers* pouvait légitimement
considérer comme ses amis. Allait-il s'obstiner dans ce
libéralisme qui venait (chose étrange) de se déclarer
violemment contre le dogme espéré de l'Infaillibilité
pontificale? Allait-il au contraire...? On n'attendit pas
longtemps, et les journaux de Rome nous apportèrent
bientôt une nouvelle décisive. Un évêque, tout récemment consacré, venait de prononcer en Concile un long
discours en faveur de l'Infaillibilité, discours qui avait fait
une profonde impression et où l'on ne savait ce qu'il fallait admirer le plus, la latinité de l'orateur, la vigueur
de l'argumentation, la solidité de la doctrine. C'était
le début épiscopal de Mgr Freppel.

Ce discours mémorable assura au jeune évêque une
place d'honneur sur les bancs de cette illustre assemblée
dont il n'est permis de médire qu'à la seule médiocrité
et à l'aveugle passion. Mgr Freppel fut, par là, populaire
à Angers, avant de faire son entrée dans sa bonne ville.
A Rome, on se le montrait comme un des « influents », et
c'est ainsi qu'il nous a été donné de le saluer, dans cette
procession de sept cents évêques que nous vîmes, un jour,
se dérouler, superbe, dans la sacro-sainte basilique de
Saint-Pierre. Quelle heure dans l'histoire, et la reverra-
t-on jamais?

Mais, hélas! il en est de l'humanité comme de ce Dieu
fait homme qui, quelques jours seulement avant les
affres de sa passion, avait connu le triomphe radieux et

l'hosanna de son entrée à Jérusalem. Nos plus poignantes douleurs succèdent ainsi, et trop soudainement, à nos plus vives joies, et le nouvel évêque d'Angers, à peine sorti de l'alleluia du Concile, dut immédiatement chanter le *Dies iræ* de la guerre de 1870. Il se montra plus grand dans l'adversité que dans le triomphe. Le cas est rare.

Avec cette initiative pétulante, qui fut toujours un des caractères les plus originaux de cette âme puissante et complexe, cet Alsacien, qui portait au cœur la double plaie de l'abaissement de la France et de la perte de son Alsace, cet évêque au long regard qui ne pouvait rester insensible aux victoires du protestantisme allemand, ce patriote exalté, ce prêtre sincère et clairvoyant, crut que le moment était venu de frapper un grand coup. C'est alors qu'il écrivit cette Lettre pastorale qui fit tant de bruit, et dont quelques esprits grognons et étroits ont seuls été capables de lui faire un grief. Elle était hardie, cette lettre, et, pour tout dire, magnifique autant que sage. L'Évêque ordonnait, en termes simples, que « tous les élèves de son séminaire qui étaient dans les rangs de la cléricature se tinssent à sa disposition pour faire office d'infirmiers », et il exhortait très vivement les autres à « s'engager dans la garde mobile ou dans les légions de Cathelineau et de Charette. » Rien n'était moins contraire aux Canons, malgré le « qu'en dira-t-on » de certains canonistes; rien n'était à la fois plus modéré et plus ardent. Cet évêque sonnait du clairon, et il en sonnait en évêque, en Français, en Angevin : « C'est le moment pour les fils de la Vendée et de l'Anjou de renouveler les prodiges de leurs pères. Servir l'Église et la France, c'est tout un. » Voilà de fiers coups de trompette !

II

La guerre prit fin, et Mgr Freppel fut frappé en plein
cœur. Cet Alsacien dut renoncer à être un jour enterré
dans sa chère Alsace, et cet évêque eut le loisir de mettre
virilement la main à d'autres œuvres. La vérité me force
à dire qu'il se jeta dans la politique. Honni soit qui mal
y pense !

Cependant, il faudrait s'entendre, et résoudre tout de
bon cette question, qui est si singulièrement agitée de
nos jours. Un évêque a-t-il le droit, comme le dernier
palefrenier de France, de s'occuper des affaires de son
pays, de s'y intéresser, d'y prendre part, et même à l'occasion, de prétendre à les diriger ? Cesse-t-il d'être
citoyen, le jour où l'huile sainte coule sur son front sacré? Abdique-t-il sa qualité de Français, en cette heure
auguste où il reçoit la prérogative de faire des prêtres et
où il répand sa première bénédiction sur les foules pros-
ternées? Peut-on lui contester son titre d'électeur, parce
qu'il communique l'Esprit Saint aux fidèles, et sa qualité
d'éligible, parce qu'il enseigne et gouverne spirituellement des milliers et des milliers d'âmes? Mais il y a plus,
et il y a mieux. N'est-il pas utile, n'est-il pas nécessaire
que, dans une « Chambre des représentants de la nation », toutes les classes de cette nation soient sérieusement représentées? N'est-il pas utile, n'est-il pas nécessaire que, our défendre les intérêts de tel ou tel groupe
d'un grand peuple, chacun de ces groupes ait, dans l'Assemblée nationale, un défenseur attitré, un avocat sorti
de ses rangs, qui soit au courant de tous ses besoins et de
toutes ses revendications, et qui les expose avec toute

compétence et autorité ? Et quel homme, mieux qu'un
prêtre, mieux qu'un évêque surtout, peut connaître les
souffrances, les aspirations, les griefs, les protestations et
les espérances de ces millions de catholiques qui forment,
en réalité, le fonds auguste de la race française ? Nos ancêtres ne s'y étaient pas trompés : ils avaient appelé des
évêques dans les grands Conseils du royaume. Et c'est
avec un grand esprit de sagesse que des gouvernements
plus récents avaient également appelé nos Cardinaux à
siéger, de droit, dans la première assemblée du pays.
Tous les peuples chrétiens ont agi de même.

Mgr Freppel l'avait compris, et souhaita d'entrer dans
cette fournaise qui s'appelait l'Assemblée constituante
et s'appelle aujourd'hui, d'un nom plus modeste, la
Chambre des députés. Sa candidature échoua en 1871 :
elle triompha en 1880, et c'est depuis lors, en effet, que
l'évêque d'Angers est député du Finistère.

Donc, Mgr Freppel crut remplir son devoir d'évêque
en briguant et en exerçant, durant onze ans, les fonctions
malaisées de représentant de la nation. Depuis le jour où
Gambetta eut l'impertinence de lui dire, en façon de salut : « Monsieur le député Freppel a la parole », jusqu'à
cet autre jour, si voisin de nous, où la gauche tout entière eut l'impertinence, encore plus criminelle, de ne
pas prêter l'oreille au dernier discours de ce vaillant qui
allait mourir, entre ces deux termes de sa carrière parlementaire, l'évêque d'Angers n'a pas prononcé moins de
cent vingt discours. Il ne s'enferma point dans les limites,
si vastes qu'elles fussent, de la seule question religieuse, et
prétendit traiter à la tribune toutes les questions où il eut
le loisir de conquérir une véritable compétence. On se
rappelle le succès avec lequel il discuta le problème ardu

de notre politique coloniale et le projet de loi consacré
aux pensions de retraite. Mais, malgré tout, c'était l'É-
glise qui le passionnait par-dessus toutes choses. Dès que
l'honneur de l'Église était en cause, il bondissait à la tribune, et répondait fièrement aux insulteurs. S'il suffisait
d'un mot pour les mettre à la raison, il disait ce mot sans
quitter le banc où il avait pour voisin M. de Mun. La dernière fois qu'il protesta de la sorte, ce fut en ce jour où
le président de la Chambre outragea grossièrement la
mémoire de Pie IX, en le traitant de franc-maçon. Le
pauvre évêque était déjà bien malade, il était à bout de
forces, il n'avait plus qu'une semaine à vivre ; mais il eut
encore l'énergie de jeter un cri suprême et de donner un
vigoureux démenti à ces affirmations puisées dans le Dictionnaire de Larousse. Ce Larousse est, décidément, le
bréviaire de nos hommes d'État.

Plus je vais, plus je m'étonne de voir certains catholiques traiter, avec une outrecuidante liberté, la personne
et le rôle de leurs évêques. Je ne sais quel vent d'indépendance souffle dans l'air ; mais je suis stupéfait quand
j'entends ces étranges chrétiens condamner avec dédain
les plus illustres champions de l'Église. Combien de fois
ne leur ai-je pas entendu dire que Mgr Freppel n'était pas
un véritable orateur ; qu'il *écrivait* tous ses discours ; qu'il
était trop familier avec ses adversaires, et qu'après tout,
il aurait mieux fait de rester dans son diocèse, qui réclamait sa présence et ses soins. Ce sont là de singuliers reproches et dont nous devrions laisser à nos pires ennemis l'initiative coupable et téméraire. La vérité est que
Mgr Freppel n'a pas négligé sa chère Église d'Angers ; la
vérité est qu'il y a multiplié les grandes fondations et
les belles œuvres ; la vérité est que son souvenir restera

vivant dans un diocèse dont il a vraiment été la lumière
et la gloire. Je puis en témoigner, et j'en témoigne.

Parmi ces fondations auxquelles son nom restera attaché, on ne saurait omettre cette Université catholique
d'Angers, à laquelle il avait donné, depuis 1875, une si
grande part de son cœur. Encore ici, les critiques n'ont
pas manqué. Quand un évêque se borne aux humbles labeurs de son apostolat, il y a de bonnes âmes qui s'en
étonnent : « Ce n'est, disent-elles, qu'un administrateur. »
Mais dès qu'un évêque s'élève au-dessus de ses devoirs or-
dinaires et tente quelque généreuse entreprise : « Il veut
faire trop grand », observent ces mêmes persilleurs, race
stérile et dangereuse. Ce n'est pas là, en vérité, un langage catholique, ni une appréciation équitable. Mgr Freppel n'a pas été sans défauts : j'y consens ; il a été parfois
trop vite en besogne : je le veux bien ; il a pu se tromper
et s'est trompé : je l'avoue. Mais on ne m'ôtera pas de
l'esprit qu'il a été un très grand évêque et qu'il a honoré
la sainte Église.

A côté de l'Université catholique, les établissements
d'enseignement secondaire que lui avait légués son prédécesseur n'ont rien perdu de leur prospérité ni de
leur splendeur. Près de Montgazon, de Combrée, de Beau-
préau et de Baugé, le Collège ecclésiastique de Saumur,
fondé par Mgr Freppel, attire aujourd'hui toute la jeunesse du Saumurois et est en pleine floraison. Le sol
angevin se couvre, tous les jours encore, de la robe
blanche des églises nouvelles; tous les jours on y ouvre
quelque école libre et, tous les jours aussi, quelque noble
asile de la charité ou de la science. Qui oserait dire que
cet incomparable diocèse d'Angers est aujourd'hui moins
fécond qu'au jour où Mgr Freppel en a pris le gouver-

nement? Qui oserait dire qu'il donne à l'Église moins de
prêtres, moins de religieux, moins de missionnaires,
moins de saints? Qui oserait le dire, et surtout, qui pourrait le prouver?

III

Tant de créations, tant de labeurs, tant de soucis avaient
usé le vigoureux tempérament de cet Alsacien si bien
trempé. Depuis un an surtout, sa famille épiscopale s'in-
quiétait vivement de ce douloureux affaiblissement. La
voix était moins sonore, le pas moins ferme, l'allure
moins vive. Ils commençaient pour lui, ces terribles derniers jours de la vie humaine, alors que l'homme se voit
progressivement envahi par les symptômes visibles de la
mort, alors qu'il est contraint de se dire : *Oportet me mi-
nui.* Cette séance de la Chambre où un cruel et léger auditoire se refusa à l'écouter, où l'on n'eut pitié ni des défaillances de sa voix, ni des approches de sa fin, cette
horrible séance avança cette fin. L'Ordination du 19 décembre lui porta le coup mortel. Il savait bien qu'il ne
pourrait pas résister à une aussi longue et aussi âpre fatigue ; mais il se disait aussi qu'il ne voulait pas causer
à ces jeunes prêtres de demain la cuisante douleur de retarder leur première messe : « J'irais plutôt sur mes
genoux », disait-il, et il y alla. Il en est mort.

Le lundi 21, un coup de sonnette retentit soudain, à
neuf heures du soir, dans la chambre de l'évêque. Son
domestique entra, et le trouva plus qu'à moitié mort. Le
vieux et vaillant prélat venait d'être terrassé comme par

la foudre. Il ne reprit ses sens que pour recevoir les derniers sacrements et balbutier quelques derniers adieux…

*
* *

Un homme vient de mourir, qui était un homme; un
évêque vient de mourir, qui était un évêque.

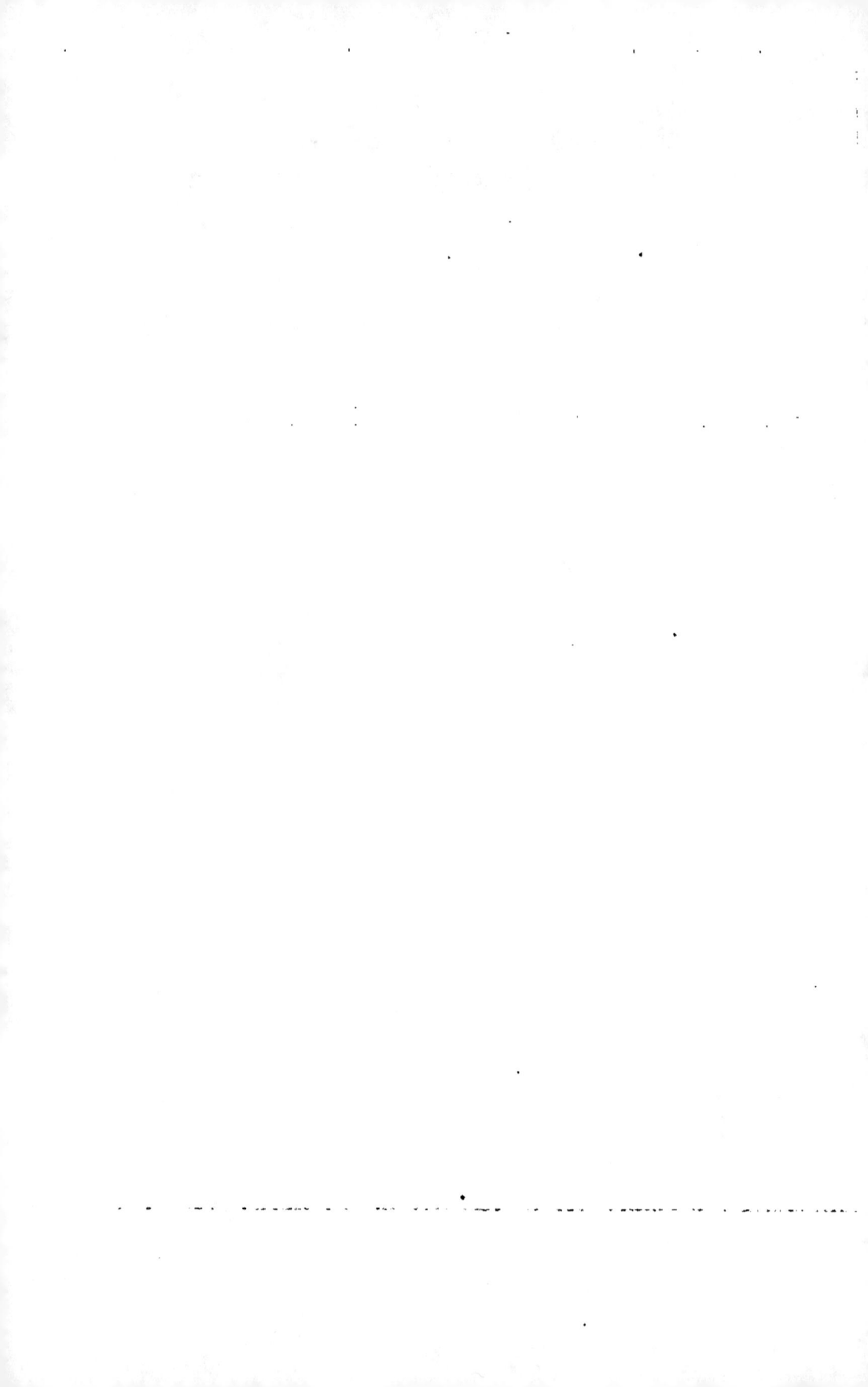

ANATOLE DE SÉGUR[1].

I

Un des plus vigoureux esprits de ce temps, un des plus solides défenseurs de l'Église, nous disait il y a quelques jours : « Si je pouvais rajeunir, si je retrouvais la verve de la vingtième, ou même celle de la trentième année, je voudrais donner une autre pente à mon esprit, un autre emploi à mes loisirs. J'écrirais... — Eh! que pourriez-vous écrire qui servît plus efficacement les intérêts de la Vérité? — J'écrirais pour le peuple une série de petits poèmes, et, tranchons le mot, de petites épopées à l'usage de toutes les classes, de tous les métiers, de tous les âges. Je ne les ferais pas longues, pour ne pas induire mes auditeurs en bâillements; je les voudrais courtes, rapides, substantielles ; j'en prendrais le fondement et l'idée dans l'histoire ; mes héros seraient les saints, ou les grands hommes de l'humanité chrétienne et de la nation française ; et j'aurais la grande ambition de faire voler ces chants épiques sur les lèvres du peuple. Voilà ce que je ferais, si j'avais vingt ans. » Rien de plus remarquable que de telles paroles échappées aux lèvres d'un de nos plus grands prosateurs, de celui-là même qui jadis a pris en

[1] *Le Poème de saint François.*

main la cause de la prose contre celle des vers, et qui a
dit :

O prose, mâle outil, et bon aux fortes mains,
Quand l'esprit veut marcher, tu lui fais des chemins.

Il semble qu'Anatole de Ségur ait entendu ces paroles
vivantes, et que, sous l'impression de ces pensées, il ait
voulu entrer dans cette voie si merveilleusement tracée.
Mais il a réellement tout le mérite de cette initiative :
son *Poëme de saint François* est une témérité dont tout
l'honneur lui appartient. Espérons que ce modèle hardi
aura des imitateurs téméraires.

L'Épopée véritable est le propre des époques primitives ; c'est, comme on l'a si bien dit, « la narration poétique qui précède le temps où l'on écrit l'histoire. » L'é-
popée vit de légende ; elle est intimement liée avec le
chant ; elle n'est pas lue, mais écoutée ; elle est propagée
par des chanteurs ambulants, rhapsodes, scaldes, jon-
gleurs ; elle présente enfin tous les caractères d'une
poésie profondément populaire. Les héros y sont rudes
et grossiers, la religion peu épurée, les mœurs militaires ;
on y répand des torrents de sang pour la patrie, qui est
ardemment aimée ; le tout est exprimé le plus souvent
dans une langue à moitié formée, dans une versification
sauvage. Vous comprenez bien qu'au dix-neuvième siècle
nous sommes mille fois trop corrompus pour posséder de
ces épopées primitives. Vous imaginez-vous une *Iliade*
écrite et chantée sous l'inspiration des chants d'Yvette
Guilbert et après une représentation du *Chat noir?*

Mais, direz-vous, il y a des épopées savantes auxquelles
notre siècle peut aisément se prêter. Nous n'aurons pas
d'*Iliade,* soit ; mais une *Énéide* est possible. Virgile n'é-
crivait-il pas sous Auguste, en pleine civilisation romaine ?

Et M. Viennet, tout récemment, n'a-t-il pas publié la *Franciade*? Que Dieu nous préserve de ces fausses épopées! Nous serions ravis de posséder un Virgile, mais les *Franciades* nous font peur, et nous bâillons en prononçant leurs titres. Nous avons assez de ces kilomètres d'alexandrins froids, monotones, ennuyeux. Toute cette littérature est fausse, et nous n'en voulons plus. Au milieu des ardeurs de la lutte contemporaine, nous n'avons ni le désir, ni le temps de lire quinze mille vers. Pour être utile aujourd'hui, il faut être court.

Il faut donc en revenir aux idées que nous exposions tout à l'heure. Il faut créer, comme vient de le faire Anatole de Ségur, une nouvelle espèce de poème encore innommée, mais que le mot de *petite épopée* caractérise suffisamment. Il faut faire enfin, au point de vue chrétien, ce que Victor Hugo a tenté dans sa *Légende des siècles*. Nous sommes chrétiens; le monde est à nous. Ni les sujets, ni les héros ne pourraient nous manquer; le passé nous appartient aussi bien que l'avenir. Tout ce qu'il y a jamais eu de grand, de beau, de poétique, a été essentiellement chrétien, et peut devenir la matière de poèmes sincèrement catholiques. Mettons-nous donc à l'œuvre, et ne nous croisons point les bras devant une aussi noble besogne.

Oui, en vérité, il y aurait à faire une belle contre-partie à cette *Légende des siècles* de Victor Hugo, de ce poète qui cherche de plus en plus à arracher de son front les traces royales du baptême. Je rêve un volume où vingt petites épopées, de cinq cents vers chacune, s'attacheraient aux figures et aux événements le plus chrétiennement épiques de l'histoire universelle. Tout d'abord, on y lirait un *Poème de la Création*, où le Verbe apparaîtrait,

faisant sortir du néant la magnificence du monde nouveau, et éclairant la création du premier jaillissement de
la lumière. O description de la terre dans sa première
fraîcheur, ô tableaux, ô récits, quel sujet pour un peintre,
quel sujet pour un poète! Et le *Poëme de la Chute*, quelle
scène saisissante, même si on la réduisait à des proportions beaucoup moins considérables que celles du *Paradis
perdu*, surtout si on lui donnait la forme dramatique, qui,
dans toute cette œuvre, pourrait heureusement alterner
avec la forme narrative! Moïse pourrait fournir le sujet
d'une troisième petite épopée, et David, ce géant, d'une
quatrième. Enfin, dans le *Poëme de l'ancienne loi*, on
pourrait résumer admirablement, sous forme de dialogue, toute l'histoire du peuple de Dieu, de sa gloire
incomparable, de ses abaissements salutaires, des aspirations de ses prophètes, de ses soupirs et de son attente. Nous arriverions par là à ce qui serait le centre
de cette œuvre poétique, au *Poëme de Jésus*, où l'on ten-
terait (irréalisable dessein!) de traduire en vers fort
simples la divine simplicité de l'Évangile. Mais ici nous
entrons dans un domaine immense, presque infini, où
les sujets par milliers s'offrent à nos esprits qui hésitent.
Il faut se borner, il faut choisir. Il semble que le *Poëme
des Persécutions* soit le premier sujet auquel devraient
s'arrêter nos hésitations, et le *Triomphe de l'Église* serait
le second. Plus nous nous avançons dans le temps, plus
nos incertitudes augmentent : la poésie chrétienne devient trop riche. Toutefois, qui pourrait penser à ne pas
donner une place d'honneur au *Poëme de saint Benoît*, au
Poëme de Charlemagne, au *Poëme de saint Grégoire VII*?
La Papauté luttant contre la barbarie ; l'Empire se met-
tant au service de la Papauté dans l'angoisse, et enfin les

enfants de saint Benoît préparant à la Papauté et à l'Empire de bonnes et fortes générations de travailleurs, voilà, pour employer l'expression romantique, une incomparable Trilogie. Mais il faut nous arrêter, et laisser aux poètes de l'avenir la tâche délicate de compléter cet ensemble. Mieux qu'un autre, Anatole de Ségur serait à même d'écrire un jour ces *Petites épopées chrétiennes* dont nous venons d'indiquer le plan et d'esquisser la composition. Et son *Poème de saint François*, dont il est temps de parler, serait l'un des chants de ce grand poème que nous attendons.

II

Saint François d'Assise mérite une place à part dans cette galerie magnifique des héros de l'Église qui peuvent et doivent avec raison devenir le sujet d'une épopée populaire. Le choix de M. de Ségur est excellent.

Tous les saints ont leur mission propre et leur raison d'être à telle époque, et non pas à telle autre. Dieu, qui possède en quelque sorte dans ses trésors tous les millions de saints qui ont paru et paraîtront jusqu'à la fin des temps, Dieu les fait surgir comme des astres dans le ciel de l'Église, alors que le besoin de leur lumière se fait plus instamment sentir dans les ténèbres de notre terre. Or, au commencement du xiii° siècle, de quel saint la terre avait-elle le plus besoin ? vers quel saint soupirait-elle ? Ouvrons l'histoire.

Le grand péril alors — il ne faut pas se le dissimuler — était la vaste hérésie albigeoise. Cette hérésie était complexe, ainsi que l'a démontré la science contemporaine.

Il y avait deux espèces d'Albigeois. Les uns étaient tout à fait manichéens et perpétuaient dans le monde cette épouvantable erreur d'origine orientale qui mettait éternellement aux prises deux Principes égaux. Les autres étaient seulement des réformateurs orgueilleux qui condamnaient les mœurs des prélats, les richesses du clergé, les abus de la société chrétienne. Entre ces deux familles il y eut des alliances, des fusions redoutables. Une fausse pauvreté, une pauvreté hypocrite s'épanouit alors dans le monde et séduisit tous les esprits. Les hérétiques se pavanaient dans leurs manteaux troués ; ils avaient une fausse austérité qui enflammait plus vivement l'indignation de Dieu que le luxe même des mauvais prêtres. Le peuple s'y trompait : car il se laisse facilement éblouir par l'habit et ne va pas jusqu'au fond. Bref, il y eut un instant où la pauvreté volontaire PARUT habiter le camp de l'hérésie. Il fallait porter remède à un aussi grand mal.

L'hérésie, je le sais, devait être militairement foudroyée : je connais l'histoire de la bataille de Muret et la croisade de 1213. Les foudres pontificales allaient plus efficacement encore jeter par terre l'orgueil de ces redoutables hérétiques. C'est fort bien. Mais, enfin, le glaive et la foudre sont les instruments de la justice et non de la miséricorde de Dieu. Le glaive punit, la foudre punit. Qui allait montrer Dieu dans les fonctions de sa charité ? qui allait relever les coupables ? Ce fut saint François, ce fut cet époux de « madame la Pauvreté. » Il désabusa les yeux du peuple, en lui faisant voir la vraie pauvreté sous les habits d'un religieux. Pauvre volontaire, il fut le père de milliers de pauvres volontaires. Le monde fut ravi à la vue de ce baiser que se don-

naient la Pauvreté et la Vérité et, par ce seul spectacle,
l'hérésie fut décidément vaincue. Telle fut la première
mission de saint François.

Dieu prévoyait encore que cette hérésie laisserait de
redoutables ferments dans le sol chrétien ; il prévoyait
que, d'hérésie en hérésie, la mauvaise humanité, conduite par la mauvaise philosophie, arriverait au panthéisme, ce dernier terme de toutes les erreurs. Saint
François fut suscité pour montrer aux hommes jusqu'à
quel point on peut aimer la nature sans avoir jamais l'audace hideuse de la confondre avec Dieu. Il ne manque
pas d'âmes sensibles qui se courbent théoriquement devant l'animal et devant la plante, qui se mettent presque
à genoux devant la pierre, et qui saluent dans tous les
êtres inanimés des fragments respectables du Dieu-Tout.
Si le chrétien se révolte, s'il s'indigne, on l'accuse aussitôt de manquer de cœur et de ne point aimer « la grande
Nature, sa mère. » L'instituteur des Frères-Mineurs a par
avance répondu à toutes ces accusations : saint François
d'Assise est le patron de tous ceux qui luttent particulièrement contre le panthéisme. Il a passionnément aimé la
nature : il a appelé les hirondelles ses sœurs, les loups et
les agneaux ses frères, la terre sa mère, la lune et les
étoiles ses sœurs. Il a de nouveau rétabli dans le monde
cette belle harmonie qui y régnait avant le péché originel, alors que les tigres se jouaient aux pieds de l'homme
et que les loups paissaient avec les brebis. Et cependant
il a proclamé d'une voix forte l'unité, l'indépendance et
la spiritualité de Dieu ; il a passionnément aimé la création à cause du Créateur, et c'est ainsi que nous devons
l'aimer. Ce fut là le second rôle de ce grand homme.

Il eut une troisième tâche, celle de fournir à la Papau-

té, au Saint-Siège, une armée innombrable autant que dé-
vouée. Le moment était critique. Frédéric II faisait aux
représentants de Jésus-Christ cette guerre oblique que
devait encore perfectionner Philippe-le-Bel. La Paroisse
et le Diocèse, ces deux institutions fondamentales qui suffisent d'ordinaire aux besoins de l'Église, allaient peut-
être ne plus lui suffire contre des attaques aussi extraor-
dinaires. Deux corps d'armée, celui des Franciscains et
celui des Dominicains, allaient comme deux ailes immenses se placer devant la Papauté et la protéger.
Quand, en 1209, François d'Assise jeta les premiers fondements de son Ordre, il donna réellement un grand
exemple : il fonda une puissante institution, qui devait
sauvegarder les doctrines de Rome, les propager par
tout le monde et les empêcher enfin d'avoir des solutions de continuité soit dans l'espace, soit dans le temps.
Telle fut sa troisième raison d'être.

Et notez que cette triple mission donne à la vie de saint
François un caractère triplement poétique. Un athée, de
nos jours, a daigné nous faire cette concession : « Tous
vos saints sont *poétiques*, » a-t-il dit. Nous ne lui savons
aucun gré de cet aveu : car cette vérité est par trop évidente. Mais aucun saint peut-être n'est plus poétique que
François. S'il avait paru en des temps plus primitifs, il
eût donné naissance à tout un cycle épique. Il reste un
des hommes le plus extraordinairement lumineux qui
aient jamais passé parmi nous. C'est, je crois, la figure
humaine la moins vulgaire, ou, pour mieux dire, la plus
contraire à la vulgarité, qui ait jamais réjoui les yeux de
l'humanité. Il nous apparaît tout entouré de rayons, pâle,
maigre, parcourant tous les chemins en jetant à tous les
vents de grands cris d'amour, se lançant à la poursuite

obstinée des pêcheurs, leur sautant au cou et les baisant,
embrassant les lépreux, conversant avec les oiseaux,
convertissant les loups et les brigands, faisant des sermons aux fleurs, ramenant à Dieu des millions d'âmes,
reproduisant en lui la physionomie, même matérielle, de
l'Homme-Dieu, aimant Dieu avec la plus raisonnable et
la plus ardente de toutes les folies, aimant l'homme avec
une passion aussi légitime et aussi insensée, aimant les
pierres, les arbres, les animaux, aimant tout, se donnant
à tout, et criant à toute âme intelligente : « L'amour m'a
mis dans le fou, l'amour m'a mis dans le feu de l'amour ! »
Tel est le héros du poème de M. de Ségur.

III

Le caractère du poème lui-même, c'est la simplicité.
M. de Ségur a montré par là quelles étaient la sûreté de
son goût, la finesse de son tact. Il était facile, en un tel
sujet, de s'exalter, de perdre la tête, de procéder par
bonds, de jeter des cris : l'auteur du *Poème de saint
François* a su demeurer chrétiennement calme. Il parle,
il ne crie pas ; il marche, il ne bondit pas. Il est simple,
enfin. La lecture de son livre n'a rien de fatigant. La
joie et la paix chrétiennes sortent de toutes ces pages
dont elles sont le charmant parfum.

C'est avec raison que M. de Ségur a partagé son poème
en plusieurs chants qui sont eux-mêmes subdivisés en
plusieurs récits et épisodes. Il a eu surtout la très heureuse inspiration de varier ses rhythmes, et de les varier
avec une singulière souplesse. C'est fort bien fait. Je
suis de ceux qu'une trop forte dose d'alexandrins endort

facilement et fait entrer en léthargie. Le petit octosyl-
labe, au contraire, me réveille et me remet sur pieds.
L'auteur de notre poème manie fort bien ce rhythme léger, et il a le mérite de ne pas abuser de cette facilité.
Il faut l'en remercier.

Ce sont là des qualités relativement secondaires, et, ce
qu'il faut avant tout étudier dans un poème, c'est le souffle
qui l'anime et soulève chacun de ses vers, c'est l'inspiration générale, c'est l'âme du poète. Il convient de ne point
s'arrêter ici aux critiques de détail et de ne pas se borner
à signaler çà et là un vers mal construit, un mot réaliste,
une méchante inversion ; mais il faut contempler généreusement l'ensemble. M. de Ségur a longtemps étudié la
légende originale de saint François : il s'en est pénétré,
et tel est l'esprit de son poème. Rien de *moderne* dans
son œuvre ; pas de fausse note : c'est une mélodie du
xiii° siècle heureusement retrouvée, heureusement repro-
duite. Le musicien qui l'a déchiffrée n'y a pas (chose
rare) ajouté un accompagnement de sa façon. Il n'y
manque guère qu'un peu de fougue et d'emportement
avec un grain de sainte « folie ».

Et maintenant, je ne puis que renvoyer tous les bons
esprits à la lecture de cette œuvre exquise. Nous préfé-
rons cette belle épopée aux *Fables* de M. de Ségur. Les
Fables étaient un bégaiement ; le *Poème* est une parole.
Le poète a trouvé sa voie ; il y marchera d'un pas de plus
en plus assuré et fera ainsi office d'honnête homme, de
Français, de chrétien. Ces derniers mots, ces mots que
je viens d'écrire, n'ont rien de vague, ni de déclamatoire.
Il est temps de relever la poésie qui est à terre ; il est
temps de lutter contre les envahissements de la matière,
contre les romans qui nous scandalisent et nous abêtissent,

contre le réalisme enfin, puisqu'il faut l'appeler par son nom. Nous sommes las du réalisme ; le réalisme nous fatigue, nous indigne. Nous en avons assez, nous redressons la tête, nous voulons combattre le monstre. M. de Ségur nous a montré comment on le domptait : sachons l'imiter dans sa lutte, et surtout dans sa victoire.

MGR MANNING

Le Cardinal MANNING.

C'était, il y a quelques jours, à Londres. Sept cents policiers, avec le silence et la gravité qui les caractérisent là-bas, contenaient une foule immense — des milliers et des milliers d'hommes — qui défilait devant le lit d'un mort et ne commettait d'autre délit que de déchiqueter les rideaux du lit mortuaire pour en garder précieusement les morceaux. Puis, le lendemain, deux cent mille hommes suivaient le cercueil de ce mort si populaire, à travers les rues de la grande ville profondément émue, et le journal de la Cité, ce fameux *Times* qui ne se pique pas d'enthousiasme, écrivait en ce même jour que « rarement on avait vu une manifestation si extraordinaire de respect et d'affection à l'égard d'un homme public. »

Quel était donc « l'homme public » qui, dans cette capitale du mercantilisme, dans cette forteresse du protestantisme, avait conservé, au delà de la mort, le privilège d'une aussi étonnante et aussi rare popularité?

C'était un Cardinal de l'Église romaine, dont on eût insulté le cercueil, il y a cinquante ans; c'était un archevêque catholique; c'était l'archevêque de Westminster, c'est-à-dire de Londres.

C'était Son Éminence le cardinal Manning.

Le temps est bien loin où le rétablissement de la hié-

rarchie catholique en Angleterre — un des coups d'État
les plus admirables de Pie IX — arrachait des cris de
rage à l'*Église établie* et provoquait une sorte d'émeute
dans les rangs de l'anglicanisme affolé.

Le temps est bien loin où le pauvre O'Connell égrenait
son chapelet en silence, sur un banc du Parlement où il
était enveloppé de mépris, dédaigné, seul.

Non, non : la pourpre cardinalice est aujourd'hui sa-
luée dans les pays qui passaient légitimement pour les
plus « antiromains », et l'on se rappelle encore avec quels
transports fut accueilli, à New-York, le cardinal Gibbons.
Un cardinal américain! Les marchands de Chicago, eux-
mêmes, en ont été presque orgueilleux.

Le cardinal Manning, que les Anglais n'ont pas tenu en
moindre estime, n'a pas été inférieur à ce qu'on espérait
de lui. C'est beaucoup dire en peu de mots.

Il était né le 15 juillet 1808, à Todderidge, dans le
comté de Hertford, et c'était le fils d'un membre du Parlement. Famille anglicane, fils anglican. Après avoir fait
ses premières études au collège de Hanon, il les complé-
ta, en 1827, à Oxford. Rien ne faisait pressentir en lui la
pourpre future, et il se jeta, avec une certaine ardeur,
dans le clergé de l'Église officielle. Ce fut un *clergyman*
absolument accompli, et il fut placé de bonne heure à la
tête de la paroisse de Lavington, au comté de Sussex. Il
parlait, dès lors, avec une facilité et une élévation remarquables, et ses sermons furent célèbres. En 1840, il fut,
aux applaudissements de tous, promu à l'archidiaconé
de Chichester, et l'on discernait déjà en lui les linéa-
ments d'un évêque qui ferait prochainement honneur à
la chrétienté anglaise, lorsque...

Il y a de ces coups de foudre qui terrassent un saint

Paul et l'abattent soudain aux pieds de la Vérité triomphante ; mais toutes les conversions n'ont pas la même
physionomie, et, si j'ose ainsi parler, le même style.
Avant d'entrer à pleines voiles dans le magnifique océan
de l'Église catholique, le jeune archidiacre de Chichester
dut passer par l'utile détroit du Puseyisme. Le puseyisme
(ainsi nommé de son créateur, l'excellent docteur Pusey)
n'était qu'un soupir vers le catholicisme, mais un soupir
qui fut entendu de Dieu. Les puseyistes faisaient tous les
jours un pas vers la véritable Église. Ils lui empruntaient
jusqu'à ses croyances les plus controversées, jusqu'aux
menus détails de sa liturgie. Il y avait cependant un dernier pas qu'ils ne voulaient point, qu'ils n'osaient pas faire.
Manning le fit, et, d'un bond, se précipita dans la Vérité.
C'était en 1851.

On a tant abusé de certaines images, qu'il semble qu'on
ne soit plus autorisé à s'en servir. Telle est celle de l'Aurore, qui, depuis Homère, a ravi tous les poètes comme
tous les artistes, mais qui a quelque peu vieilli. Je regrette
d'être obligé de revenir ici à une aussi antique comparaison ; mais je ne trouve, en vérité, rien de plus exact
pour peindre l'état de l'Angleterre, à cette époque de son
histoire religieuse. C'était une renaissance catholique
douce et pénétrante, suave et profonde, et à laquelle on
ne saurait rien comparer. De grands esprits avaient été
envoyés d'en haut, qui étaient les hérauts, les *præcones*
de la véritable Église. Ils s'appelaient Wiseman, Newman,
Faber. Mon cœur frémit malgré moi, quand je prononce
ou quand j'écris ces noms glorieux ; quand je pense à
cette *Fabiola*, que Wiseman fit lire et admirer par plusieurs millions d'hérétiques ; à ces « Conférences de l'O-
ratoire de Londres », où Newman a concentré la puis-

sance de son génie, et, surtout, à l'œuvre sans seconde
de ce P. Faber, de ce poète, de ce théologien, qui est,
comme je le dis ailleurs, le premier mystique de ce siècle
et l'un des plus hauts esprits de tous les temps. Manning
fit partie de cette phalange qui a remporté ici-bas de plus
belles victoires que la phalange macédonienne, et a laissé
dans le monde de plus nobles souvenirs et des traces plus
durables.

C'est des mains du cardinal Wiseman que l'illustre
converti voulut recevoir la prêtrise. Puis, ayant assez de
modestie pour se persuader que sa théologie n'était pas
encore suffisamment assurée, il se fit de nouveau étudiant
et alla humblement demander des leçons aux maîtres
qui enseignent à Rome. Il était de retour à Londres
en 1854, et fut bientôt nommé prévôt du chapitre de
Westminster. A la mort du cardinal Wiseman, en 1865,
il fut désigné par le cri public comme pasteur de la ville
immense. Il ne lui manquait que la pourpre romaine, et
le Pape, dix ans après, la jeta sur ses épaules. Cardinal-
prêtre « du titre des saints André et Grégoire, au mont
Cœlius », Mgr Manning prit place, en 1875, dans le Sacré
Collège.

Pie IX, qui avait un regard d'aigle, n'avait pas tardé à
discerner ce qu'il y avait d'élevé, de fécond, et, disons le
mot, d'original dans l'esprit du nouvel archevêque de
Westminster. Au concile de 1870, Mgr Manning s'était
révélé comme un des plus enthousiastes défenseurs de
l'Unité menacée, et s'était pris d'amour pour ce beau
dogme de l'Infaillibilité pontificale, que les esprits médiocres sont condamnés à ne pas comprendre, à ne pas
aimer. Au reste, il ne se contenta pas de défendre son
sentiment en pleine session du Concile, mais il se crut

plus tard appelé à écrire l'histoire même de ce Concile si indignement calomnié, et il l'écrivit. Au milieu de toutes les disséminations qui caractérisent notre siècle, il avait compris, avec Pie IX, que la Vérité avait besoin d'être énergiquement concentrée. Cet infaillibiliste avait l'esprit large et la vue nette.

Ce n'est pas là, cependant, qu'est sa véritable et profonde originalité, et, grâce à Dieu, il y a eu au Concile plus d'un vote aussi intelligent, plus d'un esprit aussi lucide. Il faut chercher ailleurs.

Mgr Manning est un des premiers évêques de la sainte Église qui aient eu l'intelligence de la question sociale. C'est en quoi consiste son génie; c'est le secret de sa gloire.

Un journal de Paris, qui a été fondé naguère par des protestants et est aujourd'hui rédigé par des sceptiques, disait tout récemment de l'archevêque de Westminster : « Il a été ardemment préoccupé des questions de son temps, et a mûri ses idées sociales par l'observation de cette matière souffrante et pullulante qui est la classe ouvrière anglaise. » Et il ajoutait, en manière de conclusion imagée : « Il a jeté hardiment le pont de la question sociale entre le peuple et l'Église. » Rien n'est plus vrai.

Je ne dirai pas que Mgr Manning ait été un des premiers à aimer l'ouvrier, parce que l'Église, depuis son origine, n'a cessé d'être penchée sur tous les travailleurs et sur tous les petits; mais je dirai, mais je répète qu'il a été un des premiers « à aimer SOCIALEMENT l'ouvrier. » Il a été, en Angleterre, une sorte de De Mun, mais avec plus d'autorité et couvrant de sa robe rouge ses idées sociales, qui, ainsi vêtues, ont fait peut-être plus de chemin dans le monde.

« IL A EU SOCIALEMENT PITIÉ DE L'OUVRIER. » On pourrait graver ces mots sur sa tombe, et ce serait pour lui la plus belle de toutes les épitaphes, comme la plus véridique de toutes les oraisons funèbres.

On se rappelle cette épouvantable grève des ouvriers des Docks, à Londres. Pendant plusieurs jours, le monde anglais, qui ne s'émeut pas aisément, fut en grand émoi et crut que tout était fini. Un homme alors s'offrit pour arbitre, et fut accepté de tous : c'était Manning. Le chef des ouvriers des Docks eut avec le Cardinal plusieurs conférences, d'où sortirent la réconciliation et la paix. Quel beau sujet de tableau que ces conférences, et comment notre Vibert, qui portraitise si bien les cardinaux, n'a-t-il pas encore songé à les peindre ?

Voilà, voilà ce qui restera de l'œuvre de celui que pleure l'Église universelle. Il nous laisse ce grand exemple.

Tous nos évêques voudront être d'autres Manning.

Le salut est là.

RAYMOND BRUCKER.

———

I

Quand je le vis pour la première fois, il possédait depuis longtemps la plénitude de la Vérité. C'était vers 1851, et déjà sa conversion datait de plusieurs années. Certain jour il était entré, sans trop savoir pourquoi, dans la cellule du père de Ravignan. Bien qu'il n'eût guère moins de quarante-cinq ans, il était alors dans toute la fougue d'une jeunesse qui menaçait de se prolonger à l'excès. Il y avait plus d'un quart de siècle qu'il était occupé à jeter cette gourme, et il n'en paraissait aucunement lassé. Spirituel, paradoxal, éblouissant, il ouvrait à tous les vents sa main droite, qui était pleine de paradoxes, et sa main gauche, qu'il croyait pleine de vérités. Depuis le commencement de ce siècle, il n'y avait pas eu de bonne erreur dont il n'eût été le complice et dont son esprit n'eût été le condiment. Comme il avait de généreuses aspirations, mêlées à de singulières ignorances (et ce fut là en réalité le caractère de toute cette époque), il s'était lancé dans toutes les aventures philosophiques, religieuses et sociales. Ne sachant rien encore de la véritable Régénération, il avait essayé de toutes les palingénésies. Tour à tour saint-simonien et fouriériste, il avait fini par jeter un bel éclat de rire à tous les systèmes qui l'avaient successivement enfiévré : car il y avait en lui, tout à la fois, du métaphysicien et du gamin. Puis, chemin faisant, il n'avait pas été sans conquérir je ne sais quelle demi-gloire. Il était romancier, et ses *Contes de l'Atelier* avaient fait quelque bruit. On le regardait, dans le monde des boulevardiers, comme un homme d'infiniment d'esprit, mais qui dépensait trop aisément son trésor et cou '! risque de faire bientôt banqueroute. Sceptique, gouailleur, plein de lui, comme un homme qui a fait l'épreuve de toutes les philosophies et sait à quoi s'en tenir sur toutes les écoles, heureux de vivre et se sentant au cerveau une inépuisable provision de mots fins et de réparties invincibles, le front haut et le sourire aux lèvres, Raymond Brucker entra donc, un beau matin, dans la petite chambre du Jésuite. « J'ai des objections à vous faire, » lui cria-t-il. Le Père le regarda comme il savait regarder, et lui dit de se mettre tout d'abord à genoux. Cinq minutes après, Brucker se relevait catholique.

Depuis lors, il n'a jamais cessé de l'être.

C'est ce jour-là qu'a commencé pour nous la vie de Brucker ; mais il paraît qu'à d'autres yeux, c'est ce jour même qu'elle a fini. Les petits journaux, en effet, qui, au lendemain de sa mort, prétendirent raconter son existence à leurs lecteurs, n'ont rien dit de cette admirable conversion, qui n'a pas duré moins de trente années. Ils n'ont pas dit que, pour avoir la joie de revenir à la lumière et à la pureté de son baptême, l'auteur des *Contes de l'Atelier* n'avait pas dû seulement abaisser son orgueil, mais encore sacrifier austèrement sa fortune. Ils n'ont pas dit qu'il a eu l'honneur, *Veritatis causa*, de se vouer à la pauvreté et même à la misère. Ils ont habilement biffé d'un trait de plume les trente dernières années de la vie de cet

homme, qui fut une de nos grandes paroles. Ils ont ignoré ou n'ont pas voulu dire qu'en 1848, dans toute la force
de sa raison et dans toute la virilité de son éloquence, il
tint tête, seul, à tous les orateurs de la rue et des clubs.
Ils ont ignoré ou n'ont pas voulu dire que, pendant dix
ans, cet incomparable tribun entraîna des milliers d'auditeurs populaires, et qu'il eut l'étrange courage d'affirmer alors toutes les vérités, sans en déguiser et sans en
atténuer une seule. Les plus instruits et les plus sincères
de ces biographes se sont contentés d'avouer que Brucker,
« brisé, désenchanté, *vieillissant*, s'était fait catholique,
mais catholique à la manière de ceux du Moyen Age, portant des amulettes et s'agenouillant devant des Vierges
de bois sculpté. » Je vous le dis : ils veulent nous esca-
moter toutes nos gloires. Mais leurs gobelets ne nous fe-
ront pas peur, et nous allons rendre à l'Église ce Raymond
Brucker qui appartient à l'Église.

II

Donc, c'était un orateur, et il en avait bien toute l'allure avec toute la physionomie. De beaux yeux extraordinairement vifs, éclataient, comme des charbons ardents,
au milieu de son visage osseux. Ses traits avaient une
magnifique mobilité, et il savait, en quelques minutes, leur
communiquer vingt expressions diverses. Bien qu'il n'y
eût eu rien de monastique dans la première partie de sa
vie, il avait le masque d'un ascète, quand il n'avait pas
celui d'un tribun. La bouche était curieuse à étudier.
Les coins en étaient narquois, j'allais presque dire scep-

tiques, et il avait une certaine façon de la tenir entr'ouverte, qui attestait à la fois la curiosité et le courage. A la tribune des clubs, il restait ainsi pendant quelques minutes, bravant, avec ces lèvres gouailleuses et superbes, la toute-puissance matérielle de ses grossiers auditeurs. Sa voix était impérieuse, et il avait une manière d'affirmer la Vérité qui ne permettait guère la réplique. Ce n'était pas de la solennité, ce n'était pas de la colère ; mais il y avait là quelque chose de fatidique et qui s'imposait comme un oracle. L'éclair des yeux aidait alors à la foudre de la voix, et malheur aux interrupteurs ! Un mot terrible tombait sur eux comme un coup de tonnerre sec, et ils n'étaient plus.

Ce grand orateur était doublé d'un causeur inimitable. Sans doute, ses discours étaient trop élevés pour ressembler à des causeries : mais, plus d'une fois, ses causeries s'élevaient à la hauteur d'un discours. Je l'ai souvent entendu, devant quelques amis, parler durant trois ou quatre heures consécutives, et égrener des milliers de perles sous nos yeux éblouis. Que toutes ces perles fussent du même prix, et qu'il n'y en eût pas de fausses, je ne prétends point l'affirmer ; mais quel charme et quel éclat vainqueur ! A Brucker, d'ailleurs, il ne fallait pas des interlocuteurs, mais des auditeurs, ou plutôt des *écouteurs*, et il ne lui déplaisait pas de voir l'un de nous prendre religieusement des notes sur un carnet religieusement conservé. Nous n'avions même pas, comme les confidents de tragédie, le temps de placer çà et là une pauvre interjection, quelque ah ! admiratif ou quelque oh ! d'indignation. Il vint une fois chez moi, y parla durant une heure et sortit en parlant, sans que personne eût eu le loisir de prononcer un seul mot. Il est vrai qu'on n'avait guère envie de l'interrompre. Il était pétillant, il lançait de la lumière. Les plus hautes théories métaphysiques, les plus vives hardiesses en matière de symbolisme et d'exégèse, les accents de la plus haute éloquence et les éclats du plus grand style se mêlaient bizarrement, dans cette conversation unique, à des subtilités étranges, à des réalismes indicibles, à de médiocres calembours et à de méchants jeux de mots. L'ensemble était des plus singuliers. On subissait en silence les médiocrités, mais on se pâmait devant les traits sublimes, et l'on avait lieu de se pâmer souvent. Le soir, nous le reconduisions dans sa chère île Saint-Louis, et je nous vois encore longeant ces quais déserts et contemplant le glorieux chevet de Notre-Dame, empourpré par les teintes rouges du soleil couchant. Et Brucker nous expliquait alors quelque passage difficile de l'Évangile, et il mettait en lumière quelques-unes de ces beautés mystérieuses du Livre saint ; et nous rentrions dans nos chambres d'étudiants plus affermis dans notre foi, plus joyeux, meilleurs. Cette parole qui a évangélisé tant de pauvres n'a pas converti que des ouvriers.

Les quelques convives qui s'asseyaient tous les jours aux banquets de cette intelligence ont seuls connu, sous le causeur éblouissant, le métaphysicien profond. Je n'entends pas dire néanmoins que Brucker ait toujours été un philosophe sûr : il y avait chez lui trop de fougue et trop de pente vers le paradoxe. Disons tout : il était trop poète. Il avait pour l'image un amour dont rien ne put jamais éteindre les ardeurs, et s'attachait à recouvrir des plus riches couleurs les conclusions les plus rigoureuses de la philosophie la plus sèche. « Je suis la Métaphysique illustrée, » disait-il un jour avec ce bonheur d'expression dont il était si coutumier. Il s'était donné la tâche de commenter tout l'Évangile, et s'était dit avec raison que sa vie tout entière ne pourrait suffire à un si noble et si redoutable labeur. Nous venons de lire, avec respect et étonnement, une partie de ce Commentaire, qui est demeuré jusqu'ici et qui, sans doute, demeurera toujours inédit. On y trouve des trésors de méditation et de pensée, mais on ne les y trouve point sans se donner quelque peine. Un jour de flânerie, — car notre philosophe n'était pas sans flâner, et comme l'a si bien dit le plus grand écrivain de ce temps-ci, c'était « le chevalier errant du bon sens chrétien sur le pavé de Paris », — il était arrivé que Brucker avait fait la connaissance de ce grand et original esprit qui s'appelait Delsarte. Il s'était suspendu tout entier à l'enseignement de cet étonnant professeur d'esthétique, et même était resté, pour mieux l'entendre, un an tout entier sans parler. Un an tout entier! Brucker! C'est de la légende. Bref, il s'était pénétré de la philosophie de Delsarte, et se l'était merveilleusement identifiée. Or, ce système, qui n'était pas sans beauté, prend la Trinité pour point de départ et réduit toutes les vérités à des termes ou à des propositions qui vont trois par trois, ou neuf par neuf. C'est ainsi que la famille, — Père, Mère et Enfant, — est ici-bas la réverbération très exacte de la Trinité de là-haut; c'est ainsi, mais dans un sens moins rigoureux, que les trois conditions vitales pour l'existence des individus et des nations sont la Santé, l'Intelligence et le Cœur, etc., etc. Tel est le système que Brucker a appliqué à tout son commentaire, et l'œuvre devient par là d'une lecture véritablement difficile et compliquée. Mais que de beautés vives et inattendues! Brucker ne s'interdit pas d'écrire parfois

en vers, et il en a frappé qui mériteraient d'être gravés
dans toutes les mémoires chrétiennes.

III

J'ai hâte d'en finir avec le causeur, avec le philosophe,
avec le poète, et d'en revenir à l'orateur, pour le contempler de plus près et pour l'écouter plus longtemps. Il m'a
été donné d'entendre plusieurs discours de Brucker, et je
ne saurais jamais les oublier. N'en déplaise à ceux qui
craignent « l'envahissement du sanctuaire par les laïques»,
Brucker parlait surtout dans les églises. Il n'a jamais
songé à envahir la chaire où un laïque ne pourrait en effet monter sans sacrilège ; mais d'excellents prêtres et
qui aimaient profondément les âmes, lui avaient cédé « le
banc d'œuvre » comme un royaume où sa parole conquit
rapidement l'indépendance et l'empire. Je n'ai jamais
bien compris pourquoi le laïque, qui est un membre vivant de l'Église de Jésus-Christ, n'aurait pas le droit d'é-
vangéliser ses frères, avec la permission et sous le con-
trôle des évêques et des prêtres. Brucker, lui, n'hésita
point, et les voûtes de Saint-Laurent ont gardé l'écho de
cette parole hardie. Il fut, dans toute la force du mot,
un orateur populaire, et certains auditeurs musqués ne
lui eussent pas convenu. Le mot brutal ne l'effrayait pas,
et il s'abaissait quelquefois jusqu'à la littérature cam-
bronienne. Il procédait le plus souvent par récits ou par
paraboles. Il « racontait des histoires » et, en quatre
ou cinq mots incisifs, en tirait la moralité. Jamais il
ne recula devant une affirmation catholique, et il n'é-
tait pas de ces chrétiens prudents qui recommandent

aux orateurs populaires « de ne pas trop parler du bon Dieu ». Il en parlait sans cesse, il en parlait partout, et de ce Jésus qui lui avait rendu Dieu visible. Je l'ai vu s'élever, devant un auditoire de cordonniers et de maçons, aux plus hautes théories de la métaphysique. Des académiciens ne l'eussent peut-être pas aussi bien compris, et l'on s'aperçut que ces pauvres gens ont vraiment le sens de la grandeur. Il est vrai qu'à ce point de vue, Brucker n'a pas fait école ; mais il nous a du moins laissé un noble exemple. Il nous a appris à respecter l'entendement de nos auditeurs populaires et à leur parler un grand langage. Ressemblons-lui par ce côté. N'imitons pas les brutalités de sa parole, mais les élans de sa pensée, et disons-nous surtout que Dieu nous enverra des Brucker, si nous les lui demandons avec instance.

Il est temps, cependant, de laisser la parole à celui dont nous essayons de tracer ici le portrait. Nous allons, d'après nos souvenirs et ceux de nos amis, reconstruire deux ou trois discours de Raymond Brucker. Hélas ! hélas ! rien ne sera plus froid, plus décoloré, plus muet, plus mort que cette reproduction d'une parole si chaude, si ensoleillée, si sonore et si vivante. Avez-vous vu de ces photographies, faites il y a trente ans, et qu'on retrouve un jour au fond de quelque vieille malle, couvertes de poussière ou chargées d'humidité ? C'est jaune, c'est incolore, c'est sépulcral, et pourtant ce fut jadis le reflet vivant d'un être vivant. Telles seront nos misérables analyses ; telle sera, tout d'abord, l'esquisse de ce beau discours que l'on pourrait intituler « le genre humain », et que Brucker a longuement médité avant de le parler à Saint-Laurent :

En ce temps-là, Messieurs, le Genre humain tout entier (celui qui a été, celui qui est, celui qui sera) se réunit en une grande plaine. Et il y convoqua tous les Philosophes présents, passés et à venir.

Et le Genre humain parla ainsi aux Philosophes : « J'ai lu tous vos ouvrages. Oui, tous. Et je dois dire que je m'y suis effroyablement ennuyé. J'en bâille encore. »

Le Genre humain bâillait en effet, et rien n'était plus terrible à entendre que ce bâillement de genre humain.

Il reprit en ces termes : « J'ai donc lu tous vos ouvrages, afin de pouvoir répondre à cette grande question qui me tient en fièvre et en angoisse : Qu'est-ce que la Vérité ?

« Et après les avoir lus et relus, je me suis trouvé en de lugubres et épouvantables ténèbres. J'en savais moins qu'avant.

« Je vous ai donc convoqués pour vous poser de nouveau le grand problème qui m'agite et pour vous adresser trois demandes. Veuillez, si vous le pouvez, m'écouter en silence. »

Les Philosophes écoutèrent, et le Genre humain leur dit : « Je veux tout d'abord (j'ai bien le droit de vouloir, je suppose), je veux un livre, un petit livre, de dix ou vingt pages, qui contienne TOUTE la vérité sous une forme très élémentaire et tout à fait transparente ; un petit livre qui puisse se mettre en poche et ne coûte que dix centimes ; un petit livre qui soit également à la portée du penseur, du poète, et aussi de ces multitudes vulgaires qui vivent uniquement de la vie pratique et matérielle. Tel est le Livre, telle est la Leçon que je veux. »

Les Philosophes se regardèrent avec stupeur, et se dirent d'un commun accord : « Est-il bête, ce Genre humain ! Il est certain que nous ne possédons pas la Vérité. Mais, si nous la possédions, nous ne la vendrions pas si bon marché. »

Et plusieurs d'entre eux commencèrent à s'effacer et à disparaître.

Le Genre humain, sans les voir, continua en ces termes : « Non seulement je veux que vous me donniez la Théorie ; mais je prétends que vous m'offriez l'Exemple.

« Non seulement je veux un petit livre populaire, qui contienne toute la Vérité en dix pages et qui la vulgarise universellement dans le temps et universellement dans l'espace ; mais je veux que quelqu'un vienne un jour m'offrir ici-bas l'exemple de toutes les vertus qui sont enseignées dans ce petit livre.

« Et je veux que cet exemple puisse être aisément imité par

l'Homme, par la Femme et par l'Enfant, par ces trois membres augustes de la Trinité humaine.

« Pouvez-vous me donner le Livre ? Pouvez-vous me donner l'Exemple ? »

Les trois quarts des philosophes avaient déjà disparu. Et le Genre humain, qui s'en aperçut, commença à être triste dans son cœur.

« Ce n'est pas tout, dit-il encore. Non seulement il me faut une Leçon ; non seulement il me faut un Exemple immortels ; mais j'ai encore besoin d'une immortelle Institution qui réponde tout à la fois à ces trois idées : Science, Richesse et Dévoûment ;

« Une Institution qui s'appuie sur la Science, qui mette la Richesse à son service et qui ait le Dévoûment pour essence ;

« Une Institution qui garantisse et perpétue la Leçon et l'Exemple, en les rendant éternellement vivants. »

Quand le Genre humain eut achevé ces mots, il jeta un regard sur les Philosophes ;

Épouvantés, tous s'étaient enfuis.

Alors le Genre humain, le pauvre Genre humain se mit à fondre en larmes. Un sanglot de Genre humain ! !

Et il se roulait par terre, désespéré de ne pouvoir posséder la Vérité aimée, et de n'avoir ni la Leçon, ni l'Exemple, ni l'Institution.

Et comme il était ainsi perdu dans sa douleur, il aperçut soudain, en je ne sais quel coin, une espèce d'homme, vêtu d'une espèce de blouse, qui portait sur ses épaules une espèce de poutre, un gros morceau de bois tout sanglant. Cette poutre était traversée d'un autre morceau de bois. Comme qui dirait une croix.

Et l'Homme avait ses beaux cheveux blonds tout couverts de sang. Le sang lui tombait sur les yeux. Le sang coulait à grosses gouttes sur tout son corps.

Et il regardait le pauvre Genre humain si doucement, si doucement, si doucement !

Puis il s'avança : avec quelle lenteur, avec quelle majesté ! Il marchait, portant le bois énorme. Et il dit d'une voix si tendre, si tendre : « Tu veux la Vérité ? Je te l'apporte.

« Tu veux un petit livre qui contienne en dix pages toute la Vérité et qui soit compris de tous. Tiens : prends ce petit livre. »

Et à la première page, le Genre humain lut : *Catéchisme*.

L'Homme continua : « Tu m'as demandé non seulement une Leçon, mais un Exemple vivant, Tiens : regarde-moi. Je suis ton

Dieu qui s'est fait homme pour t'offrir un type éternel et te conduire à la béatitude.

« Et enfin tu m'as demandé une Institution. Tiens, prends :
voici l'Église. »

Et le Genre humain tomba à genoux et adora Jésus-Christ.

Il fallait entendre Brucker prononcer cet incomparable discours avec une sorte de brutalité fiévreuse; il
fallait surtout lui entendre jeter à son auditoire cette parole, si simple et si profonde, qu'il plaçait sur les lèvres
de Jésus-Christ : « Tiens, voici l'Église ! » On m'a dit que
parfois il s'arrêtait à ce mot, sans avoir besoin de rien
ajouter. Mais, de toute façon, l'effet était saisissant, et
jamais le P. Lacordaire n'a laissé sous l'empire d'une
aussi forte impression le public d'élite qui se pressait
sous les voûtes de Notre-Dame. Cependant Brucker s'est
élevé plus haut, et c'est le cas de rappeler ici son discours
sur l'Ouvrier, qu'il prononça à Saint-Laurent, quelques
dimanches après les journées de juin 1848. La seule
idée de prononcer un tel discours, en un tel quartier et
dans un tel moment, était une témérité que tous les mo-
dérés s'accordaient à condamner. Brucker comprit qu'il
y a des heures où l'audace n'est qu'un des noms du devoir : il osa. Quand l'heure de la réunion fut venue,
on vit l'église se remplir peu à peu d'auditeurs à la figure
et aux intentions obliques. Il y avait là, visiblement, plus
d'un combattant de la veille qui ne songeait pas à devenir un chrétien du lendemain. C'était un brouhaha de
mauvais augure, mais qui ne pouvait troubler un vieux
tribun comme Brucker. Il se leva, et, tout d'abord lança
dans l'église cette phrase sonore, cette phrase à effet :
« On ne rend pas justice à l'ouvrier. » Silence, étonnement, stupeur. Brucker, cependant, continue de plus

belle, et entonne chaudement une sorte de cantique-so-
cialiste à la gloire de l'ouvrier. Ses auditeurs n'y tiennent
plus, et, oubliant la majesté du lieu, éclatent en applaudissements frénétiques. Les prêtres qui accompa-
gnaient Brucker étaient absolument consternés et tiraient
en vain l'orateur par les pans de son habit. Mais, tout
à coup, celui-ci change de ton, et, interrompant violemment ces affreux bravos dont les murs de l'église étaient
scandalisés, il crie à ses admirateurs d'une voix de tonnerre : « N'applaudissez pas ! Il n'y a vraiment qu'un
Ouvrier au monde : c'est Dieu. Et vous ne lui rendez pas
justice. »

Mais il semble que ce discours mérite tout entier d'être
reproduit, et nous allons essayer de le faire...

On ne rend pas justice, on ne rend pas hommage à l'ouvrier ; on
ne respecte pas l'ouvrier.

Quand on passe devant l'ouvrier, on ne s'incline pas devant lui,
on ne le salue pas, on ne daigne pas lui donner un regard, on le
méprise, on l'insulte.

C'est un scandale, Citoyens, qui me révolte jusque dans le plus
profond de mon être, et je n'en puis être le témoin sans en être
très profondément indigné.

Non, non, on ne rend pas justice à l'ouvrier.

Et cependant, si je considère la seule église où je vous parle,
tout y atteste à la fois le labeur et le génie de l'ouvrier.

N'est-ce pas l'ouvrier, en effet, qui, de sa main puissante et hardie, a élevé à plus de cent pieds dans les airs cette voûte admirable qui fait penser au ciel ? N'est-ce pas lui qui a vaillamment
entassé et cimenté ces pierres, pour en former ces piliers, ces colonnes, ces contreforts et ces murs dont la solidité est si parfaite
et l'harmonie si admirable ?

N'est-ce pas l'ouvrier qui, de sa main habile et délicate, a fouillé
et ciselé ces délicieux chapiteaux, où toutes les plantes ont retrouvé dans la pierre une seconde floraison et tous les animaux
une seconde vie ? N'est-ce pas lui qui a sculpté les candélabres de
cet autel et ce tabernacle même où la majesté de Dieu est voilée ?

N'est-ce pas l'ouvrier qui a savamment construit ces orgues immenses dont nous entendions tout à l'heure la grande voix qui nous fait assister aux concerts de là-haut ? N'est-ce pas lui qui a trempé, dans la vivacité des plus riches couleurs, ces belles vitres qui, le matin, apportent à vos yeux un jour si adouci, et sont pour vos intelligences un Catéchisme en couleurs si facile à comprendre ?

N'est-ce pas l'ouvrier qui a maçonné, charpenté, menuisé, tapissé, tissé, fondu, forgé toutes les parties et tous les ornements de cette église où j'ai l'honneur et la joie de vous parler ? N'est-ce pas lui, enfin, qui est l'auteur, le véritable auteur de tous ces chefs-d'œuvre et de toutes ces merveilles ?

Et cependant on ne rend pas justice à l'ouvrier. (Applaudissements prolongés.)

N'applaudissez pas, malheureux !

Sachez qu'il n'y a dans tout l'univers qu'un Ouvrier ;

Un Ouvrier véritablement digne de ce nom ;

Un Ouvrier qui a fait tous les autres Ouvriers ;

Un Ouvrier dont tous les autres ne font que copier servilement les œuvres ;

Et cet ouvrier, c'est Dieu.

C'est lui qui, incomparable architecte, a, de sa main toute-puissante, élevé la voûte des cieux : c'est lui qui a groupé harmonieusement les nébuleuses dans l'espace immense ; c'est lui qui a disposé dans l'éther l'architecture de tous les mondes ; c'est lui, c'est cet ingénieur éternel qui a fait des chemins à tous les astres et qui leur ordonne de les suivre avec une régularité immortelle.

C'est lui qui, sculpteur incomparable, a ciselé les astres ; c'est lui qui a taillé notre terre comme un merveilleux diamant ; c'est lui qui, dans l'éternité de sa pensée et de son plan divin, a créé le modèle et arrêté la forme de tous les êtres vivants ; c'est lui qui, dans le bloc de notre chair, a sculpté le corps humain, cette statue si bien proportionnée, si belle, et qui regarde le ciel.

C'est lui qui, peintre incomparable, a jeté sur la terre la variété des couleurs ; c'est lui qui, avec son inépuisable palette, a peint lui-même toutes les fleurs, tous les animaux, et le ciel, et la mer, et l'œil humain.

C'est lui qui a maçonné, charpenté, menuisé, tapissé, tissé, fondu, forgé tous les mondes, et surtout notre terre.

Et je dis qu'on ne rend pas justice à cet ouvrier, à l'Ouvrier.

Tout à l'heure, je vous ai vu entrer dans sa maison, le blasphème aux lèvres et le chapeau au front.

Tout à l'heure, vous êtes passés devant son tabernacle adorable, et vous ne l'avez pas salué.

Tout à l'heure, vous lui avez jeté (je les ai entendues) des insultes avec des menaces.

C'est une chose, en vérité, qui m'a révolté jusque dans le plus profond de mon être, et je n'ai pu en être le témoin sans en être très profondément indigné.

Non, non, on ne rend pas justice à l'Ouvrier.

Le ton magistral de ce discours n'était pas ordinaire chez Brucker, et, le plus souvent, sa parole offrait je ne sais quel mélange de sourire et de gravité, de gouaillerie et de piété, de gauloiserie et de foi. Ce Brucker était un Voltaire à l'envers, et l'on voyait parfois l'ancien « endroit ». Il avait gardé certaines formes voltairiennes qu'il employait avec succès contre Voltaire lui-même. On eût pu lui demander un peu plus de vivacité dans son respect extérieur pour les choses saintes ; mais le respect intime était réellement profond. Je me souviens encore de l'étrange homélie qu'il prononça un jour contre le système parlementaire qui était, à vraiment parler, sa bête noire, et auquel il avait le tort de préférer la brutalité des coups d'État :

Un jour, Messieurs, le bon Dieu réunit le Corps-Législatif des Anges, et lui soumit le budget de la création :

« C'est donc, leur dit-il, que je voudrais créer le monde, et il faut s'attendre à quelques dépenses. Et, tout d'abord, je voudrais donner sept couleurs à l'arc-en-ciel. » (Murmures à gauche ; bruit au centre.)

Un membre du centre-gauche demande la parole, et prouve qu'il serait plus raisonnable de ne donner à l'arc-en-ciel qu'une seule couleur. — Adopté.

« Maintenant, dit Dieu, je désirerais créer la rose, et pour qu'elle fût belle et agréable à voir, je lui voudrais donner cent feuilles. » (Protestations à gauche ; murmures au centre ; bruit à droite.)

Un membre du centre-droit fait remarquer qu'une ou deux

fouilles suffiraient parfaitement à la beauté de la rose. — Son amendement est adopté.

Le bon Dieu alors propose son budget des cultes.

« Il me faut, dit-il, tant d'églises, tant d'évêques, tant de curés, tant de sacristains, etc., etc., etc. » (Tempête effroyable dans la salle des délibérations, clameurs et protestations universelles. — Le budget des cultes est refusé.)

Dieu alors s'indigna, fit un coup d'État et DÉCRÉTA LA CRÉATION.

De tels mots abondent dans ses meilleurs discours, et il en est même plus d'un qu'il est vraiment difficile d'admirer sans réserve. Il a écrit quelque part ce beau vers dont il aurait bien dû faire son profit : « N'abusons pas des mots quand ils ont quelque ampleur. » Mais, encore un coup, il avait conservé quelque chose de son éducation première. Il n'avait pas en vain passé par le boulevard, et le boulevardier garde toujours un peu de son parfum. Bref, les saillies de Brucker ne rappellent pas précisément l'exquise politesse des cercles du dix-huitième siècle. Un jour, dans un des plus illustres salons de Paris, il dit au maître de la maison, qu'il voyait pour la première fois et dont les idées politiques ne lui semblaient pas assez originales : « Toi, tu n'es qu'un chardonneret. » Un autre jour, comme M. de Jouy exaltait devant lui les conquêtes de la science moderne, et en particulier les merveilleuses découvertes de la phrénologie, et comme il lui disait : « La dimension du crâne est un indice certain des proportions de l'intelligence, » Brucker, qui avait une tête énorme, prit son propre chapeau et l'enfonça vivement jusqu'au menton du respectable M. de Jouy : « Monsieur, lui dit-il, vous avez parfaitement raison. » Je ne puis vraiment tout citer, et cependant, je voudrais pouvoir raconter cette séance d'un club de 1848, où il revêtit de brutalité un admirable courage. Il était à la tribune, et venait de faire toute sa profession de foi devant quelques centaines de malheureux qui hurlaient : « Je vous connais, leur avait-il crié. Vous faites les philosophes et n'êtes que des révolutionnaires. Derrière vos doctrines, je vois vos appétits ; derrière votre philosophie, vos passions ; derrière la hauteur de vos paroles, la bassesse de vos instincts. » Il s'éleva alors une clameur formidable contre le téméraire orateur : on lui montrait le poing, on écumait contre lui, on lui lançait des défis, on lui proposait des cartels, on parlait de l'arracher violemment de cette tribune dont il déshonorait la majesté. « Son nom ! son adresse ! » criait-on de toutes parts. Lui, cependant, tranquille, souriant, dégagé, hautain, avec ses lèvres demi-ouvertes et son œil narquois, semblait savourer ce spectacle et attendait le silence. Et quand le silence se fut fait, il prononça, du ton le plus lent, le plus calme, le plus froid, ces paroles qu'il distillait avec une volupté pleine d'audace : « Je m'appelle Raymond Brucker. Je demeure rue Suger, N° 4, au fond de la cour, au quatrième au-dessus de l'entresol, la porte à gauche. Je n'ai pas de montagnards pour me défendre, comme votre Sobrier, et je me f... de vous. » Là-dessus, il descendit placidement de la tribune, traversa à pas lents cette foule d'enragés qui s'écarta pour lui faire place, et sortit de la salle avec la majesté de Néron, dans *Britannicus.*

Mais, pour être heureux, ses mots n'avaient pas toujours besoin d'être aussi réalistes. Il avait de l'esprit, dans le sens le plus français de ce terme dont on a tant abusé. « Te voilà donc Jésuite, lui disait un ami. — Flatteur ! répondait Brucker. — Quant à moi, disait l'autre, j'aurais peur de m'abêtir. — Va, mon ami, le plus fort est fait. »

De la plupart des réformateurs modernes, il disait : « Ce sont des poules aux œufs d'or, qui ne pondent jamais. » Aux médiocres traducteurs de l'Évangile, il décochait ce trait aigu : « Ils placent des éteignoirs sur l'Évangile pour nous débiter leurs rats-de-cave. » Il caractérisait d'un mot ces rationalistes douceâtres qui nous concèdent Dieu : « Ils n'accordent le mot que pour souffler la chose. » Mais il s'amusait tout particulièrement à relever les inconséquences des ennemis de l'Église, et à leur mettre leur propre langage sur les lèvres : « Une Vierge qui enfante? allons donc ! La génération spontanée ! à la bonne heure. — A bas les Capucins : ils puent. — A bas les évêques : ils sont musqués. » Les partisans de la matière éternelle le faisaient rire d'un rire inextinguible, et il ne pouvait, sans éclater, se figurer l'homme sortant tout seul de la terre : « C'est la maison engendrant son propriétaire. » Mais Brucker ne s'en tenait pas à ces pointes, et j'ai recueilli un certain nombre de ses pensées qui pourraient aisément former tout un charmant volume. Écoutez plutôt : « Je ne m'explique Dieu qu'en voyant Jésus-Christ. — Les quatre évangélistes, ce sont les quatre épreuves d'une même gravure. — Si l'homme faisait son Paradis, il n'y admettrait pas Dieu. — Si vous désirez vraiment ce qui vous manque, vous y croyez. — L'Artiste s'est donné pour sauver son ouvrage. — Le chaos de l'histoire antique est rempli de pierres d'attente. — J'ai des ailes d'oiseau, dès que l'on nomme Dieu. » La beauté de la forme relève ici la beauté de la pensée, et Brucker, qui n'a jamais pu écrire toute une page vraiment parfaite, a des phrases d'une soudaine et étonnante perfection. Lisez plutôt ce qu'il a dit de l'Immaculée Conception : « Si, comme l'histoire le démontre, la lon-

gévité des empires est proportionnée à la pureté des
femmes, le fondateur des Royaumes de l'infini devait naître
d'une vierge immaculée. » En décrivant le ciel, il parle
ailleurs « de la transparence des cœurs dans les re-
lations éternelles de l'infini. » Et, pour exprimer comment le plan divin a été restauré par l'incarnation du
Verbe, il dit, avec une fière et magnifique concision :
« Dieu met sa main dans la balance, et l'équilibre est
rétabli. »

Jésus-Christ, d'ailleurs, a été le résumé de toute cette
existence noble et cachée. Il en a été l'amour, le parfum
et la vie. Brucker pleurait rien qu'à prononcer ce nom,
et ce n'est pas en vain qu'il écrivait comme épigraphe, en
tête de son grand travail sur l'Évangile, ces admirables
paroles : « Dieu est le mot du mystère du monde. Jésus-
Christ est le mot du mystère de Dieu. » Bossuet n'aurait
pas mieux dit.

Je sais que les défauts les plus graves et les moins ré-
primés viennent compromettre tant de beautés vraies et
puissantes. Je sais que Brucker n'est qu'un bohême de
génie. Il est inégal, il est fantasque, il est obscur. En
d'autres termes, il n'est pas équilibré, et c'est pourquoi
j'avais tort de prononcer tout à l'heure ce mot excessif :
le génie. Il aurait fallu que Dieu, comme il le disait lui-
même, mît sa main dans la balance de ses facultés, pour
en rétablir l'équilibre. Le génie, c'est l'équilibre sur les
hauteurs de la pensée. Faute de ce don précieux, Brucker n'a pas franchi les limites fatales qui séparent un
grand talent du Génie initiateur et fécond. Ses balbutiements admirables valent mieux, sans doute, que la plupart
de nos paroles, lesquelles sont médiocres et superficielles;
mais il lui a manqué la souveraine clarté dans l'idée et la

souveraine puissance dans le style. « Restera-t-il rien de moi ? » disait-il avec quelque tristesse.

Mais il ajoutait parfois, avec une légitime fierté : « Je resterai tout entier. Aucune de mes paroles n'aura été perdue, et ce sont autant de germes invisibles qui fermentent sous le sol, dont j'entends le petit bruit dans la terre et qui donneront quelque jour une belle et riche moisson. »

Brucker, en effet, a été un semeur d'idées. Comme une poudre impalpable, comme un invisible pollen, elles se sont répandues dans tout le monde catholique et y ont produit une germination merveilleuse, en attendant les fleurs et les fruits.

IV

Cependant il est mort dans la tristesse et l'abandon. Celui qui avait été l'orateur attitré de tant d'Œuvres de charité, celui qui avait consumé dans ce rude labeur sa voix, ses forces et la vie même de son intelligence, ce Démosthène qu'on se disputait si fiévreusement, cet apôtre qui ne suffisait pas à tant d'apostolats, ce dompteur d'auditoires rebelles, cet homme à la parole de feu, et qui avait remporté autant de triomphes qu'il avait prononcé de discours, il a été soudain mis de côté, délaissé, oublié. Et cette aventure lui est arrivée le jour où il a été à bout de forces et absolument épuisé. Tel est ce phénomène attristant que je me permettrai d'appeler « l'Ingratitude des Œuvres ». Ce n'est pas la première fois que j'y assiste.

On donne son temps, on donne sa vie, on donne son âme. On est recherché, fêté, choyé. C'est charmant, c'est admirable. Mais, un jour, survient quelque maladie qui vous couche sur le flanc. En une minute l'oubli s'épaissit autour de vous, et vous n'êtes plus rien. Oh! l'ingratitude des Œuvres !

On m'a fait observer que c'était « providentiel » ; que, le jour même où nous ne sommes plus bons au service de Dieu, on est autorisé à nous abandonner, et que cet abandon est presque une œuvre pie. Pourquoi, d'ailleurs, s'inquiéter de ces détails? Est-ce que les Hindous se préoccupent de ceux qu'écrase le char de Jaggernath?

Je persiste à penser qu'il vaudrait mieux être reconnaissant, et je trouve que le pauvre Brucker est mort bien seul... pendant quinze ans.

Quant à moi, comme dit Jasmin, « je ne trouve aujourd'hui que son tombeau. Je le couvre de fleurs. »

TABLE DES MATIÈRES

Imprimerie Notre-Dame des Prés. — Ern. DUQUAT, Directeur.
Montreuil-sur-Mer (Pas-de-Calais).

PORTRAITS

DU

XIXᵉ SIÈCLE

PAR

LÉON GAUTIER

MEMBRE DE L'INSTITUT DE FRANCE

I. — POÈTES ET ROMANCIERS

Lamartine. — Victor Hugo. — Mistral. — Goethe. — Jasmin. — Ponsard.
Brizeux. — Aug. Barbier. — André Chénier.
Jules Sandeau. — Gustave Flaubert. — Erckmann-Chatrian.
Ed. Ourliac. — Mᵐᵉ Craven. — Émile Zola. — Francis Wey.

II. — HISTORIENS ET CRITIQUES

Guizot. — Taine. — Renan. — About. — E. Littré. — Victor Hugo.
Villemain. — Montalembert. — Michelet. — Ozanam.
Charles Blanc. — G. Boissier. — Camille Rousset. — G. de Schlegel.
Bio. — C. Gantu. — Paulin Paris.

III. — ÉCRIVAINS CATHOLIQUES ET APOLOGISTES

Chateaubriand. — Louis Veuillot.
Mgr Berteaud, évêque de Tulle. — Montalembert. — Mgr Gerbet. — Ernest Hello.
Aug. Nicolas. — Dom Guéranger.
Henri Lasserre. — Le Père Faber. — Mgr Freppel.
Le Cardinal Manning. — Raymond Brucker.
Le P. Monsabré. — E. de Guérin. — A. Cochin. — Guizot.

Trois magnifiques volumes in-8° raisin, 25 1/2 × 17 ᶜ. de 960 pages
ILLUSTRÉS I DE 16, II ET III DE 17 PORTRAITS HORS TEXTE

Chaque volume, couverture illustrée en 3 couleurs. Broché.   3 50
Broché, couvert. souple, papier maroquin, plaque spéciale.   5 »
Relié, percaline, plaque spéciale, tranches dorées.   6 50

www.ingramcontent.com/pod-product-compliance
Lightning Source LLC
Chambersburg PA
CBHW071633270326
41928CB00010B/1906